ESCOLA E SUBJETIVAÇÃO

Blucher

ESCOLA E SUBJETIVAÇÃO

Diferentes perspectivas

Organizadores

Alcimar Alves de Souza Lima

Esméria Rovai

Escola e subjetivação: diferentes perspectivas

Editora Edgard Blücher Ltda.

SÉRIE PSICANÁLISE CONTEMPORÂNEA
Coordenador da série Flávio Ferraz
Publisher Edgard Blücher
Editor Eduardo Blücher
Coordenador editorial Rafael Fulanetti
Coordenação de produção Andressa Lira
Produção editorial Thaís Costa
Preparação de texto Bárbara Waida
Diagramação Negrito Produção Editorial
Revisão de texto MPMB
Capa Laércio Flenic
Imagem da capa iStockphoto

Blucher

Rua Pedroso Alvarenga, 1245, 4º andar
04531-934 – São Paulo – SP – Brasil
Tel.: 55 11 3078-5366
contato@blucher.com.br
www.blucher.com.br

Segundo o Novo Acordo Ortográfico, conforme 6. ed. do *Vocabulário Ortográfico da Língua Portuguesa*, Academia Brasileira de Letras, julho de 2021.

Dados Internacionais de Catalogação na Publicação (CIP)
Angélica Ilacqua CRB-8/7057

Escola e subjetivação: diferentes perspectivas/ organizado por Alcimar Alves de Souza Lima, Esméria Rovai. – São Paulo: Blucher, 2024.

340 p. (Série Psicanálise Contemporânea / coord. de Flávio Ferraz)

ISBN 978-85-212-2124-1

1. Psicanálise. I. Lima, Alcimar Alves de Souza. II. Rovai, Esméria. III. Ferraz, Flávio.

23-5482 CDD 150.195

Índice para catálogo sistemático:
1. Psicanálise

Dedicamos este nosso trabalho às crianças, para que sejam dignas de cuidados adequados que possibilite que se tornem pessoas bem-estruturadas em sua auto-organização subjetiva, e aos professores, pais e educadores em geral, pessoas que trazem consigo a grande tarefa da formação integral das crianças, futuros agentes de uma nova organização social.

O professor e o jardineiro

O jardineiro
na sua arte
no seu ofício
planta sementes
cuida das flores

Conhece
suas diversidades
o terreno fértil
a época propícia
o clima adequado

Sabe
das que gostam de muito sol
das que gostam da penumbra
das que crescem nas sombras

Reconhece
as que precisam de muita água
as que pedem pouca rega
as que esperam as gotas da chuva

Respeita
cada uma
em seu ritmo
em seu tempo

Em suas mãos
crescem as flores
enfeita-se a natureza

O professor
qual jardineiro
lança sementes
aponta veredas
mostra pontes

Reconhece
em cada criança
ritmos
tempos
diversidades

Umas quietas
tímidas

Outras
irrequietas
coléricas

Melancólicas
fleumáticas

Oníricas
despertas

Ligeiras
dolentes

Em seu ofício
com arte
o professor
vê em cada criança
um artesão do futuro

Poema a duas mãos, Esméria Rovai e
Maria Laurinda Ribeiro de Souza

Agradecimentos

O nosso agradecimento a todos os autores dos textos que compõem este livro, pela sua generosa aceitação e disposição em contribuir com seus valores, conhecimentos e experiências para a produção de fundamentos destinados a enriquecer a formação de professores, e educadores em geral, na perspectiva da educação integral das crianças e jovens ao tornar-se pessoa.

Prefácio

Esméria Rovai

> *A criança manifesta seus "gritos interiores"*
> *por meio de comportamentos.*
> *Entender as alterações comportamentais da criança*
> *como possíveis alertas de sofrimento é relevante,*
> *pois sugere que algo precisa ser revisto na vida da*
> *criança para que tenha uma vida saudável.*
>
> Carlos Brunini (Rovai & Brunini, 2018, p. 185)

Com essa epígrafe, este livro chama a atenção para o tema que compõe uma trilogia sobre a escola desejante, portanto, *escola espaço de subjetivação*, preocupada com a formação da criança saudável, bem cuidada em sua vida subjetiva.

Ele é produto do esforço e do interesse de profissionais de diversas áreas relacionadas à educação e, em especial, à educação escolar, que aceitaram colaborar para o objetivo dos organizadores: expandir o debate sobre a formação subjetiva no espaço escolar, visto sua importância agora ampliada e ressignificada com a chegada da pandemia, que trouxe evidências palpáveis sobre o universo como teia unificada e interconectada em intensa complexidade.

Essa evidência aponta para a ideia da vida como um todo integrado, imagem ainda de difícil compreensão em uma cultura dedicada a ver o todo como partes fragmentadas. Até o corpo humano, que poderia ser facilmente entendido como um todo, tende a ser separado pela ciência em partes fragmentadas. A especialização médica separa cada vez mais as interconexões que mantêm o organismo em funcionamento.

O mesmo acontece com a escola, um organismo vivo em conexão com o seu ambiente externo, mas que em seu funcionamento opta por não dar muita importância ao todo. Pensando um ser que aprende como um ser único, um todo integrado, vemos que a escola ainda tem dificuldade de lidar com sua totalidade. Isso remete à ideia da educação integrada, cujo verdadeiro sentido a escola ainda apresenta limitações para entender.

Evidencia-se isso em várias de suas ações pedagógicas. Destaca-se aqui a famosa expressão ainda veiculada com orgulho (?) nos meios sociais: *a família educa e a escola ensina*. Com essa visão a escola, ao invés de pensar e se organizar para o exercício de uma educação integrada, comete o equívoco de separar o que inseparável: *quem educa ensina, quem ensina educa*. Basta uma boa análise para perceber a mutualidade de significados das palavras educar e ensinar, que elas se rementem uma à outra.[1]

Nessa visão fragmentada que ainda reina no modo de conceber a organização escolar, a escola mostra sua dificuldade em realizar um trabalho que traga a família – hoje já não mais em seu modelo

---

1 Remeto o leitor ao capítulo "A escola desejante educa e ensina", do livro *Escola, espaço de subjetivação: de Freud a Morin* (Lima & Rovai, 2022), no qual me apoio para redigir este prefácio.

patriarcal, tradicional, mas com outros perfis – para ocupar esse espaço, bem como se fecha intramuros ao entorno da comunidade na qual se insere (desde a mais próxima até a comunidade universal): está assim desintegrado o tripé de construção da vida humana no planeta.

Como decorrência, o prejuízo é não ver o aluno na sua integralidade e, assim, entender que sua função é cuidar da formação racional/cognitiva do aluno – transmitir conteúdos, deixando à família a educação compreendida como formação de crenças e valores, dedicação ao estudo, disciplina e compromisso, boas maneiras, hábitos, atitudes de respeito, entre muitos outros. Desse modo, separa razão e emoção e não assume sua função psicossocial. Em outras palavras, separa o aprendizado de conteúdos como se ele fosse desprovido de toda a afetividade destes, que podem despertar na criança, jovem ou adulto o desejo de aprender, que provoca o interesse e mesmo a vontade de aprender. Como se fosse possível separar o "sujeito cognoscente" ou o sujeito cognitivo do "sujeito desejante", aquele que responde aos conteúdos com seus desejos, afetos e sentimentos, enfim, com sua subjetividade.

Subjetividade aqui é entendida como qualidades intrínsecas de cada ser, definida por alguns como uma *essência* de cada aluno – como ser humano único que ele é –, com suas qualidades, que se revelam como capacidades, talentos e temperamentos, ou também não qualidades, que todos nós somos. Isso aponta para outra compreensão de ser humano, de sociedade e de mundo. Portanto, aponta para a participação da subjetividade dos sujeitos no jogo da vida e do aprendizado, algo ainda não conscientemente elaborado na ação prática escolar.

Contudo, os profissionais da educação parecem não ter muita clareza sobre o fato de que suas ações e/ou práticas pedagógicas afetam o aluno na sua qualidade intrínseca, o que faz dele um ser em si para o bom ou para o não bom, por exemplo, gostar ou não de estudar ou de aprender determinados conteúdos, como matemática. E conforme isso é pensado pelo professor, também afeta sua subjetividade, na medida em que mexe com sua autoestima — para cima ou para baixo. Não gostar de matemática, ou seja, não ser atraído para o seu conteúdo não é defeito do aluno, mas qualidade do ser em si, que precisa ser considerada, respeitada e trabalhada. Ou pode também ser resultado de um ensino que não atraia o seu interesse para as coisas boas que a matemática tem a oferecer.

Portanto, faz parte da dimensão educativa da escola auxiliar o aluno a se perceber como totalidade e aceitar-se em suas qualidades e em seus limites, sem conotações pejorativas. Adquirir autoconhecimento e chegar a uma boa estruturação subjetiva de sua essência é fundamental para a autoestima do aluno - tarefa da escola. E isso se dá na relação com o outro, no caso, o professor, os colegas e toda a atmosfera do ambiente escolar. E é bom lembrar que muitas crianças não encontram essa condição na família, mas podem encontrá-la, e muitas encontram, nas referências do ambiente escolar, ou de professores.

Diante dessas circunstâncias, vê-se com bons olhos o propósito deste livro de trazer diferentes perspectivas que contribuem para ampliar o pensar e o agir pedagógicos, que pedem mudanças, pois no contexto atual pós-pandemia é de se esperar que a escola e a família possam rever e reavaliar seus papéis perante a formação integral de crianças e jovens.

Enquanto o avanço do conhecimento aponta para o *princípio da unidade* da espécie humana no enfrentamento dos problemas para salvar o planeta e a si mesma, assiste-se à instituição escolar fazendo a opção pela separabilidade ao ordenar sua função de "educar", que compreende o "ensinar". Essa separação expressa, de um lado, a falta de compreensão da unidade na organização do projeto educativo diante da vida em sociedade e, de outro, a cisão entre as ações da família e da escola, que, quando integradas, são tão importantes na formação subjetiva da criança.

É de se perguntar: por que essa opção diante das grandes mudanças que vêm ocorrendo em nossa sociedade e no mundo em ritmo cada vez mais rápido, tornando a vida muito mais fluida e complexa? Neste momento em que a violência parece imperar no cotidiano das cidades e também no espaço escolar, como é o caso do *bullying*?

E há uma indagação ainda maior: o que *passar* ou *transmitir* (se é que esses termos ainda são compatíveis como um mundo em acelerada mudança) para as crianças e os jovens de hoje, sobretudo após a experiência do recolhimento social devido à pandemia? Este é um momento de muitas perguntas ainda sem respostas. A *memorização* é hoje suficiente para dar conta da rapidez com que os saberes se multiplicam e se transformam? Que valores trabalhar? O *individualismo* é suficiente para agir em um mundo que se organiza em rede? E o respeito à *diversidade*, que desponta como dado de realidade? Deve o respeito ser estimulado pelo medo e pela repressão ou pela conscientização?

Outras perguntas mais: que habilidades cognitivas, emocionais e sociais serão necessárias às crianças, os adultos de amanhã, para se tornarem pessoas integradas? Embora haja aquelas que continuam valorizadas, outras clamam por novas formas de ação, como o *aprender a aprender*, as *relações de respeito mútuo*, a *formação do cidadão*, o *tornar-se pessoa num contexto turbulento*, o *pensamento criativo*, a *inteligência emocional*, dentre outras. As competências exigidas nesse contexto fluido e turbulento são outras, e novas marcas culturais estão por surgir, mostrando a vida em processo acelerado de transformação. A clareza de que o pensamento dominante na atualidade caminha na direção de uma escola que deve focar a construção de pessoas dotadas de habilidades integradoras e criativas, e não só o mero aprendizado de conteúdos, já vem de algumas décadas, e se acentua mais diante do cenário de transformações aceleradas que deixam para trás o que não se coaduna com o novo.

Essas questões não esgotam todas as demais cabíveis neste cenário histórico em que a violência impera no cotidiano das cidades e no espaço escolar. Assim, a opção pela separação escola-família-comunidade e a relação educação-ensino devem ser repensadas/questionadas por todos nós, sobretudo por educadores, alunos e pais.

Depois da família – repito, hoje com outros moldes – é à *instituição escolar* que cabe ação mais direta na formação do sujeito em construção/desconstrução: *ela é o grande instrumento do Estado com a finalidade de educação*. E se há queixa de que nossas crianças não estão sendo bem educadas, não importa a classe social, cabe ao Estado repensar as condições das políticas públicas, pois não é a sociedade que produz o sujeito? Mas quem é que produz a sociedade, senão os sujeitos organizados em Estado, famílias, escolas, igrejas e outros tipos de associações?

Essa dinâmica interatuante mostra que família e escola estão mergulhadas no mesmo caldo cultural que as constitui e que, ao mesmo tempo, não devem apenas reproduzir o que assimilam como processos recorrentes, mas reelaborá-los. Este momento pede justamente que a escola e os familiares, com o apoio da comunidade, se unam para reelaborar o que vinha sendo vivido até então, pois a família acusada de não saber educar é vítima das mesmas contingências e padrões que envolvem a escola acusada de não saber ensinar, o que acaba contribuindo para alimentar esse círculo contraproducente.

A teia organizada da vida em sua complexidade pede uma revisão da lógica "isso *ou* aquilo" – ou educa, ou ensina –, assumindo no lugar a lógica inclusiva "isso *e* aquilo" – educa e ensina. A escola precisa se conscientizar de que não basta ensinar – transmitir conteúdos –, ela precisa *encantar*. Trata-se, portanto, de se pensar de modo enfático e contundente nas *relações pedagógicas* que vigoram no ambiente escolar, sobretudo entre professor-aluno, pois são elas as plasmadoras da subjetividade. É na relação com o outro que a subjetividade acontece. Portanto, é na relação com os professores que as relações de afetividade construtiva criam uma atmosfera saudável à formação do ser pessoa integrada. Elas devem substituir as relações estereotipadas que ainda vigoram, calcadas numa relação de hierarquia verticalizada, por meio da adoção da relação entrelaçada, interatuante – hierarquia entrelaçada. Nisto consiste a prática do diálogo.

Aqui cabe um alerta sobre a presença do afeto na relação. O que entender por afeto? Um abraço é um afeto, mas um tapa também é um afeto. Um ato de apreciação é uma forma de afeto, mas um ato de depreciação (como uma nota baixa) também afeta a estima de quem o recebe. Isso pede uma pedagogia adequada. Assim, é bom pensar nisso antes de deferir qualquer manifestação que, em vez de contribuir para a afirmação e a elevação da autoestima do aluno, contribua para destruir a autoconfiança e, consequentemente, reforçar a autoimagem negativa, esta muitas vezes alimentadora de comportamentos agressivos e destrutivos.

Muitas são ainda as reflexões sobre este tema, e aqui reside a importância deste livro que, além de novos fundamentos sobre a relação subjetividade-objetividade, a subjetivação e a formação da subjetividade na vida escolar, traz enfoques teóricos pertinentes a uma nova pedagogia e discussões bem atuais, desde a presença e o avanço da tecnologia até a importância do encontro com a literatura e a arte. Traz também estratégias para despertar a curiosidade e a criatividade, a construção do autoconhecimento, além de relatos e análises de casos sobre como o modo estereotipado de tratar os alunos afeta a sua organização psíquica no que diz respeito a suas qualidades próprias e suas diferenças, muitos internalizando fortes marcas que destroem as esperanças de tornar-se uma pessoa ajustada à vida construtiva.

Nesse enfoque, vale ressaltar que afeto não é só tratar com carinho, atos que agradam e que elevam o autoconhecimento e a autoapreciação, mas também tratar com desprezo e desconsideração, atos que não agradam, na medida em que *afetam* pela humilhação, baixam a autoestima e criam um ambiente interno propício à destruição da autoconfiança e da autossegurança em face dos passos para seguir um projeto de vida, embora se saiba que, para alguns, isso se transforma em desafio para a autoconstrução afirmativa. Portanto, é preciso estar atento ao modo como cada aluno responde aos estímulos que a escola e o professor oferecem.

O momento indica que é preciso pensar em uma nova pedagogia criativa, autogenerativa, que acompanhe a vida em sua dinâmica processual, transformadora, assim como é o processo de desenvolvimento de cada aluno, para um tempo de mudanças cada vez mais aceleradas, em que o que foi bom para educar ontem pode já não servir para educar no mundo de hoje.

E a epígrafe do livro aponta um professor com nova consciência: *aquele que em seu ofício, e com arte, vê em cada criança o artesão do futuro.*

Referência

Rovai, E., & Brunini, C. R. (2018). *Criança inquieta: transtorno de déficit de atenção e hiperatividade?* On Demand.

Conteúdo

Introdução

Pela terceira vez nós – Alcimar e Esméria – nos reunimos para escrever sobre o mesmo tema: *a escola desejante*, nos referindo à nossa experiência vivida numa escola cuja lembrança tinha esse traçado de ser estimulante não só para os alunos no processo de aprender, mas para os professores na sua tarefa de ensinar. E não só: também para todos que participaram dessa vivência, seja enquanto pais, funcionários ou membros da comunidade. Estamos falando da experiência da escola chamada Ginásios Vocacionais, a qual cunhamos com o nome de escola desejante.

Na primeira vez, escrevemos o livro *Escola como desejo e movimento* (Cortez, 2015); na segunda, *Escola, espaço de subjetivação*, já que o desejo é algo vivido na intimidade do ser e que precisa ser explorado e orientado; agora aparecemos como organizadores deste livro, *Escola e subjetivação*, pois consideramos que, ao tratar do *desejo de aprender*, outras perspectivas precisam compor as contribuições sobre o tema para fundamentar a formação de professores na perspectiva de uma pratica pedagógica promotora do desejo de aprender.

É por isso que nesta terceira vez nos ocupamos de trazer outros olhares que ampliam sobremaneira essa fundamentação, com o objetivo de sustentar uma formação profissional do professor/educador mais consistente nas suas múltiplas possibilidades de realização. Decidimos convidar outras pessoas não só da área da psicanálise e da psicologia, mas também de outras áreas para contribuir com seus saberes. Nove pessoas, entre psicanalistas, psicólogos, pedagogos, professores e filósofos, aceitaram o desafio proposto de enriquecer o tema da *escola espaço de subjetivação*, um modo de ampliar o diálogo entre diferentes perspectivas auxiliares e o leque de possiblidades na prática diária da escola, da família, da vida em comunidade.

É, pois, com esse objetivo que trazemos produções de diferentes autores para tratar do conceito de subjetivação, que, por não ser tão simples, não comporta regras como receitas para a relação no processo de ensinar e aprender, sobretudo na escola. O tema é complexo e de importância significativa se tomarmos o desenvolvimento humano na direção de autoconhecimento e autorrealização pessoal com vistas à organização social, em que há espaços solidários para todos.

Apresentamos a seguir os nove capítulos que compõem o livro, cada um escrito por um profissional por nós convidado por sua relação e sua experiência profissional com o tema. Trata-se de diferentes textos que trazem diferentes contribuições sobre o mesmo conteúdo, muito bem integrados e coordenados como subsídios para que os profissionais da educação possam se alicerçar a fim de se apoderar da educação escolar como espaço de subjetivação. Os capítulos compõem o todo pela ordem que, em nosso entendimento, permite uma sequência de ideias que se articulam e se complementam.

No Capítulo 1, encontra-se o texto da psicanalista Maria Laurinda Ribeiro de Souza, "A importância dos encontros", que ressalta a importância da literatura na produção da subjetividade desde a primeira infância. Trata de um universo criativo em que a criança, o jovem e o adulto mergulham no momento da leitura, levando à possibilidade de a vida alcançar a dimensão poética. Ressalta ainda a importância da base da vida que se encontra na alteridade, pois sempre estamos potencialmente criando e nos recriando e, nessa báscula com o outro, a subjetivação se estabelece. O espaço potencial de Winnicott dentro do campo psicanalítico torna-se fundamento do campo educacional. O texto propõe a estética, portanto, a arte como a possibilidade de criar uma nova geração, como forma de articulação do racional e do sensível por meio do impulso lúdico.

A seguir, o texto da psicanalista Renata Udler Cromberg, "Apontamentos para uma educação da agressividade e da visão", começa de forma contundente com a epígrafe de Charles Baudouin e a indicação de um pequeno filme que circulou nas redes sociais no qual a agressividade desenfreada de uma menina e de professores, completamente perdidos e desorientados, compõem uma cena mortífera. O ponto alto de seu texto está na introdução do nome da psicanalista russa Sabina Spielrein no campo internacional da história de práticas da educação. Renata historiciza com detalhes todo o transcorrer trágico dessa autora pioneira a pensar a pulsão de morte, reconhecida pelo próprio Freud em uma nota de rodapé no livro *Além do princípio do prazer*, de 1920. Assim, seu texto mostra como Sabina Spielrein faz com maestria essa articulação da psicanálise com a educação.

Em "Processos de subjetivação na escola: o papel dos afetos", a psicóloga Laurinda Ramalho de Almeida defende que a escola pode e deve ser um lugar que possibilite o sonho, a representação de mundos mais solidários, mais felizes: um lugar onde as pessoas que ali convivem profetizem coisa boas. Assim, ela se propõe a falar da subjetivação e, portanto, do papel do afeto, abordando duas questões: do que fala quando trata da subjetivação pela escola? E, ao falar, toma por foco o aluno ou o professor? Para trabalhar essas questões, escolhe falar a partir da teoria psicogenética do francês Henri Wallon – médico, psicólogo, pesquisador, educador e autor clássico da psicologia do desenvolvimento que teve contribuição decisiva na produção intelectual de seu tempo – ao se referir à pessoa como um ser integral, que engloba em conjunto afetividade, cognição e movimento, postulando, portanto, a afetividade, que abrange emoções, sentimentos e paixões, como parte constitutiva do ser humano. Wallon, diz ela, é o grande psicólogo da infância que se dedicou a estudar todos os seus aspectos: biológico e social, afetivo e cognitivo, e que, a partir dos estudos da criança, chegou ao conhecimento do adulto.

No texto "Da queixa escolar ao diagnóstico médico-psicológico: o sofrimento psíquico como sofrimento ético-político", as psicólogas Mitsuko Aparecida Makino Antunes, Luciana Renata Moreira Fonseca e Ana Lydia Santiago têm como finalidade discutir o processo da queixa escolar dos alunos e as possibilidades de intervenção numa perspectiva psicossocial da educação, na busca dos seus múltiplos fatores. Salientam, assim, que a aprendizagem e o desenvolvimento no processo de escolarização são, em geral, considerados na dimensão estritamente cognitiva, sendo que o psiquismo se concretiza na relação entre manifestações afetivo-emocionais, cognitivas e de atividades mediatizadas pela linguagem, na perspectiva de vários autores como Vigotski, Leontiev, Luria, Wallon, bem como outros psicanalistas. A discussão aborda o problema a partir da psicologia crítica escolar de base vigotskiana, seguida da apresentação de um estudo de caso de queixa escolar.

A queixa escolar é trabalhada como fonte de sofrimento psíquico a partir das diversas condições e dos múltiplos fatores, dos socioeconômicos ao contexto territorial, que caracterizam o educando sujeito à queixa escolar, responsabilizado por "não aprender", o que acaba por produzir a chamada "profecia autorrealizadora" baseada nos estudos clássicos de Rosenthal e Jacobson e no estudo realizado no Brasil por Britto e Lomonaco. O estudo ressalta não só o padrão escolar que define os estereótipos vigentes na cultura escolar geradores das queixas, mas também a questão pouco considerada do sofrimento psíquico que causa nos educandos.

O texto "Função pendular educ(a)dora, subjetivação e espaço escolar", da psicanalista Ana Carolina C. Soares de Camargo, fala do método que ela chama de "função pendular" no campo do espaço escolar, por ela criado a partir do contato com os mais diversos aspectos do conhecimento da prática de ensinar. Esse campo tem aspectos pedagógicos práticos de caráter transdisciplinar que ela narra em pormenores neste texto ao integrar a educação da cognição e da subjetivação. Entre esses pormenores ela destaca a preocupação com a formação de uma sociedade democrática em que o respeito às diferenças esteja incluído. E destaca a aquisição da cultura como uma das maiores fontes de alegria. Alegria vinda da descoberta do outro, da alteridade, das diferenças que possibilitam sentirmos como pertencentes à comunidade humana.

Em "Metaverso, pós-educação, trans-subjetividade?", a filósofa Terezinha Azerêdo Rios nos aponta para "a dimensão ética na construção da subjetividade" à medida que explora reflexões sobre algumas questões relacionadas à presença da tecnologia no contexto educacional. Trata a educação como base de construção da humanidade, alçando-a assim a um lugar para onde todos os olhares deveriam convergir. Volta seu pensamento para uma prática educacional cujo solo seja a ética. Nesse contexto, expõe a possibilidade da presença de contradições e paradoxos que sempre precisam ser levados em conta, por se tratar de aspectos contingentes à evolução da humanidade.

O texto do psicanalista Rubens M. Volich e do professor Silvio Hotimsky, "A educação e o espírito do mundo: subjetividade, corpo e tecnologia", começa com uma grande provocação política para a democracia, provocação esta que retoma uma tese do filósofo Theodor Adorno ao afirmar, em 1965, que a primeira exigência para evitar a repetição de Auschwitz é o cuidado com a educação. O texto trabalha a constatação de que o avanço tecnológico na direção das máquinas de guerra provoca uma regressão no campo da ética e, consequentemente, na produção das subjetividades dentro de um laço social em que a violência toma o lugar da solidariedade. Em outras palavras, a transformação dos afetos agressivos em uma relação construtiva de uma nova humanidade ainda por vir. Também é importante a constatação de que a tecnologia criou personagens que falam, mas não dialogam. Isso provoca uma cisão no processo de simbolização do sujeito com os laços sociais, prejudicando a construção de uma subjetivação construtiva.

Com o texto "Criatividade e autoconhecimento", Danilo Tomic, professor de música da rede pública, contribui com o tema do seu trabalho de conclusão de curso no programa de pós-graduação em Educação Transformadora: Pedagogia, Fundamentos e Práticas, da Pontifícia Universidade Católica do Rio Grande do Sul. Discute a ideia de que ser criativo e inovador é ser autêntico, ou seja, deve ser encarado como consequência da singularidade do sujeito. E para que se possa reconhecer e acessar essa singularidade, é necessário que se desenvolvam dinâmicas de autoconhecimento, de acesso e afirmação de sua subjetividade. Portanto, bem dentro do propósito deste livro, cuja ideia central é a educação escolar comprometida com seu papel de formação integral do aluno, integrando as dimesões cognitiva e afetiva – razão e emoção – no processo de apredizagem e desenvolvimento. Fundamentalmente, seu trabalho trata dos conceitos de criatividade e autoconhecimento e da inter-relação entre ambos. A criatividade, colocada como uma necessidade premente no contexto de um mundo em rápido processo de evolução, deve se libertar de um modelo educacional preso a um passado de movimento lento, em que cabia a repetição diante da estabillidade do conhecimento e do saber.

Finalmente, no texto "Em busca de uma racionalidade", os psicológos Daniel Ferraz Chiozzini, Bartira Mannini e Natália Cardoso Compadre contribuem ao trazer aquilo que muitos educadores da atualidade apontam como necessidade urgente: que um projeto de educação de escola pública, ou mesmo particular, repense a estrutura conceitual de escola, adaptando a estrutura física, organizacional e pedagógica à concepção de educação a que se propõe. É retomado o projeto de educação do Ensino Vocacional, que, apesar de ser pensado nos anos 1960, ainda é um dos poucos exemplos de ousadia em pensar a educação escolar em seu devir, isto é, a escola como um espaço de verdadeira educação integral do educando.

O recorte aqui fala da criação, dentre outros atos inovadores, das figuras do *orientador pedagógico* e do *orientador educacional*, dois profissionais que viriam a enriquecer a composição do trabalho de gestão da escola visando fortalecer a relação professor-aluno na ação interativa de educar-ensinar e aprender. O *orientador pedagógico* se apresenta como forte apoio ao professor, auxiliando-o a ser um profissional com outro perfil além de *transmissor* de conteúdos – o de *orientador* do processo de desenvolvimento do aluno, com respeito a suas características. Já o *orientador educacional* é pensado como forte apoio de *orientação aos alunos*, para se encontrarem como unidades singulares na descoberta de si próprios e *coautores* do seu próprio desenvolvimento como ser pessoa – não mais no papel passivo de recebedor de conteúdos, mas no papel ativo de contribuir para a construção do currículo da escola em direção à concretização do objetivo da educação: propiciar ao aluno o conhecimento da realidade em que vive para, assim, conhecer e compreender a si mesmo como cidadão do mundo. Uma novidade na época!

Essa inovação trouxe mais tarde a criação da figura do *coordenador pedagógico* na composição da escola em geral, o que já representou um avanço. Porém, outros avanços ainda precisam acontecer a fim de que a escola se transforme em espaço de subjetivação, ou seja, de educação integral do aluno, com repercussão na organização pessoal de todos que foram se percebendo como seres integrados, isto é, como pessoas.

Os organizadores

1. A importância dos encontros

Maria Laurinda Ribeiro de Souza

> *Espero que possamos deixar às nossas crianças um mundo em que leiam. E que tenham quem leia para elas. E que elas imaginem e compreendam.*
>
> Neil Gaiman (2021)

Meu interesse neste texto é partilhar algumas ideias sobre a importância da literatura e, especificamente, das histórias que se contam e cantam para as crianças, desde os primeiros anos, reconhecendo seu lugar na descoberta criativa do mundo e nos processos de subjetivação.

Para tanto, tomo como referência o pensamento de Winnicott no que se refere ao desenvolvimento emocional primitivo e à construção original do que nomeou "espaço potencial"; um lugar para a criatividade, a imaginação e a ilusão. Um lugar onde seja possível aliviar a tensão inevitável do contato com a realidade. Resgato ainda de Freud seu texto precioso sobre o fazer poético, o brincar das crianças e a discussão, já clássica, do jogo do *fort-da*, enunciado após a observação do comportamento de seu neto de um ano e meio.

Vou me permitir brincar com a ideia de "retalhos" e costurar observações sobre livros escritos para crianças,[1] observações da clínica e recortes de alguns autores e poetas que me inspiraram na construção do que estou propondo com o nome de *encontros*. Marco, desde já, a ideia de potência implícita nesse substantivo, há tempos registrada pelo poeta Vinicius de Moraes: "A vida é a arte do encontro"...

O encontro com a literatura: um direito fundamental

O importante não é uma leitura de consumo,
mas sim, garantir o encontro com a Literatura.

Ana Maria Machado (2016)

No Brasil de hoje, apesar de todo o retrocesso provocado por um governo autoritário e despreparado para o cargo ocupado, temas importantes tomam o espaço público e provocam efeitos significativos em termos de educação e cidadania: a luta contra o racismo, as desigualdades sociais e o genocídio da população indígena, a defesa das questões de gênero, o respeito necessário à ecologia e a preservação das florestas. Contudo, nesses últimos anos, vivemos momentos de crise e de luto, não só pelas mortes decorrentes da pandemia – sendo que muitas poderiam ter sido

1 É controversa a qualificação da literatura (infantil, infanto-juvenil, adulta...). Ana Maria Machado (2016) afirma que o que interessa é o substantivo e não o adjetivo; quando dizemos literatura infantil, estamos afirmando que são livros que também podem ser lidos por crianças. Concordo com ela.

evitadas –, mas também pela perda de direitos e ideais que estavam sendo conquistados.

Dentre os múltiplos ataques à educação, à ciência e às artes, vale mencionar o que ocorreu no início de março de 2021. Nessa data, o Instituto de Pesquisa Econômica Aplicada (IPEA) publicou uma mensagem alertando seus pesquisadores sobre as medidas a serem tomadas antes da publicação de qualquer estudo. Segundo o diretor do órgão, os estudos produzidos são patrimônio do Instituto e a ele cabe dar a aprovação definitiva, inclusive quanto à divulgação para os órgãos de imprensa. É de se supor, e de fato acontece, que conclusões que contrariem o governo sejam arquivadas, ou fiquem, indefinidamente, à espera de aprovação.

O manual de conduta dos servidores ganhou destaque nesse momento, com professores sendo advertidos por emitirem opiniões contrárias ou críticas ao atual governo. Após abertura de processo pela Controladoria Geral da União (CGU), foram constrangidos a assinar "termos de ajustamento de conduta" para que as investigações fossem encerradas. O próprio Ministério da Educação (MEC), em fevereiro do mesmo ano, encaminhou às universidades federais recomendações para "prevenir e punir atos político-partidários nas instituições públicas federais de ensino". As fortes reações contrárias provocaram a retração desse ofício.

A literatura, assim como outras produções do campo das artes, tem sido, em muitos momentos, uma fonte importante de ressonância das situações traumáticas vividas, mostrando a possibilidade de outras narrativas, rompendo a hegemonia de um discurso único, abrindo frentes de resistência e novas janelas onde haja lugar para a imaginação, a fantasia e o sonho e onde seja possível respirar com mais liberdade.

Em janeiro de 2022, faleceu o poeta Thiago de Mello. É difícil não lembrar do valor de suas manifestações poéticas num momento em que o Brasil também vivia tempos difíceis. Contrapondo-se ao Ato Institucional nº 1, publicou, em meio à violência dos primeiros momentos do golpe civil-militar, em 1964, "Os Estatutos do Homem", um poema de resistência e esperança:

Artigo I.
Fica decretado que agora vale a verdade.
Que agora vale a vida,
e que de mãos dadas,
trabalharemos todos pela vida
verdadeira. . . .

Artigo IV.
Fica decretado que o homem
não precisará nunca mais
duvidar do homem.
Que o homem confiará no homem
como a palmeira confia no vento,
como o vento confia no ar,
como o ar confia no campo azul do céu. . . .

Parágrafo único.
O homem confiará no homem
como um menino confia em outro menino.

Em ensaio publicado em 1988, Antonio Cândido defendeu entre os direitos fundamentais (saúde, educação, saneamento, alimentação, moradia, trabalho) o direito à literatura. Reconheceu que embora tivesse ocorrido, desde o século XIX, um desenvolvimento significativo dos recursos tecnológicos que nos permitiu pensar na superação das formas brutais de exploração e desigualdade, a barbárie continuou ocorrendo. E acrescentou: apesar de não se ver mais o seu elogio, lhe parecia promissor, pois "se o mal é praticado mas não proclamado quer dizer que o homem já não o acha mais tão natural" (2011, p. 173). Nos dias de hoje, infelizmente, não se pode mais fazer essa afirmação; naturalizaram-se os discursos de ódio e o ataque constante aos que manifestam suas diferenças.

Nesse texto, Cândido retomou uma experiência italiana relatada por Maria Vitória Benevides: fora aprovada em Milão uma lei que assegurava aos operários algumas horas para aperfeiçoamento cultural em matérias que eles próprios escolhessem. A expectativa era de que escolheriam matérias ligadas à sua atividade com o fim de aperfeiçoá-las. No entanto, a maioria escolheu aprender bem a sua língua e a literatura italiana!

Para Antonio Cândido, da mesma forma que não é possível haver equilíbrio psíquico sem os sonhos durante a noite, talvez se possa assegurar que "não há equilíbrio social sem a literatura" (p. 177). Seu ensaio se encerra com a seguinte afirmação: "A luta pelos direitos humanos abrange a luta por um estado de coisas em que todos possam ter acesso aos diferentes níveis da cultura e à fruição da arte e da literatura em todas as modalidades e em todos os níveis" (p. 191).

A defesa da literatura como um direito fundamental, tal como a propôs Antonio Cândido, é a forma mais vigorosa de explicitação de seu valor e de sua necessidade para a construção criativa de nossas subjetividades. Somos efeito de narrativas que se teceram e tecem sobre nós e também das que construímos sobre nós próprios, os outros e o mundo. A literatura é o campo fértil em que aprendemos e construímos modos possíveis de existência.

Winnicott e o encontro do mundo imaginativo: um lugar para a literatura

Quando Winnicott enuncia que não existe tal coisa como um bebê, coloca em relevo a importância do meio ambiente nos momentos iniciais da vida, de forma a garantir a presença de um outro que se incumba dos cuidados necessários e de uma adaptação ativa às necessidades do bebê; uma mãe suficientemente boa, capaz de encontrar alegria nas "peraltagens" e balbucios de seu bebê.

O mundo está lá, mas o bebê, se tudo correr bem, e se essas garantias estiverem asseguradas, acredita que foi ele quem o criou e que, portanto, o mundo e sua existência fazem parte de uma coisa só. Aos poucos, vai se diferenciando, constituindo-se como um ser, a mente se localiza no corpo e os objetos vão adquirindo dimensão de realidade externa.

Se ocorrerem fracassos repetidos do meio ambiente, isso pode vir a ter sérias consequências, prejudicando-se a continuidade do sentimento de existência, do potencial criativo e da ilusão. Mas, essas experiências de caos e desintegração também podem ser reparadas se o ambiente puder reconhecer seus fracassos e retomar os cuidados necessários.

Jutta Bauer (2006) nos mostra em seu livro *Quando a mãe grita* a experiência de desfazimento vivida por um pequeno pinguim na relação com sua mãe:

> *Hoje de manhã, a minha mãe gritou comigo*
> *E eu fiquei desfeito*
> *A minha cabeça voou para junto das estrelas*
> *O meu corpo perdeu-se por entre as ondas do mar*
> *As minhas asas voaram e só pararam na selva*

O meu bico foi parar em cima de um monte

A minha cauda ficou perdida no meio da cidade

As minhas patas primeiro ficaram paralisadas

Mas depois começaram a correr, a correr sem parar

Eu queria encontrar-me, mas os olhos estavam perdidos no universo

Queria pedir socorro, mas o meu bico continuava no meio dos montes . . .

A mãe, depois de ter gritado, tinha ido ao encontro de cada parte de mim

E, com paciência, linha e agulha, já tinha unido quase todas.

Desculpa, disse por fim a mãe, que tinha gritado

E o pequeno pinguim retomou sua organização inicial.

Quando essas experiências de desfazimento não encontram possibilidades de reorganização, as pessoas podem até seguir a vida de maneira satisfatória, realizando trabalhos cotidianos que sejam valiosos, e, no entanto, podem sentir-se doentes, com pouco sentido de realidade e com dificuldades de se conectar com os outros, mantendo uma distância afetiva que empobrece o sentimento de existência (Winnicott, 1971/1984).

O interesse pela vida imaginativa e criadora das crianças levou Winnicott a descrever, de forma original, o surgimento de uma área intermediária da experiência povoada pelos objetos e fenômenos transicionais: "O balbucio de um bebê e o modo como uma criança mais velha entoa um repertório de canções e melodias enquanto se prepara para dormir incidem na área intermediária enquanto fenômenos transicionais, juntamente com o uso que é dado aos objetos que não fazem parte do corpo do bebê, embora ainda não sejam plenamente reconhecidos como pertinentes à realidade externa" (1971/1984, p. 14).

O padrão dos fenômenos e dos objetos transicionais surge, com amplas variações, dos quatro aos oito meses e pode persistir por toda a infância, tornando-se necessário na hora de dormir, em momentos de solidão ou em certas situações de maior angústia. Têm uma função tranquilizadora e de parceria fundamental para as experiências imaginativas infantis. Os pais e educadores reconhecem o valor desse objeto e não tentam afastá-lo da criança mesmo que ele se torne sujo e maltratado. Winnicott aponta nessa construção um paradoxo: não é o objeto que importa, mas o uso que se faz dele; ele é e não é um objeto subjetivo ou um objeto da realidade. Sua manifestação é universal, mas de uma variedade infinita e, portanto, não pode ser imposto ou fabricado.

As palavras podem ser utilizadas pela criança para designar o objeto transicional e passam a fazer parte desse gesto criativo. É importante considerar que não é o objeto em si que é transicional; "o objeto representa a transição do bebê de um estado de fusão com a mãe para um estado de relação com a mãe como um ser externo e separado" (1971/2019, p. 35).

Com o passar do tempo, se tudo correr de uma forma mais ou menos satisfatória, e se houver uma presença confiável e capaz de transmitir um sentimento de segurança e continuidade do existir, o objeto perde o significado e se espalha por todo o espaço intermediário, ampliando-se para o brincar, o sonhar, as produções culturais e para todo o viver simbólico e criativo.

O objeto transicional e os fenômenos transicionais iniciam todos os seres humanos no que será importante para eles, isto é, uma área neutra da experiência, de repouso, de prazer, que não deverá ser contestada. Para Winnicott é no brincar, e talvez apenas no brincar, que a criança ou o adulto têm liberdade para serem criativos.

Minha proposição é que a literatura, entendida como extensão dos "fenômenos transicionais", potencializa o acesso ao mundo imaginativo numa transação entre o mundo subjetivo e a realidade, constituindo-se num espaço de encontro, num espaço do "entre": entre o um e os outros, entre o eu e o nós, entre o singular e o coletivo, um podendo alimentar e enriquecer o outro. Um espaço onde cabe o prazer e a alegria dos atos criativos.

Clarice Lispector (1981), em seu conto "Felicidade clandestina", fala desse prazer e dessa alegria, experimentados quando, ainda menina, depois de muita insistência para conseguir o livro desejado, consegue segurá-lo contra o peito: "Às vezes, sentava-me na rede, balançando-me com o livro aberto no colo, sem tocá-lo, em êxtase puríssimo. Não era mais uma menina com um livro: era uma mulher com seu amante" (p. 7).

Walter Benjamin (1996), em texto que comenta a coleção de livros infantis de Karl Hobrecker, discorre sobre seu papel de colecionador e também destaca a alegria do encontro com os livros: "esse tipo de paixão só pode ser apreciado por quem se manteve fiel à alegria que experimentou quando criança, ao ler esses livros" (p. 237). A seguir, conta-nos um pouco mais sobre o colecionador: quando Hobrecker iniciou sua coleção, os livros infantis eram usados como papel de embrulho; ele foi o primeiro a oferecer-lhes acolhida. Seu desejo era poder partilhar essas obras com os que também tinham guardado dentro de si esse mesmo prazer. Não com uma função pedagógica ou moralista, que ele identificava nas obras para crianças editadas a partir do Iluminismo, mas antes respeitando e reconhecendo a criatividade e o interesse das crianças por oficinas que produziam objetos reais,[2] por detritos e restos que organizam de um modo próprio, criando novas formas de estar no mundo.

As crianças, nos diz Benjamin, acompanhando o pensamento de Hobrecker, fazem essa construção com os materiais que encontram e com as histórias que lhes são contadas. Os contos de fadas são uma dessas criações compostas de detritos; a criança lida com eles como com tijolos e retalhos, fazendo o mesmo com as canções e com as fábulas. Estão muito mais atentas aos bichos que falam e agem como humanos, às cores brilhantes que ilustram seus livros, do que às lições de moral que lhes tentam transmitir.

Nessa proposição e no pensamento de Winnicott sobre o brincar e a ilusão (a capacidade de criar o mundo por sua própria conta), reconheço, também, os desdobramentos feitos por Paulo Freire quando afirma, numa de suas frases que se tornou clássica: "A alegria não chega apenas no encontro do achado, mas faz parte do processo de busca. Ensinar e aprender não pode dar-se fora da procura, fora da boniteza e da alegria".

Ensinar e aprender precisam, também, ocorrer respeitando-se as singularidades de cada cultura e de cada território; deve-se encontrar nesses locais as *palavras geradoras* que permitirão a descoberta da escrita e da leitura. Em 1963, ano de muitas manifestações populares em nosso país, Paulo Freire, atento a essa realidade e à escuta dos operários e camponeses com quem trabalhava, reconheceu que havia uma *palavra geradora* que se repetia a nível nacional: GREVE (Freire & Betto, 1963/2000). Nessa concepção de aprendizagem está o que esse educador, patrono da educação

---

2 "A produção de brinquedos só será objeto de uma oficina específica a partir do século XIX; antes disso os brinquedos eram produzidos por restos de oficinas corporativas" (Benjamin, 1996, p. 245).

brasileira, entende como sendo a radicalidade democrática no processo da educação.

Que efeitos gerará a compra de unidades educacionais por grandes grupos que vem ocorrendo nos últimos anos? O que representa essa tendência de homogeneização de currículos, de descaracterização dos pequenos estabelecimentos de ensino e das comunidades a que atendem? O quanto isso se distancia das propostas desenvolvidas por Paulo Freire em nosso país?

A profanação necessária da ordem e da lógica do tempo

> *A criação de um novo uso só é possível ao homem se ele desativar o velho uso, tornando-o inoperante.*
>
> Agamben (2007)

Na literatura, na contação de histórias, nos livros que se lê – sozinho ou para outros – há que se reconhecer o valor do encontro, da disponibilidade e da abertura para o ato receptivo, da alegria que acompanha a imaginação e o construir junto a partir das palavras escutadas ou lidas. A partir das realidades vividas.

Sem pressa.

Fora das demandas de imediatez, metas a cumprir e resolução utilitária de tarefas.

Utopicamente.

Com prazer e calma, algo semelhante ao extremo relatado por Cioran sobre Sócrates: "Enquanto era preparada a cicuta, Sócrates estava aprendendo uma ária com a flauta. 'Para que lhe servirá?', perguntaram-lhe. 'Para aprender esta ária antes de morrer'" (Calvino, 2016, p. 16).

Ouvi de uma jovem analisanda que sua mãe, à noite, entrava em seu quarto para lhe contar histórias. Contava com tanta rapidez que mal dava para entender o que estava sendo dito; era mais o que ela definia, com um certo humor, como uma "irradiação de jogo de futebol" do que uma contação de histórias. Ela, pequena, não via a hora que tudo terminasse e ela pudesse voltar a brincar imaginariamente com seus brinquedos preferidos. Desenvolveu, precocemente, o fantasiar e o sonhar como forma de lidar com o "fracasso" materno, tentando encontrar valor poético nessas brincadeiras, em contraste com o relato materno, apenas instrumental.

Outra criança tinha uma experiência diferente com as histórias que lhe contavam. Gostava tanto delas que à noite ia para a cama com o livrinho na mão e, mesmo durante o dia, era frequente vê-la transitando pela casa carregando "seu livrinho". Às vezes, abria-o e inventava palavras. Tornou-se seu "bichinho" de estimação.

Essas brincadeiras com as palavras, que podem parecer despropósitos, são na realidade as primeiras construções poéticas:

O menino era ligado em despropósitos.
Quis montar os alicerces
de uma casa sobre orvalhos.

A mãe reparou que o menino
gostava mais do vazio, do que do cheio. . . .

O menino aprendeu a usar as palavras.
Viu que podia fazer peraltagens com as palavras.
E começou a fazer peraltagens. . . .

A mãe falou: Meu filho você vai ser poeta!...
e algumas pessoas vão te amar por seus despropósitos.
(Barros, 2010, p. 470)

Peraltagens ou despropósitos com as palavras são formas de profanar o instituído, romper os códigos estereotipados, inventar novas linguagens. Agamben (2004) define a *profanação* como um ato político; um ato que permite o livre uso do mundo, assim como fazem as crianças que conhecem os segredos da magia e sabem jogar e brincar. Quando estão brincando com alguma tralha velha, as crianças transformam em brinquedo qualquer coisa, mesmo as que consideramos sagradas e intocáveis.

A *profanação* é um ato político necessário, especialmente num momento como o nosso em que o irracional escatológico ousa apresentar-se como discurso oficial; é preciso subverter a ordem proposta e inventar novas línguas, novas formas de estar no mundo. Restituir espaços para o jogo, o brincar e a poesia, em lugares onde se estabeleceu a lógica da organização espacial, do consumo estereotipado dos objetos e do uso "otimizado" do tempo.

Poderíamos, assim, reencontrar nessa transformação a arte de viver; o júbilo da criança que "nunca se sente tão feliz como quando inventa uma língua secreta própria" (Agamben, 2004, p. 22).

Freud: o encontro com a fantasia e o fazer poético

Para voltar à infância, os poetas precisariam aprender a errar a língua.
Manoel de Barros

Freud também se ocupou do lugar do brincar na vida das crianças e foi um observador atento de suas produções. Em 1908, ao escrever sobre "O criador literário e a fantasia", fez uma aproximação entre o jogo infantil e o fazer poético, iniciando o texto com duas perguntas. De onde tira, o poeta, o material para suas criações? E como consegue comover-nos com essas produções?

Diante da dificuldade em encontrar respostas a essas questões, lançou mão do argumento feito pelos próprios poetas: eles nos asseguram que em todo homem se esconde um poeta. Não seria o caso, então, de reconhecer nos jogos infantis e nas primeiras enunciações as marcas precoces desse fazer poético?

É o que afirma Freud (1908/1993b), propondo a ideia de que "toda criança que joga se comporta como um poeta, pois cria um mundo próprio, colocando as coisas de seu mundo em uma ordem que lhe agrada" (p. 127). Reconhecemos os ecos dessa afirmação no ensaio de Benjamin sobre Hobrecker e na ideia de profanação de Agamben.

O poeta, continua Freud, faz o mesmo que a criança: cria um mundo de fantasia e o leva bem a sério. Quando o poeta se vê diante de uma vivência atual de uma certa intensidade, isso desperta nele uma lembrança de um outro tempo, o tempo da infância, de onde retira o desejo que se realiza, com prazer, na criação poética. Nesse sentido, no fazer poético, há sempre o resgate de uma criança que brinca com as palavras e com as coisas do mundo. Há também o resgate de tudo que lhe antecedeu e que se espalhou pelo mundo da cultura: mitos, objetos, histórias de mil e um tempos, fábulas, contos de fada, cantigas de tempos antigos...

Novamente, Manoel de Barros, em seu ofício de escovar palavras:

> *Eu tinha vontade de fazer como os dois homens que vi sentados na terra escovando osso. No começo achei que aqueles homens não batiam bem. Porque ficavam sentados na terra o dia inteiro escovando osso. Depois aprendi que aqueles homens eram arqueólogos. E que eles faziam o serviço de escovar osso por amor. E que eles queriam encontrar nos ossos vestígios de antigas civilizações que estariam enterrados por séculos naquele chão. Logo pensei de escovar palavras. Porque eu havia lido em algum lugar que as palavras eram conchas de clamores antigos. Eu queria ir atrás dos clamores antigos que estariam guardados dentro das palavras. Eu já sabia também que as palavras possuem no corpo muitas oralidades remontadas e muitas significâncias remontadas. Eu queria então escovar as palavras para escutar o primeiro esgar de cada uma. (2018, p. 17)*

Na África é reconhecida a figura do *griô*, um mestre das artes e da cultura popular que leva o conhecimento às aldeias. É um caminhante que conta histórias, um poeta que canta, toca, dança e representa. A função do *griô* é tão importante que passa de geração a geração. Silvana Salerno (2015), escritora de livros infantis e contadora de histórias, nos apresenta em seu livro *África: contos do rio, da selva e da savana* histórias que são importantes para o Brasil porque foram trazidas pelos africanos escravizados para estas terras e fazem parte de nossa cultura. Eram histórias partilhadas oralmente nos espaços públicos e, dessa forma, coletivizadas. Histórias que podem, hoje, ser resgatadas pela escrita e transmitidas às novas gerações, valorizando a cultura que nos antecedeu e que continua presente em nossa linguagem, em nossos mitos, nossa alimentação, nossa música, embora nem sempre essa origem seja reconhecida e valorizada. Seu livro é uma outra forma de encontrar as palavras nas conchas de clamores antigos.

O aniversário de 75 anos de Conceição Evaristo (homenageada em 2019 como personalidade literária pelo Prêmio Jabuti) teve como comemoração um encontro com Paulina Chiziane,[3] a primeira escritora negra a ganhar o Prêmio Camões ou, como ela frisa: a primeira pessoa negra a ganhar o Camões. Ambas falaram sobre suas vivências como escritoras negras e sobre as dificuldades em serem reconhecidas pelas obras que produzem em função do patriarcado, do colonialismo e do racismo. Paulina, que prefere ser chamada de "contadora de histórias" e não romancista, esclarece que mesmo em seu país, Moçambique, onde a maioria absoluta é negra, a população branca foi a que mais teve acesso à educação; os negros foram os últimos a terem esse direito considerado. Ambas marcaram que, ao falar em nome próprio, falam sempre no coletivo. "Meu eu é sempre um nós", reafirma Paulina.

Kiusam de Oliveira, escritora e ativista do movimento negro, relembrou, em uma de suas entrevistas, a violência sofrida na escola, aos 5-6 anos. Uma freira lhe tirou a roupa e a expôs, nua. As outras crianças gritavam: "a macaca está pelada, a macaca está pelada". Mais tarde, aos 9 anos, ganhou da mãe uma boneca loira, grande, branca. Revoltada, reatualizando as experiências racistas anteriores, destruiu a boneca. A mãe entendeu o que se passava,

3 Realizado pelo Itaú Cultural em 29 de novembro de 2021: https://www.youtube.com/watch?v=sDzarSvQwJI&t=460s.

mas a cura aconteceu aos 14-15 anos, quando se encontrou com o movimento negro e com as histórias de sua ancestralidade, o que lhe permitiu reconhecer o valor dos saberes e rituais que tiveram origem na África. Kiusam chamou a atenção no Festival Na Janela – um festival antirracista realizado em 2021 – para a violência decorrente da naturalização dos corpos brancos como modelo a ser valorizado e do corpo negro como o que é inferior, feio, invisível; um corpo "não sonhado" pela cultura hegemônica.

É no eco desses clamores que podemos nos abrir para o reconhecimento do que significou a escravidão e a colonização destas terras com a sujeição de tantas vidas e a abolição de tantas línguas; tantas significâncias apagadas.

Sim, a poesia, a escrita revelam o mundo, mas, como diz Octavio Paz, também pode criar novos mundos, novas formas de viver onde caiba a diversidade e o reconhecimento de todas as línguas possíveis. Exemplo disso é a obrigatoriedade, definida por lei (Lei nº 10.639/2003), de que o patrimônio cultural afro-brasileiro seja disponibilizado em todas as escolas e haja projetos de enfrentamento efetivo das desigualdades raciais na educação. A lei reconhece e oficializa o dia 20 de novembro como "Dia Nacional da Consciência Negra". Mas, sabemos bem, entre a instauração da lei e a sua efetividade, muitas lutas terão que ocorrer.

Dentre as ações que estão surgindo, quero destacar alguns projetos a que tive acesso recentemente:

- organização da Afroteca, uma livraria virtual de literatura afro-brasileira infanto-juvenil;
- criação do prêmio "Educar para a igualdade racial", promovido pelo Centro de Estudos da Igualdade do Trabalho, que possibilita um levantamento sobre o que os educadores estão fazendo para que as crianças negras possam

ser legitimamente valorizadas (como devem ser todas as crianças);

- projeto das "mães mobilizadoras", ligado à biblioteca de Parelheiros, coordenado por Bel Santos, que cria redes solidárias de cuidados e, junto com a distribuição de alimentos e máscaras de proteção para evitar a contaminação pelo coronavírus, entrega livros de literatura para as crianças;
- Coletivo Luderê Afro Lúdico, grupo que se dedica à formação de educadores por meio de uma abordagem afrolúdica e que publicou em 2021, junto com Sheila Perina de Souza, *As brincadeiras africanas de Weza*.

Sei que várias propostas estão sendo construídas e que a literatura está presente em muitas delas. São formas de potencializar outras narrativas, desconstruir padrões de beleza totalitários, reconhecer o valor da diversidade e garantir o direito fundamental de existência e de respeito às singularidades históricas de cada um e de cada coletivo. Nunca é demais frisar que as narrativas criam realidades! Ou que permitem que elas sejam reconhecidas.

Retomando Freud. Foi o encontro com uma obra literária, *Gradiva*, escrita por Wilhelm Jensen, que lhe provocou encanto e inspiração para apresentar um de seus primeiros trabalhos de divulgação da ação terapêutica da psicanálise. Nesse trabalho, afirmou: "os poetas são aliados valiosíssimos, pois costumam saber de uma porção de coisas existentes entre o céu e a terra das quais sequer sonha a nossa sabedoria acadêmica. E, na ciência da alma, se adiantaram muito mais que nós, homens comuns, pois se nutrem de fontes ainda não abertas para a ciência" (1907/1993a, p. 8).

No texto de 1908, reconheceu essas fontes na vida infantil, nos sonhos e nas fantasias. Ainda jovem, fundou com seu amigo Eduard Silberstein a Academia Castellana, trocando cartas entre si e partilhando a admiração por Cervantes. De *O colóquio de cães*, retiraram os nomes pelos quais se reconheciam nessa Academia: Cipião e Berganza.[4]

Em outro momento de sua obra, em 1920, voltou a ocupar-se do brincar infantil e de seu valor simbólico. Foi por meio do jogo de seu neto de um ano e meio – jogo do *fort-da* – que pôde reconhecer a construção simbólica feita pelo menino, como uma forma de lidar com a ausência materna. Segurando um carretel preso a um fio, jogava-o para fora do berço dizendo "o-o-o-o" (*fort* – se foi) e, quando o puxava de volta, balbuciava um amistoso *da* (aqui está). Dessa maneira, lidava com a presença-ausência materna e estabelecia uma forma de comunicação, assumindo o domínio daquilo que sofrera passivamente; agora, por meio do jogo, é ele quem manda embora e traz de volta. Diante do vazio provocado pela ausência da mãe, a criança investiu na brincadeira e nas palavras; saiu da passividade da experiência para a atividade do jogo.

É curioso encontrar em Winnicott (1971/2019) um jogo parecido, colocando em destaque o uso do barbante como uma forma de comunicação dos efeitos causados pela ausência materna. Utilizando o Jogo do Rabisco, Winnicott surpreendeu-se com os desenhos feitos por um menino de 7 anos: na sequência de dez desenhos, sete tinham um fio (um laço, dois chicotes, duas chibatas, um fio de ioiô, uma linha com um nó). Na conversa com os pais, soube que o menino era obcecado por barbantes e costumava, em certas circunstâncias – marcadamente ligadas à ausência ou depressão materna (o que também é um indicador de sua ausência) –, amarrar as pernas das cadeiras, ligá-las à mesa, conectar o fio da almofada à lareira.

4 A relação de Freud com a escrita e a literatura está desenvolvida em meu livro *Vertentes da psicanálise*, no capítulo sobre "A escuta e os caminhos da escrita".

Nos comentários desse caso clínico, Winnicott reconhece no uso dos barbantes uma extensão das técnicas de comunicação – o barbante ata, liga, permite jogar com a experiência da separação, tendo um significado simbólico para todo mundo. Significado que vai se expandindo e está presente, por exemplo, nas brincadeiras de telefone sem fio com que se fala com os amigos e "que vira funk, vira rima e se transforma em poesia", como na poética história que Otávio Júnior (2019) escreveu quando, de sua janela, olhou para o mundo que via na sua favela. E também me inspirou para a criação dos haicais que reproduzo abaixo:

Lançam-se fios
Amarram-se palavras
Faz-se um poema!

Varal de letras
O vento brincou com elas
Fez malabares

O encontro com o outro: condição para o reconhecimento das palavras

Um galo sozinho não tece uma manhã:
ele precisará sempre de outros galos.
João Cabral de Melo Neto

Para que a comunicação aconteça, para que as palavras e o fazer poético possam encantar, é preciso haver um outro que os reconheça: "uma palavra não é palavra a não ser na medida exata em que alguém acredita nela . . . A palavra é essencialmente o meio de ser reconhecido" (Lacan, 1979, p. 272). Ela tem, também, o poder de criar realidades: é na medida em que nomeio algo que esse algo passa a existir.

Uma criança escuta a palavra Tatuapé (nome de um bairro em São Paulo) e imediatamente pergunta: "coitado do tatu, por que ele não pega ônibus em vez de ir a pé?". Todos que a escutam podem, também, poeticamente, imaginar um tatu andando a pé. Instaura-se, assim, uma nova comunidade de sentidos.

O efeito criativo e de júbilo que o encontro com um outro pode ter, quando da descoberta da escrita, tornou-se visível no esforço feito por Marcelo, uma criança com muitas dificuldades psíquicas, para que sua produção pudesse ser reconhecida. Ele vinha regularmente ao meu encontro. Às vezes conseguíamos conversar, brincar, criar. Às vezes, ele se fechava num isolamento do qual era muito difícil retirá-lo. Certo dia, ele entrou na sala, pegou uma folha de papel e um lápis, desenhou alguns rabiscos e me mostrou a folha. Fiquei tentando "decifrar" o que ele quis escrever, desvendar o significado das "letras". Ele permaneceu inquieto diante de mim, segurando a folha na minha frente. Só depois de algum tempo, muito para nós dois, dei-me conta do essencial e lhe disse: "Marcelo, você está escrevendo!". Ele sorriu, uma expressão de júbilo, soltou a folha e se tranquilizou. Com o passar do tempo, essas garatujas iniciais ganharam palavras e contaram histórias.

A situação clínica de Amélia também nos fala da importância do encontro, da presença de um outro que se implique com as tentativas de uma aprendizagem possível. Ela era uma menina muito imaginativa. Morando no interior de uma cidade distante dos grandes centros, passava horas no muro de casa olhando a rua e os que passavam por ela. Construía histórias sobre mundos distantes. Quando foi para a escola, teve muita dificuldade em aprender.

Não conseguia ligar as letras a algo que pudesse adquirir sentido. As próprias letras lhe eram difíceis de reproduzir. Um dia, uma das professoras da escola sentou-se ao lado dela e, segurando sua mão, foi falando com ela sobre as letras que desenhava no papel e como elas podiam se juntar construindo histórias. Hoje, passados mais de 50 anos, essa mulher reconhece nesse gesto inaugural de cuidado e aproximação a construção do mundo da escrita e da leitura. Tornou-se contadora de histórias, juntando, nesse ofício, a imaginação infantil e o gesto de cuidado desse adulto que, por sua presença, permitiu-lhe valorizar as duas experiências – a da imaginação e a da escrita.

Lenita também me contou sua história com a escrita. Veio de outro país com 6 anos e foi estudar em uma escola pública num bairro da periferia de São Paulo. Viveu a experiência de sentir-se estrangeira; as outras crianças a discriminavam por ter uma fala diferente, o que acentuou sua timidez. No horário do recreio, começou a refugiar-se na biblioteca: um paraíso. As histórias e as poesias que descobriu abriram-lhe outro mundo e despertaram nela o encanto pela escrita e pela leitura. Descobriu, nos livros, o valor da errância – cada um deles abria o espaço para uma nova paisagem. Tornou-se historiadora: mapeia os lugares das cidades e pesquisa suas origens e transformações.

Já com Leonardo, 4 anos, a questão era outra. Ele tinha dificuldades em se concentrar. Costumava fugir da classe e esconder-se no pátio da escola. A professora, preocupada, costumava ir atrás dele e trazê-lo de volta. A cena se repetia, causando perturbação na continuidade das atividades com as outras crianças. Numa conversa com a orientadora levantou-se uma hipótese: Leonardo queria ser encontrado! Estava instituindo o jogo "se esconder-ser encontrado".

Portanto, não se tratava aqui de impedir o jogo, nem de sustentar aleatoriamente sua repetição, pois, paradoxalmente, as crianças querem e não querem ser encontradas. As crianças, afirma Agamben (2007, p. 17), "sentem um prazer especial em se esconder . . . Há no próprio fato de ficarem escondidas, no ato de se refugiarem na cesta de roupa ou no fundo de um armário, no de se encolherem num canto do sótão até quase desaparecer, uma alegria incomparável, uma palpitação especial, a que não estão dispostas a renunciar por nenhum motivo".

Assim, por meio da repetição do "se esconder-ser encontrado", Leonardo convocava o ambiente a agir, permitindo que ganhasse confiança e segurança de seu lugar. Para isso era importante compreender o sentido da repetição e poder reconhecer no jogo o estatuto simbólico do brincar. "Confiança", diz Winnicott, "significa estabelecer a segurança com base na experiência, antes que se possa desfrutar a separação e a autonomia" (2021, p. 165).

Kiusam de Oliveira, escritora a que me referi anteriormente, diz que escreve desde muito pequena e que o incentivo foi dado pela mãe, que, quando a levou para a escola, aos dois anos e meio, colocou na sua bolsinha um bloquinho de anotações e um lápis para que ela escrevesse tudo que vivesse. Começou fazendo rabiscos, mas a mãe, com sabedoria, ia anotando o que a pequena criança lhe relatava sobre o que havia "escrito". Adulta, como educadora, professora e escritora, transformou as experiências vividas pelas crianças negras em histórias escritas. Seu livro *O black power de Akin* fala de uma história real: um menino negro que, como tantas crianças negras, sofre *bullying* por seus cabelos crespos e pela cor de sua pele. E outro de seus livros, *O mundo no black power de Tayó*, foi incluído pela Organização das Nações Unidas (ONU) na lista dos dez livros mais importantes do mundo na temática dos direitos humanos.

Experiências na pandemia

O professor não ensina o que diz, transmite aquilo que é.
A aprendizagem é antropofágica.

José Pacheco, fundador da Escola
da Ponte, em Portugal

Durante a pandemia, ensinar tornou-se um desafio imenso. As crianças e as famílias ficaram submetidas por muitas horas às telas do celular ou do computador e as trocas e aprendizagens sociais, próprias da vida escolar, ficaram restringidas. Além disso, embora tenha sido promulgado em 2020 o Projeto de Lei nº 5.529, que propunha que a educação fosse considerada como atividade essencial na pandemia, o governo federal inviabilizou a garantia de computadores e dados para que todos os estudantes das escolas públicas pudessem ter acesso às aulas online.

Houve, ainda, corte de verbas para a educação, acentuando-se a perversidade das diferenças sociais. O índice de abandono foi significativamente maior nas escolas públicas do que nas escolas privadas, sendo que a maior parte das crianças e jovens que abandonaram a escola é constituída por negros e pardos, justamente os que mais precisavam da educação para poder diminuir as desigualdades. Entre os motivos alegados está a necessidade de trabalhar, a falta de interesse e as dificuldades com a internet.

Mas, surgiram também movimentos valiosos de solidariedade e experiências propiciadas por encontros online e ações comunitárias que incentivaram a leitura e a poesia: distribuição de livros infantis junto com as cestas básicas, espaços abertos de troca de livros, produção de tecidos bordados com versos etc.

Joycelaine de Oliveira, professora do Centro de Ensino e Pesquisa Aplicada à Educação, uma escola diferenciada ligada à Universidade Federal de Goiás, conta uma dessas experiências. Em seu relato fica evidente a importância do meio ambiente e a implicação necessária do professor com o seu ofício:

> *A escola em que trabalho é como um lugar rural, com macacos, seriemas, teiús e até cobras. Há também uma biblioteca com muitos livros. Todo o meu trabalho é atravessado pela literatura porque tem a ver com o que eu sou; não basta ter livros e bibliotecas, é preciso que haja quem se encante com as histórias e tenha prazer em contá-las. Uma aluna do quinto ano me contou que, quando a avó escuta as histórias que eu leio para meus alunos, pede para a neta aumentar o volume do celular para escutar. Imaginar a cena em que avó e neta aprendem juntas quando escutam histórias que a professora lê em voz alta me faz pensar na real dimensão que a literatura ocupa ou deveria ocupar nas nossas vidas, e que ela deveria ser um direito de todas as pessoas, da mesma importância de se ter casa para morar, como ensina Antonio Cândido.*

Com encanto, ela me falou da produção de outras crianças. Uma delas, do 4º ano, tornou-se ilustradora e construiu um poema; poetizou, com humor, o "cercadinho da tela" em que vivia na pandemia:

> *Pasto sem alegria*
>
> *A vaca no pasto*
> *deu o seu passo*

olhou pros dois lados
e disse: que chato!

Partilhei o depoimento de Joyce com um grupo de amigas que se interessam pela literatura e pela educação. Uma delas se encantou com a história da avó e da neta e, de forma espontânea, disse fazer o mesmo quando a professora de sua filha conta histórias: para o que estiver fazendo e escuta a história, pelo computador, junto com a filha. As escolas entraram nas casas assim como as casas entraram nas escolas, e isso mobilizou experiências de convívio inovadoras.

Outra amiga, Ieda Carvalhedo Barbosa, me contou sua experiência como professora do Ensino Médio: canta músicas populares brasileiras para seus alunos. Ficou sabendo que algumas mães e avós gostavam muito de ouvi-la cantar no ensino remoto e, muitas vezes, participavam da cantoria. Ieda gosta de literatura e de música, é professora de literatura e língua portuguesa no Instituto Federal do Ceará e trabalha com jovens de 14 a 16 anos. Durante a pandemia percebeu que estavam desanimados e perdendo o interesse pelas aulas. Introduziu o canto e a apresentação das músicas populares como uma forma de convidá-los a participar. Reproduzo a seguir seu relato:

> *No auge da pandemia, no carnaval, combinei de nos pintarmos, usarmos lantejoulas, cantar. As mães e as avós participavam, as crianças menores vinham para a frente da câmera. Fiz o mesmo nas festas juninas com as músicas de Elba Ramalho, Luiz Gonzaga e, quando o Spotify não funcionava, eu própria cantava. Certa vez, estava trabalhando com eles o Trovadorismo, as cantigas de amor e de amigo, e me perguntei: como eles*

> *entendem isso que é do século XII, XIV? Caetano Veloso veio em minha ajuda: "Um amor assim delicado . . . princesa . . . senhora", aproximando essas cantigas separadas por tantos séculos.*

Cantadas pela professora, essas canções ganharam um afeto especial – tornando-se realmente cantigas de amor e de amigo – e "contaminaram" a casa de seus alunos.

> *Às vezes, a escuta dos pais torna-se mais difícil, pois certos temas inibem a participação dos filhos, como quando, trabalhando* Os Maias, *surgiu o tema da sexualidade, do incesto, e um aluno pediu para mudar de assunto porque o pai estava perto.*

Bom, respondeu sabiamente a professora: a literatura trata da vida, trata de tudo que acontece na vida...

Censuras dos pais, vigilância sobre o que dizem os professores são adversidades dessa interação sem fronteiras entre a escola e a casa. Mas, diz Ieda, em geral a convivência tem sido interessante. Tem sido possível criar um espaço de troca e curiosidade, como quando os alunos lhe pediram para mostrar sua casa pelo vídeo – um desejo de estar perto? De conhecer mais?

Histórias preciosas, reveladoras da riqueza da literatura e do que e de quantos, mesmo na pandemia, ela pode atingir – mesmo que os professores não o saibam!

Conclusão

Walter Benjamin termina seu livro *Magia e técnica, arte e política* comentando o livro de Karl Gröber *Brinquedos infantis dos velhos tempos: uma história do brinquedo* e lançando uma pergunta: "Um poeta contemporâneo disse que para cada homem existe uma imagem que faz o mundo inteiro desaparecer; para quantas pessoas essa imagem não surge de uma velha caixa de brinquedos?" (p. 253). Também Agamben nos confirma que todos conservamos certos objetos inúteis, metade lembrança, metade talismã, aos quais não queremos renunciar: às vezes um brinquedo estragado, uma caixinha que guarda um cheiro perdido – objetos que fazem todos os outros desaparecer.

A essa pergunta proponho um pequeno desvio, pertinente ao que venho tratando neste texto: para quantos de nós essa experiência não surge a partir da lembrança de uma história lida ou contada em nossa infância? Eu, poderia, até hoje, reproduzir o encanto que me causaram os primeiros contos de fadas e as primeiras poesias lidas na biblioteca de minha escola pública.

Referências

Agamben, G. (2007). *Profanações*. Boitempo.

Barros, M. (2010). *Poesia completa*. Leya.

Barros, M. (2018). *Memórias inventadas*. Alfaguara.

Bauer, J. (2006). *Quando a mãe grita*. Ana Paula Faria.

Benjamin, W. (1996). Magia e técnica, arte e política. In W. Benjamin, *Obras escolhidas* (Vol. I). Brasiliense.

Calvino, I. (2016). *Por que ler os clássicos*. Companhia das Letras.

Cândido, A. (2011). O direito à literatura. In A. Cândido, *Vários escritos*. Ouro sobre Azul. (Trabalho original publicado em 1988)

Freire, P., & Frei Betto. (2000). *Essa escola chamada vida*. Ática. (Trabalho original publicado em 1963)

Freud, S. (1993a). El delirio y los sueños. La "Gradiva" de W. Jensen. In S. Freud, *Obras Completas* (Vol. IX). Amorrortu. (Trabalho original publicado em 1907)

Freud, S. (1993b). El creador literario y el fantaseo. In S. Freud, *Obras Completas* (Vol. IX). Amorrortu. (Trabalho original publicado em 1908)

Freud, S. (1993c). Más allá del principio de placer. In S. Freud, *Obras Completas* (Vol. XVIII). Amorrortu. (Trabalho original publicado em 1920)

Júnior, O. (2019). *Da minha janela*. Companhia das Letrinhas.

Lacan, J. (1979). *O seminário, livro 1: Os escritos técnicos de Freud*. Zahar.

Lispector, C. (1981). *Felicidade clandestina: contos*. Nova Fronteira.

Machado, A. M. (2016). *Ponto de fuga: conversas sobre livros*. Companhia das Letras.

Salerno, S. (2015). *África: contos do rio, da selva e da savana*. Girassol.

Souza, M. L. R. (2017). *Vertentes da psicanálise*. Pearson.

Souza, S. P., & Coletivo Luderê Afro Lúdico. (2021). *As brincadeiras africanas de Weza*. Kitembo Edições Literárias do Futuro.

Winnicott, D. W. (1984). *Consultas terapêuticas em psiquiatria infantil*. Imago. (Trabalho original publicado em 1971)

Winnicott, D. W. (2019). *O brincar e a realidade*. Ubu. (Trabalho original publicado em 1971)

2. Apontamentos para uma educação da agressividade e da visão

Renata Udler Cromberg

> *Cada geração deve se preocupar para não deixar a criança na solidão de sua violência e para que amar lhe seja possível.*
>
> Charles Baudouin

Imagens

É um vídeo de 1 minuto e 34 segundos que apareceu em alguma rede social. Há quatro adultos na sala. Um é o filmador da cena no celular. Começa com a filmagem de uma mulher e de um homem, vemos que é uma sala de aula e ouvimos um barulho estrondoso. Logo a câmera mostra uma menina derrubando com violência gavetas de pastas de um armário metálico cinza, daqueles muito antigos, tradicionais de escola pública; as janelas e as cortinas também dão sinal de que a cena se passa numa escola pública. Uma grande lousa e dezenas de carteiras iguais confirmam isso.

A menina negra de aparentemente 9 ou 10 anos se dirige, após tirar as gavetas, em direção a uma mulher branca que está na janela segurando para fora algo que ela tenta deixar longe do alcance da menina. Com um braço dobrado, tenta se defender do ataque da menina, que passa a bater sucessivas vezes nele. Todos estão de máscara, a menina não. Ela grita a esta mulher: "Eu nunca mais quero ver você na minha frente, me larga". A mulher não a está segurando. Já ela segura muito forte, apertando o braço da mulher.

Começa a jogar no chão primeiro uma cadeira e depois todo o material que se encontra nas mesas da primeira fila vertical. A câmera e todos estão no fundo da classe. Da frente da sala a menina percebe o filmador, grita algo indiscernível em tom de ameaça, pega um objeto que parece ser um estojo e joga em direção a ele. O filmador se desvia um pouco para não ser atingido. Ela grita em tom explicativo para a mulher loira que está perto do filmador: "Para você ver, eu não tenho cura", e, mais alto, "É para você ver! Eu não tenho cura, eu não tenho!".

Pega uma mala rosa cheia do chão e joga em direção ao homem que está um pouco mais à frente do filmador. Pega cadernos e livros e joga na mulher loira perto da janela, que já está com as duas mãos livres e coloca uma na cintura e outra para se proteger da menina. A menina diz a ela: "Devolve o meu bolo, você não vai comer", e bate várias vezes no braço dela, então segura o braço e a mulher a impede de avançar sobre ela. Elas se seguram pelo punho e, depois de um tapa maior que dá na mulher, a menina a larga e desiste; pega o próprio braço, aparentemente se beliscando. O vídeo logo se interrompe.

A primeira vez que assisti a esse filme, fiquei chocada com o grau de violência e indignada com os quatro adultos por não fazerem nada para conter tanta angústia e exporem a menina por meio da filmagem. A segunda vez tive a sensação contrária, de ser um apelo, uma convocação para a impotência dos adultos; conseguíamos ver apenas o rosto angustiado e desamparado da provável professora à janela e a firme decisão de aparar a violência, e não responder com violência. É assim que essa atitude traz o apelo da menina na frase em que diz que não tem mais cura.

A angústia que essa cena despertou em mim me fez imediatamente lembrar dessa frase da epígrafe, que eu queria comentar nestes apontamentos sobre a educação da agressividade, minha contribuição para este terceiro projeto que vincula a psicanálise à educação de Alcimar Alves de Souza Lima e Esméria Rovai. Permitiu vincular uma cena do presente à história de uma educação pacifista iniciada apenas no começo do século XX, época do surgimento da psicanálise, da pedagogia, da psicologia aplicada, da ideia de formação de professores e tantas outras novidades.

Pretendo então falar um pouco dessa história, e em seguida tentar dar elementos para a desfascinação dessa cena de violência por meio de apontamentos freudianos, ferenczianos e winnicottianos para pensar a educação de jovens e crianças. Por fim, trarei elementos para pensar uma educação da visão. Se as imagens do filme de celular relatado podem servir de apelo e transparência, sabemos também da complexidade do uso do celular quando pensamos na mudança da relação entre o que é visto e observado pelos olhos nus e o que é visto e observado pelo anteparo da imagem virtual.

Agressividade

O Instituto Rousseau

Foi em Genebra, cidade francófona situada na baía onde o rio Ródano desemboca no lago Leman, que aconteceu por volta dos anos 1920, no Instituto de Psicologia Experimental e de Investigação do Desenvolvimento Infantil Jean-Jacques Rousseau, fundado em 1912, a maior revolução na instituição de uma plataforma educacional internacionalista e pacifista após a Primeira Guerra Mundial. Se Genebra é hoje a cidade mais internacional da Suíça, a "cidade da paz" por ser a sede europeia da Organização das Nações Unidas (ONU) e a sede internacional da Cruz Vermelha - de onde essa instituição dirige suas campanhas humanitárias –, isso se deve ao fato de que nessa cidade foi assinado o Armistício e o tratado de paz que encerrou a Primeira Guerra Mundial. Ele foi concretizado no Palais Wilson, imponente edifício à beira do lago, que foi a sede da Faculdade de Psicologia de 1937 a 1975, quando ela se mudou para a Uni Dufour.

O final da guerra trouxe intensa reflexão sobre como os homens puderam chegar a tamanha destruição. Na Suíça, houve um consenso de que os sistemas educacionais nacionais cultivavam de maneira difusa um estado belicista nas novas gerações. Era constante a presença de soldados e armas nos exercícios de aritmética da escola primária, por exemplo. A ginástica passara a ser obrigatória para meninos acima de 10 anos e era tida inicialmente como instrução militar preparatória. Eram frequentes os desenhos de meninos com farda de soldados, empunhando orgulhosos suas armas.

Mas, se a educação havia preparado para a guerra, não teria ela o poder de preveni-la? Houve um investimento na educação designada com uma nova missão. Muitos pacifistas queriam acreditar que ela poderia formar homens melhores, convencidos do absurdo da guerra e capazes de evitá-la, ao transformar a maneira de ver o mundo dos jovens e as relações entre as pessoas a partir do cultivo do respeito, da visão do outro como semelhante, da solidariedade e da ajuda mútua. Entre 1919 e 1923, o Instituto Jean-Jacques Rousseau foi o centro que transformou Genebra em uma plataforma do internacionalismo educativo, e sua junção ao Bureau Internacional das Escolas Novas levaria à criação, a partir de 1925, do Bureau Internacional da Educação, que influenciou a educação em todo o século XX.

O Instituto, que vinha se tornando rapidamente o maior centro pedagógico do mundo, fora fundado por Édouard Claparède e Pierre Bouvet. Médico e psicólogo suíço, sobrinho do psiquiatra e psicanalista Théodore Flournoy, Claparède é considerado um dos pioneiros no estudo da psicologia da criança, a partir de um enfoque interacionista sobre a gênese dos processos cognitivos. Era uma sólida alternativa aos pontos de vista puramente inatistas ou ambientalistas, e que tirava a psicologia de uma crise entre o associacionismo e a psicologia da Gestalt. A finalidade do Instituto era formar educadores, realizar pesquisas nas áreas de psicologia e pedagogia e incentivar as reformas educativas baseadas no movimento da Escola Nova (*Éducation Nouvelle*), que fora fundado por um de seus membros, Adolphe Ferrière. Ele era o que havia de mais avançado nessas áreas na sua época.

As primeiras institucionalizações acadêmicas da pedagogia e da psicologia aconteceram no final do século XIX na Universidade de Genebra, criada em 1876 a partir da transformação da Academia de Genebra, graças ao desenvolvimento do sistema educativo que favorecia a profissionalização da pesquisa científica e de novas especializações disciplinares. As duas áreas se inseriam no seio de um movimento internacional a favor de uma nova apreensão do homem, especialmente dos fenômenos educativos e psíquicos.

A primeira cadeira foi criada em 1890 e buscava fazer da pedagogia uma ciência da educação, melhorando a formação dos professores primários e secundários. Em 1891, a Faculdade de Ciências criou, por meio de Théodore Flournoy, a primeira cadeira extraordinária de psicologia, cujos trabalhos renovaram a concepção do psiquismo humano. A decisão de ligar essa cadeira às ciências visava explicitamente desatar a psicologia das ligações filosóficas e promover uma aproximação científica e empírica com os fenômenos psíquicos. Flournoy inaugurou em 1892 um laboratório segundo o modelo que seu mestre, Wilhelm Wundt, criara em 1879, em Leipzig. Seu assistente foi seu primo, um jovem e dinâmico médico-psicólogo Edouard Claparède, que desde cedo se atribuiu a missão de promover a psicologia, demonstrando sua pertinência científica e social.

No começo do século XX, Flournoy e Claparède uniram seus esforços para desenvolver essas duas novas disciplinas, tanto local como internacionalmente, por meio de seminários, conferências, congressos e publicações. Apaixonados pela ciência, fundaram um dos primeiros periódicos dedicados à divulgação da pesquisa em psicologia editado em língua francesa, o *Archives de Psychologie*, o qual foi dirigido por Claparède por 40 anos (1901-1940). Nesse periódico, além de divulgar resultados da pesquisa realizada por ele e seus colaboradores no laboratório de psicologia da Universidade de Genebra, ele publicou inúmeras resenhas sobre a literatura da época na área da psicologia. Conhecia, portanto, em profundidade o desenvolvimento da ciência psicológica, cuja produção teórica e técnica ele procurava levar a educadores, juristas e outros profissionais interessados por meio de revistas de divulgação.

O curso institucional da psicologia foi progressivamente reforçado e suas aplicações foram estendidas especialmente à pedagogia. Claparède organizou seminários de psicopedagogia e constituiu, com a Sociedade Pedagógica de Genebra, um grupo de estudos de psicologia da criança para se integrar a um potente movimento internacional que visava à reforma da educação sobre a base do estudo psicológico da criança. Em 1908, Flournoy se tornou professor ordinário de psicologia e Claparède, professor extraordinário (se tornaria ordinário em 1915), inaugurando uma nova etapa.

Claparède foi um intelectual extremamente produtivo cujas obras principais foram traduzidas em diversos idiomas, ampliando sua influência sobre a formação de psicólogos e educadores e sobre a elaboração das perspectivas teóricas, com claras implicações para a pedagogia e a psicologia contemporâneas. Isso se deve não só à riqueza da sua obra, mas também à sua ativa participação nos movimentos que delinearam as duas áreas e ao diálogo que estabeleceu com outros estudiosos e teóricos.

Em 1912, Claparède criou o Instituto Jean-Jacques Rousseau de Ciências para a Educação como instituição privada, a qual contava inicialmente com vinte colaboradores e aproximadamente vinte estudantes e a direção do filósofo e psicólogo Pierre Bouvet. Este fora o ano do bicentenário de nascimento de Rousseau e seu nome foi escolhido porque, para Claparède, o filósofo genebrino foi o primeiro a compreender verdadeiramente que refletir sobre o valor da infância é o primeiro dever do educador, que a criança não é um ser imperfeito, um pequeno adulto ainda inacabado, mas tem uma vida própria, e o tempo longo de seu desenvolvimento deve-se às suas necessidades naturais.

Como outros educadores, Claparède estava convencido de que a educação deveria ser reformada sem demora. Invocando as geniais intuições pedagógicas de Rousseau, que foi erigido em precursor, ele clamava por uma educação funcional: um melhor conhecimento da criança e das leis de seu desenvolvimento era indispensável para levar em conta as suas necessidades, que deveriam doravante – em uma revolução copernicana – se tornar o centro do sistema educativo. Uma moeda suíça cunhada na fundação do instituto, na qual a criança aponta a direção ao professor, substituiu a moeda do século XIX, na qual o professor apontava a direção para a criança, indicando que bastava ao professor sua erudição desvinculada dos processos de aprendizado da criança.

Claparède escreveu o texto programático do instituto, no qual apresentou suas quatro funções: ser uma escola que permitisse aos educadores se orientarem, documentarem, se exercitarem no método científico e colaborarem para a construção da ciência; ser um centro de pesquisa que assegurasse o progresso dessa nova ciência, um centro de informação que reunisse e difundisse as pesquisas e um centro de propaganda em favor da renovação educativa. Assim, a psicologia foi a primeira convocada para enriquecer esse conhecimento da criança, mesmo que outras disciplinas fossem igualmente integradas: a antropologia, o direito, a história, a medicina, a pedagogia, a filosofia, a psicanálise e a sociologia.

Paralelamente a isso, na Universidade, Albert Malche, membro do Instituto, herdou a cadeira de pedagogia no mesmo dia que foi nomeado diretor do ensino primário de Genebra, passando a considerar toda escola como laboratório e fazendo da pedagogia uma ciência empírica e social que colocava a pesquisa a serviço direto da comunidade. Ele foi incansável em instituir uma verdadeira formação profissional dos professores, condição essencial para a qualidade do sistema escolar.

Entre 1912 e 1918, o Instituto viveu uma efervescência pedagógica. A prioridade era reunir uma comunidade internacional de estudantes, uma vez que dela dependia sua sobrevivência e seu renome. Com foco profissionalizante, os estudantes orientaram os desenvolvimentos do Instituto na construção de competências práticas a fim de que sua formação atestasse uma capacidade verdadeira, e não uma erudição de superfície. Assim, foram criados múltiplos serviços conexos para unir pesquisa, formação e prática, como as escolas de aplicação Maison des Petits, em 1913, e a Maison des Grandes, em 1917. Nelas foram produzidos e difundidos jogos e material pedagógico.

Tudo isso consumia o essencial dos recursos humanos e financeiros do Instituto, restringindo outros investimentos científicos. A guerra e a diminuição de alunos e colaboradores ameaçavam o Instituto de falência. Ele foi salvo graças às condições do pós-guerra, que colocaram Genebra em destaque no cenário internacional, com um grupo de atores determinados e influentes conjugados aos esforços da Universidade e do Departamento de Educação do Estado progressivamente elaborando soluções que favoreceram o reconhecimento do Instituto.

Em abril de 1920, uma cadeira de ciência da educação e pedagogia experimental foi conferida a Bouvet na Faculdade de Letras, aproximando o Instituto da Universidade. Novos diplomas universitários foram criados, como o certificado de pedagogia e doutorados em psicologia e pedagogia. Em 1921, Jean Piaget, recém-chegado a Genebra, foi nomeado chefe do Laboratório de Psicologia do Instituto. Nesse ano, o Estado concedeu uma primeira subvenção ao Instituto por sua contribuição à formação teórica dos professores.

Em 1922, a Maison du Petits foi inserida na rede pública, mantendo, porém, sua ligação com o Instituto. Os principais atores do Instituto (Bouvet, Claparède, Audemars, Piaget, Ferrière, entre outros) realizaram uma série de intervenções junto aos profissionais da educação; semanas pedagógicas, cursos de férias, conferências públicas e consultas práticas se sucederam e se ampliaram aos limites cantonais e federais, o que contribuiu para o alargamento da audiência do Instituto, aumentando substancialmente o número de estudantes, mais de 100 em 1925, e ampliando a sua procedência geográfica.

Uma intensa atividade de pesquisa se desenvolveu em psicologia da criança sob a direção de Piaget e em avaliação de aptidões e vocações sob a direção de Claparède. Além disso, foram elaboradas no Instituto contribuições essenciais à reforma da educação, como a educação de crianças atrasadas, a Escola Ativa e reformas educativas da escola pública. O Instituto, assim, adquiriu progressivamente um renome internacional. O espírito de Genebra era encarnado por ele sob a bandeira da Escola Nova e da Escola Ativa.

Em 1923, ele se integrou ao Bureau Internacional das Escolas Novas, criado em 1899 por Ferrière. Em 1925, o Instituto fundou o Bureau Internacional de Educação para promover a cooperação intelectual, a solidariedade internacional e a educação pacifista.

Em 1929, o Bureau se desligou do Instituto para se tornar uma instituição intragovernamental dirigida por dois jovens colaboradores do Instituto, Rosseló e Piaget, que ficaram à sua frente por quatro décadas. Paralelamente ocorreu uma reestruturação do próprio Instituto que permitiria sua integração à Universidade, ao mesmo tempo que foi designado para assumir toda a formação teórica dos professores. Em meio a um conflito de gerações sobre a vocação do Instituto, seu militantismo foi reduzido em favor de investimentos mais acadêmicos. Claparède (psicologia), Bouvet (pedagogia) e Piaget (administração) passaram a dirigir o renomeado Instituto Universitário das Ciências da Educação, não mais com Rousseau em seu nome. Em 1937, ele se mudou do número 5 da Place de la Taconnerie para o Palais Wilson, local da conferência da Liga das Nações (1918).

Entre 1929 e 1948, a psicologia e a pedagogia, até então intrinsecamente ligadas, se dissociaram progressivamente, graças à profissionalização da pesquisa científica, que lançou novas especializações disciplinares. O trabalho em psicologia do desenvolvimento e a psicologia aplicada tomaram impulso graças a Piaget e seus colaboradores. A psicologia se tornou uma profissão, passando no período seguinte, de 1948 a 1968, a ter uma irradiação sem paralelo.

O agora nomeado Instituto Interfaculdades de Ciências da Educação fundou, em 1955, o Centro Internacional de Epistemologia Genética – financiado pelas fundações Ford e Rockefeller e sob a direção de Piaget e Inhelder –, no qual a psicologia genética aliada à epistemologia explorou novos domínios. Ele se tornou o local de formação de uma geração de pesquisadores em psicologia e epistemologia. Paralelamente, no Instituto, desenvolveu-se a psicologia aplicada às consultas para crianças e à orientação profissional, bem como a psicologia clínica com a criação dos testes projetivos, da psicanálise por Charles Baudouin (o autor da epígrafe) a partir de 1955, da neuropsiquiatria por Ajuriaguerra e da psicopatologia da criança. Inaugurada por Inhelder como aplicação das teorias psicológicas piagetianas à pedagogia, a psicopedagogia, domínio situado entre a psicologia e a pedagogia, foi sistematizada como as ciências naturais e as matemáticas.

Em 1975, o Centro se tornou a Faculdade de Psicologia e de Ciências da Educação, mudando geograficamente do Palais Wilson para a Uni Dufour, onde permanece até hoje. O conceito, o espírito e a finalidade do Instituto, quase inteiramente dedicado à infância, tornaram-no desde o início um espaço possível como vocação e carreira para as mulheres, as quais tiveram nele um papel essencial. Duas mulheres russas tiveram passagens breves, porém marcantes nos tempos pioneiros antes dos anos 1930: Helena Antipoff e Sabina Spielrein.

Helena Antipoff teve sua formação em Genebra, no Laboratório de Psicologia e na Maison des Petits e, depois de uma passagem pela Rússia, respondeu ao chamado de Claparède e se tornou sua assistente colaboradora a partir de 1926. Ela dava cursos de psicologia experimental e realizava as pesquisas sobre os testes e sua validade, conversando de igual para igual com Claparède. Em 1929, tornou-se professora de psicologia em Belo Horizonte, no Brasil, onde continuou por décadas suas pesquisas e correspondências com seus colegas genebrinos. Foi ela quem trouxe Claparède para uma série de conferências no Brasil em 1930. Em virtude da Revolução de 1932, Claparède teve que ficar cinquenta dias no Brasil, sem poder retornar à Suíça. Seu colega Adolphe Ferrière teve sorte pior. Tendo vindo dar uma série de conferências no Rio de Janeiro, o navio que o trazia não pôde aportar por causa da Revolução e ficou por semanas ao largo, retornando em seguida para a Europa.

Sabina Spielrein foi a Genebra a convite de Bouvet, em 1920, para ministrar um curso de psicanálise, uma vez que o interesse pelas novas teorias era grande e a psicanálise ocupava boa parte dele. Participava dos grupos de psicanálise locais que se reuniam no mesmo Instituto com a participação de seus dirigentes. Ela analisou Claparède, Bouvet, Henry Flournoy, Charles Odier, Piaget e outras figuras do Instituto e fora dele. Estava disponível para consultas gratuitas com pessoas que desejassem informações sobre a psicanálise científica e educacional. Participou dos experimentos da Maison des Petits e da Maison des Grandes, deu palestras e atendeu psicanaliticamente crianças e adultos com distúrbios neurológicos de 1920 a 1923. A recomendação de Freud era que ela transmitisse com vagar a sua cultura analítica.

Após a análise que fez de Piaget por oito meses, trabalhou com ele um assunto que ambos tinham interesse: o desenvolvimento do pensamento e da fala infantil e a construção de símbolos. Artigos de Spielrein e Piaget foram publicados nos *Arquives de Psychologie* entre 1920 e 1923.

Apontamentos sobre a educação da agressividade em Freud

A psicanálise foi desde o início ligada ao campo da educação, como fornecedora de matrizes para pensar o desenvolvimento infantil a partir da constituição psíquica da criança. Mas, para o nosso tema, escolhi ressaltar os comentários de Freud sobre a educação e a agressividade em duas notas de rodapé do seu livro *O mal-estar na cultura* (Freud, 1929/2010).

Nesse texto, ele fixou as duas forças pulsionais constitutivas do psiquismo humano: a pulsão de vida e a pulsão de destruição, a pura agressividade. É nele que pensa a origem e o paradoxo do supereu – esta instância que ele havia formulado em 1923 como a herdeira do complexo de Édipo e de castração, a qual formaria, junto com o eu e o isso, o aparelho psíquico e deveria conter a agressividade, mas acabaria agindo com agressividade contra o eu –, da consciência moral e do sentimento de culpabilidade.

A primeira nota ele escreve quando está pensando um paradoxo: a agressão vingativa de uma criança será determinada pela agressão punitiva que espera do pai, ao mesmo tempo que a experiência mostra que a severidade do supereu que uma criança desenvolve não reproduz de forma alguma a severidade do tratamento que ela própria experimentou. Ela surge independentemente dele. Ele diz que com uma educação bastante branda, uma criança pode adquirir uma consciência moral bastante severa. Mas não seria correto exagerar essa independência; a severidade da educação também exerce uma forte influência sobre a formação do supereu infantil. Freud marca então a atuação conjunta dos dois fatores – fatores constitucionais próprios e fatores do meio – na formação do supereu e na origem da consciência moral. É aí que ele inclui a nota de rodapé:

> *A propósito do estudo de Aichhorn sobre o abandono, Franz Alexander apreciou com exatidão em* Psicanálise da personalidade integral *(1927) os dois principais métodos patogênicos da educação: o rigor excessivo e a complacência. O pai excessivamente brando e indulgente dará a ocasião para a formação de um supereu demasiado rigoroso na criança, pois, sob a influência do amor que recebe, ela não encontrará outra saída para a sua agressão se não a voltar para dentro. No*

> *caso da criança desamparada, que é criada sem amor, inexiste a tensão entre o eu e o supereu; toda a sua agressão pode se voltar para fora. Assim, se não considerarmos um fator constitucional que cabe admitir, pode-se dizer que a consciência severa surge da ação conjunta de duas influências da vida: a não frustração dos impulsos, que desencadeia a agressão, e a experiência do amor, que volta essa agressão para dentro e a transfere ao supereu. (Freud, 1929/2010, p. 157)*

A segunda nota está no início do último capítulo, quando diz que pretendia apresentar o sentimento de culpa como o problema mais importante do desenvolvimento da cultura e demonstrar que o preço do progresso cultural é pago com a perda de felicidade devida à intensificação do sentimento de culpa. É aí que ele puxa esta nota:

> *O fato de a educação atual ocultar ao jovem o papel que a sexualidade representará em sua vida não é a única censura que se lhe deve fazer. Ela também peca ao não o preparar para a agressão de que ele está destinado a ser objeto. Ao lançar os jovens na vida com uma orientação psicológica tão incorreta, a educação procede como se munisse com roupas de verão e mapas dos lagos do norte da Itália pessoas que farão uma expedição polar. Torna-se claro aí um certo abuso das exigências éticas. Não causaria grandes prejuízos ao rigor das mesmas se a educação dissesse: "É assim que as pessoas deveriam ser para se tornarem felizes e fazerem felizes as outras; mas é preciso contar com o fato de que não são assim". Em vez disso, deixa-se o jovem acreditar que todos os outros cumprem os preceitos éticos, ou*

> *seja, que são virtuosos. Com isso se fundamenta a exigência de que ele também venha a sê-lo. (pp. 163-164)*

Vale a pena ressaltar que os desdobramentos em torno da existência de uma pulsão de morte que se manifesta numa compulsão à repetição do desprazeroso são enunciados a partir da observação final do estado doloroso e frágil em que se encontra qualquer criança no final de sua primeira infância e das renúncias que se impõe para o crescimento. É em *Além do princípio do prazer* que ele coloca de uma maneira empática essa circunstância trágica de renúncia:

> *O primeiro florescimento da vida infantil estava destinado ao declínio em virtude da incompatibilidade de seus desejos com a realidade e à insuficiência do estágio de desenvolvimento infantil. Esse florescimento sucumbiu nas ocasiões mais penosas, em meio a sensações profundamente dolorosas. A perda do amor e o fracasso deixaram um dano permanente na autoconfiança sob a forma de uma cicatriz narcísica, o que, segundo minha experiência e também conforme as explicações de Marcinowski (1918), é a mais forte contribuição ao frequente "sentimento de inferioridade" dos neuróticos. A criança não conseguiu levar a investigação sexual a uma conclusão satisfatória, pois seu desenvolvimento corporal colocou barreiras a ela; daí a queixa posterior: "Não consigo terminar nada; nada dá certo para mim". A ligação terna estabelecida na maioria das vezes com o progenitor do sexo oposto sucumbiu à desilusão, à vã espera por satisfação, ao ciúmes pelo nascimento de outra criança, fato que provou inequivocamente a infidelidade do amado ou da amada; a própria tentativa,*

> *empreendida com seriedade trágica, de produzir ela mesma uma criança dessas fracassou de maneira vergonhosa; a retirada de ternura dispensada ao pequeno, a exigência intensificada da educação, palavras sérias e um castigo ocasional finalmente lhe revelaram toda a extensão do* desdém *que lhe coube. Há aqui alguns poucos tipos, que retornam de maneira regular, de como se coloca um fim ao amor típico desse período da infância.*
>
> *Todas essas ocasiões indesejadas e situações afetivas dolorosas são repetidas e reanimadas com grande habilidade pelos neuróticos na transferência. (Freud, 1920/2016, pp. 61-62)*

Vemos já aí a importância do outro adulto e de suas atitudes e gestos em relação à criança, que remetem à sua própria criança interna, e também o papel da educação no renascimento da criança na sua segunda infância, rumo à potência criativa da sublimação e dos ideais. Sándor Ferenczi desdobrará essas reflexões freudianas em novos caminhos.

Ferenczi e uma educação contra a hipocrisia

É curioso que a conferência que Ferenczi (1908/2020a) leu no Primeiro Congresso de Psicanálise em Salzburg, em 1908, seja "Psicanálise e pedagogia". É seu quarto escrito de psicanálise, mas nele já traça uma diretriz fundamental para o efeito profilático da educação.

Como vimos anteriormente, é ao mesmo tempo que estão se delineando os princípios de uma nova educação em Genebra e a psicologia e a pedagogia como campos de saber separados, mas em inter-relação. Aqui Ferenczi extrai da psicologia e da psicanálise – ele a chama de verdadeira psicologia – sua influência poderosa na formulação de uma educação antidogmática e que condenaria a hipocrisia, que ele considera um dos sintomas da histeria do homem civilizado. Uma pedagogia baseada nesse eixo, tal como a análise psicológica, deveria levar ao reconhecimento dos desejos inconscientes e da impossibilidade de sua realização, como vimos Freud colocar.

A análise psicológica não resulta no reinado desenfreado de instintos egoístas, inconscientes e eventualmente incompatíveis com os interesses do indivíduo, mas na ruptura com os preconceitos que entravam o autoconhecimento, a compreensão dos motivos até então inconscientes e a possibilidade de um controle dos impulsos que se tornaram conscientes. Para ele, o homem, além do sentimento exaltante que esta consciência lhe proporciona, torna-se mais modesto, indulgente para com os defeitos de outrem, está pronto a tudo compreender, sem ter sequer o poder de perdoar. Não é a "moral" altaneiramente proclamada que o guia, mas uma lúcida eficácia. Ela o incita igualmente a dominar entre os seus desejos aqueles cuja satisfação poderia ofender os direitos de outrem (o que, portanto, pelas reações suscitadas, acabaria sendo perigoso para ele próprio) e a vigiá-los atentamente, sem negar a existência deles.

A pedagogia é para ele um meio preventivo para a doença da sociedade se ela for fundada na compreensão da exploração da personalidade verdadeira e completa do indivíduo, levando em conta o laboratório da vida psíquica inconsciente que a psicanálise tornou menos inacessível. Ela deve também se fundar na eficácia, e não em dogmas.

Mas é na última parte de sua vida e obra que Ferenczi traz uma visão nova e necessária para compreender a relação do adulto e da criança no processo educativo. Ao trabalhar com pacientes ditos difíceis, ele fará descobertas muito importantes que prepararão o caminho para Balint e Winnicott trazerem as suas contribuições nas décadas seguintes. Por meio de modificações na técnica analítica, proporcionou aos pacientes em análise um estado de regressão no qual reviveram traumatismos muito precoces. Para ele, o papel do analista refere-se sobretudo a alguém com quem se possa compartilhar e comunicar alegria e sofrimento, o que cura o trauma. A partir dessas experiências, descobre o valor da ternura, da benevolência e do acolhimento da figura da mãe na constituição do psiquismo, garantindo um espaço para a transferência materna na análise, embora também atribuísse importância à ternura do pai.

Elabora a noção de autoclivagem narcísica, que ocorre muito precocemente, sobretudo em crianças mal acolhidas e amadas a partir do nascimento, que sofreram traumatismos precoces. Sob a pressão de um perigo iminente, um fragmento delas mesmas se cliva sob a forma de instância autoperceptiva, querendo vir em sua própria ajuda desde a primeiríssima infância. Por meio da figura de um bebê sábio, falante, que costuma aparecer nos sonhos de pacientes adultos – criança que se põe a ensinar sabedoria a toda a sua família –, mostra como as crianças que sofreram muito moral e fisicamente pelo medo de adultos enlouquecidos amadurecem subitamente, adquirindo inclusive traços fisionômicos de sabedoria e idade, e têm uma tendência a envolver maternalmente os outros, transmitindo a eles seus conhecimentos penosamente adquiridos pelo tratamento de seus próprios sofrimentos (Ferenczi, 1931/2020e).

Assim, a autoclivagem narcísica seria resultante da violência do abandono presente no desmentido. Esse tipo de clivagem diante de um choque traumático é da ordem da fragmentação (Ferenczi, 1931/2020e). Haveria uma ruptura entre a parte destruída e a parte que vê a destruição: uma parte "nada sabe" e guarda uma lembrança sensível do trauma e a outra parte "sabe tudo" e "nada sente". É nesse contexto de violência psíquica e autoclivagem que Ferenczi utiliza a noção de autotomia, referindo-se à expulsão de si da parte machucada, como acontece com os animais. A autotomia passa a constituir uma defesa ainda mais radical, definindo-se como uma fuga psíquica diante do que provoca dor, tão presente nas patologias narcísicas e nas situações de vulnerabilidade social, quando o trauma é vivido no cotidiano.

Segundo Arreguy e Montes (2019) em seu importante trabalho "Ferenczi e a educação: desconstruindo a violência desmentida", essa realidade se expressa no "narcisismo das pequenas diferenças" (tal como Freud expressou em 1929):

> *em situações de confronto, discussões, brigas e agressões manifestas entre as pessoas nas escolas, que são difundidas de modo espetacularizado pela mídia, e acabam sendo criminalizadas pela própria sociedade.*
>
> *A agressividade excessiva é elemento central presente no entendimento das patologias narcísicas, situando o não reconhecimento do sofrimento infantil por parte do adulto nas origens da clivagem do ego infantil, o que culmina com a eclosão de casos difíceis e de situações de passagem ao ato. (p. 252)*

Segundo as autoras postulam, a agressividade atuada pela criança é efeito dessa clivagem psíquica e assinala uma severa divisão no próprio eu do sujeito.

> A clivagem *é, assim, . . . o efeito do trauma causado pela hipocrisia nas relações alteritárias, no momento em que há a desqualificação global dos afetos das*

> *crianças pelos adultos, sobretudo por aqueles que possuem um papel fundamental para a criança . . . Assim, o não reconhecimento do sofrimento infantil produz essa violência desmentida. O que a criança sente e percebe é desvalorizado e negado pelo adulto . . . Cria-se então uma incongruência entre o sentir e o pensar, fruto de uma impossibilidade do adulto de dar sentido às vivências infantis. A arbitrariedade dos adultos em não acolher, em serem indiferentes, ou mesmo, violentos na interpretação das situações de desamparo vividas pelas crianças, geraria, portanto, um traumatismo impossível de ser integrado. Uma parte do eu da criança passa a se identificar inconscientemente com o comportamento do agressor . . . a outra fica como que anestesiada, sem afetos, como "morta". (p. 252)*

O pior é realmente a negação, a afirmação de que não aconteceu nada, de que não houve sofrimento, ou até mesmo ser espancado e repreendido quando se manifesta a paralisia traumática do pensamento ou dos movimentos; é isso, sobretudo, o que torna o traumatismo patogênico. Essa interpretação parece muito adequada e eficaz para compreender nossas imagens iniciais da menina na escola.

> *O fato de a criança ser violada ou agredida pode ser recalcado e, posteriormente, elaborado. Mas quando o adulto não confere valor ao pedido de ajuda da criança, ela perde a capacidade de dar sentido para suas ações, e pode atuar caoticamente. Por outro lado, quando se criam chances de se estabelecer uma troca intersubjetiva legítima – permeada pela atenção, pelo cuidado e pela troca dialógica – a distorção da agressividade em*

> *violência é evitada. O reconhecimento do sofrimento alheio é condição* sine qua non *para que seja garantida a integração psíquica e a criação de saídas socialmente aceitas para as demandas pulsionais (p. 253)*

Com Arreguy e Montes, vemos como as experiências clínicas e os postulados teóricos de Sándor Ferenczi trazem inúmeras contribuições para a educação.

> *A concepção ferencziana confere uma nova leitura do traumatismo psíquico na clínica psicanalítica, que também é bastante esclarecedora no que concerne à dificuldade de professores e psicólogos escolares em lidar com o que se convencionou chamar, de modo bastante genérico, como violência nas escolas. (p. 247)*

As autoras apontam como, potencializando estratégias de escuta do outro, a educação também pode ser sempre desconstruída e reelaborada como um lugar de escuta, de revelação e de ação. A qualidade afetiva, a capacidade de cuidado e acolhimento do ambiente são determinantes nos destinos da pulsão de morte da criança. Uma educação coercitiva pode inclusive desencadear impulsos suicidas. A autoridade do professor só pode ser legítima se ele é capaz de ser empático em situações de precariedade generalizada, expressas tipicamente no enviesado pedido de ajuda atuado por crianças e jovens agressivos.

Elas lembram como, desde o início, Ferenczi (1908/2020a) "denunciou de modo contundente a hipocrisia na educação tradicional e seus efeitos na saúde psíquica. Alertou para a 'mentira' institucionalizada na falsa palavra dada à criança de que tudo aquilo de mais verdadeiro que ela sente, ou seja, os prazeres percebidos em seu corpo e a forma terna de sua sexualidade, representaria algo 'feio', 'pecaminoso' e 'inaceitável'" (p. 250).

As autoras apontam dois patamares do trauma na esfera educativa: 1) no campo de uma *violência objetiva* que denega a exploração de professores e a divisão de classes no Brasil; 2) no campo de uma *violência subjetiva* que recalca a realidade pulsional da criança e desautoriza as práticas de reconhecimento.

> *A transformação educacional brasileira é impedida por uma violência, e, em específico, por um* racismo desmentido nas escolas. . . . *A violência desmentida nas escolas apresenta assim uma dimensão ternária, expressa nas práticas de desqualificação e denegação do sofrimento psíquico, seja de crianças, jovens ou professores. . . .*
>
> *[Há] uma* comoção traumática . . . *muito mais incapacitante do que a própria violência sofrida.*
>
> *Nessa forma do trauma, a existência do sujeito é colocada em xeque, pois ele não pode confiar na sua própria percepção da realidade, já que não há nenhuma forma de reconhecimento do outro em relação ao sofrimento que lhe foi imputado. (pp. 250-151)*

Na dimensão coletiva da violência no meio escolar, as autoras apontam que a própria precariedade social é desmentida, como se as pessoas dependessem exclusivamente do mérito pessoal para progredir intelectual e financeiramente.

> *O discurso derrisório da* democracia racial . . . *denega a exploração de classes. O desmentido mais evidente é o dos antigos escravos tornados "criados", empregados*

> *explorados pelas elites, mas que são tratados como se fossem da família do explorador. Isso traz consequências traumáticas em toda esfera educacional, clivada entre os filhos dos ricos e os filhos dos pobres. Nessa mesma ordem da desqualificação de classes, os professores e estudantes são culpabilizados pela* produção do fracasso escolar . . . *As condições macropolíticas nefastas, por sua vez, são minimizadas nos discursos midiático e educacional hegemônicos. No contexto de recrudescimento da* violência objetiva . . . *macroeconômica, prolifera-se a produção social de educadores adoecidos. E, uma vez violentados pelo próprio sistema, passam inconscientemente a alimentar esse traumatismo incapacitante nas próprias relações educativas. (p. 250)*

Da mesma forma, no racismo desmentido, o sujeito passa a se ver como um erro, um desacerto da natureza, como se o que visse não pudesse ter lugar no real. Aqui ressoa a frase da menina no filme: "Viu como eu não tenho cura?". O racismo à moda brasileira gera uma fragmentação psíquica, um trauma incapacitante em que não há reconhecimento, o sujeito não pode vir a se representar.

> *No reinado da pulsão de morte, a única saída seria se fragmentar ao ponto de ampliar a superfície de contato com o real, criando micro-realidades distintas, que desconhecem-se entre si, de modo a minimizar o sofrimento psíquico. Uma vez que a* ferida narcísica . . . *é insuportável, a angústia transborda todos os limites, impossibilitando a integração do ego. Assim, o sujeito é ferido de morte. Do ponto de vista político, diríamos que passa a se comportar de modo alienado, como um*

> *zumbi, um morto-vivo . . . Essa realidade social traumática é ainda mais nítida quando os preconceitos de raça, cor, gênero e diversidade sexual são conjugados. (p. 251)*

As autoras prosseguem afirmando que o analista precisa, para exercer sua função, saber abrir mão do próprio narcisismo. Essa ideia está presente na noção ferencziana de *tato* apresentada no texto de 1928, "Elasticidade da técnica psicanalítica".

> *É o* tato *que permite ao analista saber o momento de interpretar, de aguardar e calar. Através do* tato, *o analista pode se pôr atento às forças da resistência. Ter* tato *é poder sentir com o outro. É se colocar no lugar do outro a partir da lógica de funcionamento desse outro, e não a partir de sua própria subjetividade. Parece algo muito óbvio, mas é uma tarefa árdua porque não requer nenhum tipo de racionalização . . .* O sentir com *. . . é estar em sintonia afetiva e nos remete a um* campo de afetação *. . . apontando para a existência de "um atravessamento entre domínios psíquicos" . . . Trabalhar a partir da noção de* sentir com *é admitir que as impressões sensíveis são imprescindíveis no circuito da transferência. (pp. 255-256)*

A partir dessas colocações e alargando a relação transferencial para toda relação intersubjetiva, as autoras utilizam a noção de tato para se referir à relação professor-aluno. A fim de construir teoricamente a possibilidade de uma transferência mútua nessa relação, trazem de Ferenczi seu desejo pela não hipocrisia nas relações.

> *A hipocrisia, juntamente ao escárnio, à derrisão e ao descrédito da realidade traumática apresentada por uma criança ou jovem, são capazes de produzir traumas que colocam dúvidas sobre a própria certeza de si na parte mais fraca da relação. Quem sofre as consequências desestruturadoras de uma violência desmentida é sempre a parte mais vulnerável, que toma a palavra do outro como verdade, em detrimento de qualquer suporte nos fatos percebidos como realidade pelo próprio sujeito. (p. 256)*

As autoras constatam igualmente que

> *o modo como escola funciona ainda hoje, ou seja, a partir de uma relação altamente hierárquica, favorece à imposição de uma visão única, verticalizada e imperativa, dos fatos. Entretanto, o professor pode optar pelo lugar do tato ou do desmentido. Se o professor é capaz de sentir com o outro (e de se colocar de forma dinâmica na relação, transitando para uma posição horizontal e amical . . .), poderá ter a chance de introjetar novos sentidos e atuar nesse campo de afetação de maneira a alargar a experiência egóica, propiciando a abertura necessária ao desejo. (p. 256)*

Um bom exemplo disso está na atuação da professora da sala 203 da escola Woodrow Wilson, em Los Angeles, trazida pelo filme *Escritores da Liberdade* (2007). Apesar de estadunidense, ele fala de uma realidade universal das periferias do mundo. Vemos uma pedagogia eficaz quando, à maneira de Paulo Freire, ela entra em contato com a realidade catastrófica dos alunos para a partir daí estabelecer pontes, escolher estratégias de uma verdadeira pedagogia subjetivante, criativa e que propicia um desejo coletivo de estudar. O produto final, o diário de cada aluno sobre sua própria realidade, que virou livro, é testemunha disso.

> *No entanto, quando o professor se coloca numa posição hipócrita de negar a realidade e/ou a existência subjetiva do aluno, desqualificando em vez de valorizar o erro, ele facilita o caminho de um trauma violento, que tem o poder de causar a desestruturação subjetiva e afastar o aluno da escola. A posição do/da professor/a na transferência com os estudantes é capaz de gerar desde a inibição intelectual, provocando a aversão transferencial aos estudos, até a tentativa de destruição do outro, como tem sido corriqueiro nos massacres feitos por estudantes a colegas e professores . . . Reproduzindo uma situação de violência social, o professor abandona seu posto de fiador de uma cultura pulsante para abrir caminhos tortuosos, abrindo brechas para mecanismos de defesa arcaicos, tais como a identificação com o agressor. Nesse ponto, a reprodução do desmentido surge no sadismo linguageiro do professor; algo corriqueiro em salas de aula . . . Trata-se de um ciclo vicioso: a cultura desautoriza o professor, que desqualifica os estudantes. Estes se rebelam contra a educação e introjetam o lugar de dejeto, de quem não tem valor, já que o único valor realmente reconhecido socialmente é atribuído aos mais abastados, inteligentes, bonitos, descolados que podem consumir e ostentar o que quiserem. Princípios discursivos como a solidariedade, igualdade, fraternidade acabam não tendo sustentação, pois a impostura de uma violência objetiva é atuada como violência subjetiva e direta contra o outro. (p. 256)*

As autoras concluem:

> *Se, do ponto de vista do sintoma coletivo, ainda não fomos efetivamente capazes de insurgir contra a violência desmentida no âmbito social, do ponto de vista subjetivo, temos um pouco mais de margem de manobra. . . . [Há] alianças necessárias aos laços de grupo e às instituições, reconhecendo aspectos psíquicos nos grupos sociais e aproximando o funcionamento coletivo ao subjetivo. Podemos, dessa maneira, tratar da intersubjetividade e do campo de afetação a partir de um posicionamento ético. Ao reconhecer a fragilidade do outro a partir do contato com o aspecto traumático da própria fragilidade narcísica, o/a professor/a tem condições de operar um recuo diante da agressividade de crianças e jovens e se colocar numa posição de mutualidade e reconhecimento. Ao também perceber-se como objeto tanto de uma violência objetiva, econômica, quanto de uma violência estrutural, do mal-estar inerente à educação, rompendo com um ciclo narcísico de identificação com o agressor, é possível escapar de uma violência sorrateira, sádica e mórbida: aquela que denega a falta de oportunidades e o sofrimento psíquico dos sujeitos mais vulneráveis. Isso não significa se posicionar apenas como vítima, mas como alguém que busca uma trajetória ética e fraterna, jamais indiferente. Apenas livrando-se dos estereótipos de uma* pedagogia da excelência . . . *típica da meritocracia, o professor pode olhar nos olhos de seus estudantes mais desfavorecidos, seja no nível material, seja no nível dos afetos. (p. 257)*

Elas trazem ainda uma situação relatada por um professor que muito lembra as imagens trazidas no início deste texto:

> *ele interrompe o ataque de chutes que seu aluno, uma criança, desferia contra ele. Ao se abaixar, pegar firme nos braços do menino, olha em seus olhos, e diz: "Eu já bati em você? Eu já gritei com você? Então, por que está me tratando assim?"... Evidentemente, ele mostrou o seu desamparo, ou seja, seu despreparo total para lidar com a situação. Diante da franqueza e da preocupação ativa do professor, o menino começou a chorar, entregou-se nos braços do professor e arrefeceu seu "surto agressivo"... Só assim, despojando-se de preconceitos de classe e de idealizações narcísicas, assumindo uma postura sem a contaminação da hipocrisia, seria possível produzir identificações sãs, legitimadoras do que existe de mais íntimo na subjetividade. Nesse sentido, cabe driblar os efeitos deletérios de um trauma incapacitante, por ventura, introjetado a partir de um agressor íntimo em um mundo peculiarmente violento. (p. 257)*

Winnicott e a agressividade como vitalidade e motilidade

Gostaria de terminar trazendo algumas breves reflexões winnicottianas sobre a agressividade e sua positividade. Ela cria o objeto fora de si e é a base da motilidade e da vitalidade. Ela está presente no universo infantil e não pode ser extirpada, assim como a violência do mundo adulto não pode ser denegada ou tratada como se não existisse, pois isso sim seria muito traumático.

A destrutividade em Winnicott é tomada como um último apelo de ajuda para o desamparo em situações de efeitos de privação ambiental. Ou, como finamente interpreta Tales Ab'Sáber (2021), aquilo que era a pulsão de morte freudiana, uma força cega da natureza, em Winnicott se transformou no resultado histórico de uma tragédia originária pela infeliz falha do outro que não pôde estar lá. A falha infeliz no momento ontológico fundamental traz uma desrealização pela ausência excessiva da mãe e o bebê cria defesas primitivas internas para sobreviver.

Então, na aproximação e diferenciação entre pulsão de morte, destrutividade e agressividade, Winnicott faz uma transformação clínica do que Freud descobriu: acabou aparecendo o outro, a importância do outro. Não é uma força da natureza por si só, há a intervenção do outro que contém e permite uma transformação, algo é feito no sentido da vida.

Assim, em Winnicott a destrutividade é transformada em agressividade, transformada então em vitalidade. Isso parece apontar a potência da posição do professor que contém e tem a paciência de esperar as transformações simbolizantes dos afetos em representações, contendo a destrutividade em ato com tato, firmeza e humildade, para propiciar motilidade em ações vitalizantes que propiciem o caminho das apresentações e representações do destino simbolizante, subjetivante e desejante de cada um.

Apontamentos para uma educação da visão em Sabina Spielrein

As imagens iniciais de onde parti fazem pensar no celular, essa invenção que a partir da primeira década do século XXI se tornou um prolongamento do corpo. A pandemia da covid-19 tornou mais ainda onipresente a internet, a tecnologia e a presença leve ou pesada da imagem virtual. Com a tecnologia 5G, o metaverso e a realidade virtual 3D, torna-se muito importante se apropriar deste inevitável desdobramento do processo evolutivo humano e problematizar o lugar do sentido da visão no mundo real e o risco de seu abalo e enfraquecimento pela imagem virtual vinda de fora. Para isso gostaria de trazer apontamentos sobre uma educação da visão propostos por Sabina Spielrein (2021c) em seu último artigo conhecido, "Desenhos infantis de olhos abertos e fechados", de 1931.

Sabina Spielrein foi uma pioneira da psicanálise redescoberta a partir do final dos anos 1970 do século passado, quando o visionarismo de suas ideias foi reconhecido. Ela foi uma das primeiras a relacionar psicanálise e educação. Esteve no Instituto Jean-Jacques Rousseau entre 1920 e 1923, como professora de psicanálise, mas também atuando na *Maison de Petits* e na *Maison de Grandes*, onde, junto com Piaget, elaborou experiências de conhecimento da formação de símbolos na criança. Tratou ainda de crianças com dificuldades escolares e distúrbios neurológicos.

Ela também foi uma das fundadoras e diretoras do Lar Psicanalítico de Crianças, o primeiro jardim da infância psicanalítico, que existiu na URSS entre 1922 e 1925. Experiência pioneira, inspirou várias modernizações da educação no século XX. Além disso, atuou profilaticamente em sua terra natal, Rostov-on-Don, em ambulatórios escolares, elaborando um exame de detecção precoce de distúrbios de desenvolvimento em crianças nos jardins da infância. Realizou uma pesquisa em que pediu a centenas de crianças, a maioria filhos de operários, e adultos para desenharem de olhos abertos e fechados a si mesmos, o que ajudou a responder suas questões sobre como pensamos e a sugerir uma educação da visão.

Sabina Spielrein influenciou o pensamento de Piaget e Vigotski e deu a conhecer Piaget a Vigotski. Junto a esses pensadores e a Henry Wallon, forma o grupo dos pioneiros na pesquisa sobre a origem da linguagem e do pensamento.

Sua pesquisa era mais clínica e empírica do que formalizada, mas essa escolha metodológica era inspirada em suas concepções teóricas de que o pensamento lógico-abstrato não é um estágio superior do pensamento que elimina os estágios anteriores, mas é acompanhado em paralelo por um pensamento orgânico, imagético, cinestésico-visual, enraizado no corpo e em sua percepção por meio da psique, que impede uma desconexão corpo/mente, mundo interno/mundo externo. Trata-se daquilo que ela diferencia como pensamento corticado e pensamento descorticado, tomando emprestados termos que evidenciam sua vocação transdisciplinar para integrar a psicanálise com alguns conhecimentos das neurociências disponíveis então. O pensamento corticado une o córtex, sede do pensamento consciente lógico-racional, pensamento direto que lida com a realidade exterior, ao subcórtex, sede do pensamento não consciente, subliminar, não direto, cinestésico-visual, ligado às sensações e afetos e ao inconsciente.

Nesse derradeiro ensaio (Spielrein, 1931/2021c), ela faz estudos sobre representações cinestésicas subliminares, tentando detectar a influência das experiências cinestésicas sobre a estrutura do nosso pensamento por meio de dezessete exemplos de desenhos de crianças de olhos abertos e fechados. Ela justifica o desenho do corpo humano, dizendo que em seus trabalhos sobre o problema das representações imagéticas cinestésicas associadas ao pensamento simbólico, procurou determinar as características básicas dessas imagens de forma experimental.

> *Como nós surpreendentemente derivamos os conceitos de forma e movimento das formas e movimentos de nosso próprio corpo, a forma do corpo humano me pareceu mais adequada para esse fim. No início dediquei-me ao estudo de desenhos de seres humanos. Para isso tomei como orientação as palavras de Leonardo*

> *da Vinci, segundo as quais, ao pintar, a mão do ser humano sempre se esforça instintivamente para representar as formas e os movimentos do próprio corpo. Todo o conhecimento sobre forma e movimento, na medida em que o adquirimos de forma cinestésica, nós criamos a partir da forma e do movimento do próprio corpo. Segundo essa suposição, reproduções dos próprios desenhos feitas de memória teriam de ser mais fiéis se fossem realizadas com base em vivências cinestésicas, sem controle visual. Os estudos de desenhos produzidos com olhos abertos e fechados confirmam isso de forma surpreendente. (p. 418)*

Ela formula a sua teoria da formação do símbolo e da representação e reafirma a terminologia psicológica corrente como superior à terminologia reflexológica que tentava se impor como hegemônica. A partir da pergunta "Como pensamos?", ela mostra o papel fundamental do pensamento cinestésico visual e o papel da imagética no processo de pensamento. Ela traz exemplos de cooperação do ato de pensar verbal e imagético e fala da importância do desenho e do desenho de olhos fechados tanto para diagnóstico como para prevenção de sofrimento psíquico, bem como seu uso pedagógico.

Para ela, o fato de as imagens cinestésicas serem absorvidas pelas imagens visuais, que são mais fortemente objetivadas, fez com que a literatura psicanalítica trabalhasse somente com a presença do pensamento alucinatório visual. Freud fala em um pensamento orgânico alucinatório pré-verbal na idade infantil, o qual ela diz ser ligado à atividade das regiões subcorticais. Para ela, na primeira infância nosso pensamento surge, no início exclusivamente, e mais tarde predominantemente, a partir das experiências cinestésicas, o que traz a peculiaridade dos mecanismos infantis de pensamento, influenciados por experiências visuais, auditivas e outras. No entanto, é necessário um tempo extremamente longo para modificar representações fundamentais, conceitos, todo o mecanismo do pensamento, o qual foi estruturado com base em experiências profundamente enraizadas e iniciadas muito antes do nascimento.

Os desenhos infantis, tanto os copiados quanto os reproduzidos posteriormente, também nos mostram que entre aquilo que denominamos "visão" e o real uso das impressões visuais obtidas há ainda uma grande disparidade. Em virtude da estreita fusão das impressões cinestésicas com impressões visuais, pode-se explicar o caráter predominantemente cinestésico-visual do pensamento alucinatório imagético. Ao nosso pensamento lógico-abstrato, geralmente expresso de forma verbal, corresponde o pensamento "alucinatório imagético" ou "orgânico" que decorre sincronicamente a ele. Nós podemos observar fragmentos desse pensamento nos casos em que, por algum motivo, a acuidade de nossa atividade mental consciente se reduz, como em sonhos, estados de exaustão, doenças psíquicas, intoxicações e outros casos semelhantes.

Ela propõe uma educação não apenas da visão infantil, um "ensinar a ver", mas também a educação da criança no sentido de que ela faça uso do que foi visto. Deve-se fornecer à criança experiências visuais reais e específicas, as quais ela possa guardar na memória e, se necessário, reproduzir corretamente. Pedagogos corroboram essa ideia ao salientar a vantagem do desenho feito de memória em relação à cópia durante aulas regulares de desenho (Cromberg, 2021, pp. 523-526).

Essas reflexões diferenciam o pensamento cinestésico-visual de Spielrein do pensamento alucinatório visual de Freud, o qual ele descreve em *O eu e o id* (Freud, 1923/2006). Ao mesmo tempo, podemos ver o quão original e atual é o texto de Spielrein. Seu pensamento teórico-clínico fundamenta e antecipa conceitos que aparecerão alguns anos mais tarde no campo da psicanálise, como imagem inconsciente corporal, integração somato-psíquica e mentalização.

De maneira sintetizada, o pensamento sobre a origem da linguagem e do pensamento e a formação dos símbolos que desembocará no ensaio final de 1931, seu derradeiro escrito, último artigo de psicanálise a sair da URSS para o ocidente antes da proibição da psicanálise que vigorou de 1931 a 1989, pode ser colocado em três tópicos:

a) A palavra não é algo isolado e independente da inteligência. A linguagem falada é uma linguagem socializada por excelência, pois, graças à palavra, nosso pensamento pode ser um pensamento lógico, adaptado às exigências da realidade. A criança adquire a palavra no momento que começa a sair do estado autista, abandonando pouco a pouco os mecanismos do pensamento primitivo, que se tornam menos conscientes. A linguagem falada evolui antes das outras linguagens, mas estas passam pelos mesmos estágios no seu desenvolvimento (a linguagem do desenho, por exemplo). Esses estágios estão no subconsciente (o não consciente, para ela), onde, como Freud demonstrou, o princípio do prazer sobrepuja a função do real.
b) As imagens cinestésicas estão na origem do símbolo e são a base do pensamento. Por isso, nosso pensamento consciente é principalmente verbal e nosso pensamento subconsciente é, sobretudo, cinestésico-visual. Nosso pensamento consciente é sempre acompanhado de outro pensamento paralelo orgânico, alucinatório, que traduz o pensamento consciente em imagens.
c) As imagens subconscientes cinestésico-visuais fornecem a seiva de nosso pensamento consciente. Sem elas, nosso pensamento será desenraizado, "descorticado". Por isso, o pensamento subconsciente é nosso pensamento principal. Só temos

> consciência do começo e do fim de nosso pensamento. O resto se desenvolve no subconsciente. Isso não quer dizer que ele é superior ao pensamento consciente. Abandonado a si mesmo, ele é suficiente para uma certa adaptação ao mundo, mas perderá seu caráter de pensamento criador, pois o élan de criar qualquer coisa, de fazer qualquer coisa no mundo, a direção absoluta e a concentração em direção às funções do real faltam ao pensamento subconsciente, já que ele não é necessariamente dirigido, pois destina-se a trabalhar mais para si mesmo do que para os outros. Somente a partir da colaboração do pensamento subconsciente com o pensamento consciente se pode engendrar uma obra criadora no mundo: o pensamento consciente deve apoderar-se do que nos oferece o pensamento subconsciente e utilizá-lo (Cromberg, 2021, pp. 539-540).

A atualidade do ensaio de 1931 e da reflexão sobre a importância do cinestésico, do visual e da função de ensinar as crianças a ver se sobressai quando pensamos no contexto atual, em que há uma revolução tecnológica devida ao surgimento da internet em computadores e celulares que trouxe a questão da imagem virtual – e os riscos de desconexão com a visão do mundo externo e diminuição da interação com o outro não virtual – ao primeiro plano, trazendo à tona a discussão da mudança do modo de pensar, do pensamento por imagens e do quão regressivo ou progressivo seria este fenômeno e suas consequências quando o visual se sobrepõe às interações em presença, em que se sente a presença corporal do outro (Cromberg, 2021, p. 526).

A importância dessa reflexão se acentuou com o isolamento físico e social imposto pela pandemia do coronavírus a partir de 2020, quando a comunicação pela internet se tornou crucial para suplantá-lo e permitir contato virtual entre seres humanos.

Pierre Levy (1991/2004) traz uma abordagem teórica original da linguagem e do pensamento. Propõe para a informática do futuro um programa de investigação complementar ao programa de pesquisa sobre a inteligência virtual e apresenta a ideografia dinâmica como uma nova e insinuante tecnologia intelectual, um novo tipo de linguagem, tendo como suporte a informática. Ela seria uma espécie de interface em que imagens animadas substituem o alfabeto e os signos estáticos a que estamos acostumados, uma linguagem de imagens animadas pela comunicação entre os homens.

A ideografia dinâmica é a forma de escrita reclamada pelos suportes técnicos contemporâneos. Funciona segundo o princípio de uma representação figurativa e animada por modelos mentais, em vez de repetir a linguagem fonética sobre um plano visual, como acontece com o alfabeto. Ela faz da imagem animada uma tecnologia intelectual autônoma e contribui para a invenção de uma cultura informático-midiática crítica e imaginativa, alternativa à sociedade do espetáculo, voltada à cintilação sem memória da televisão.

O autor aponta para as mudanças que a realidade virtual abre, apregoando a possibilidade de um manejo que possa dispensar a linearidade significante do alfabeto e estabelecer a possibilidade de comunicações que não necessitem tanto da fala e do alfabeto. Até o início do século XXI, os computadores vinham sendo para seus usuários o suporte eficaz de antigas tecnologias intelectuais (escritas, alfabéticas, grafismos diversos, signos matemáticos, imagens animadas etc.), acrescentando-lhes um toque de conforto e interatividade em tempo real. Em vez disso, a ideografia dinâmica funcionaria muito bem como nova tecnologia intelectual, pois, intrinsecamente relacionada à informática, se imbricaria diretamente com o sistema cognitivo de seus usuários.

Para ele, essa nova tecnologia informacional estaria mais próxima da escrita chinesa do que da ocidental (que toma por modelo a dupla articulação da linguagem falada), tendo ainda essa ideografia virtual a imensa vantagem de não estar presa a um suporte estático e a um sistema de memória limitado – com a possibilidade de articular diretamente os órgãos dos sentidos à própria significação, traduzindo diretamente um modelo mental com a mediação da imagem e do movimento. A ideografia dinâmica poderá ser a primeira escrita a adquirir um estatuto equivalente ao de uma língua, já que poderá contar com uma imediatidade sensório-motora. Curiosamente, Pierre Levy tem suas obras publicadas pelo Instituto Piaget, este um desdobramento da matriz inicial, o Instituto Rousseau.

Para concluir

O vídeo-relâmpago, duplo pedido de socorro da menina atuando sua violência e dos adultos educadores impotentes, teve várias repercussões. Uma delas foi a força-tarefa fundada pelo apelo da psicanalista Norma Melhorança, uma das pessoas que divulgou o vídeo, que reúne psicanalistas, psicólogos e psicopedagogos de maneira voluntária para acolher as inquietações de professores do estado de São Paulo, que as poderão amplificar em suas escolas públicas.

Penso que a linguagem imediata da internet permitiu acesso a imagens que evocaram a memória de uma violência que se dá sempre no corpo e que o ultrapassa desencadeando atos, violência das palavras e sensações no corpo que se transformam em atos transbordantes. A filmagem parou ali onde, depois de transmitir o apelo impotente de uma fala que diz ao outro que se tem a sensação de não ter cura deste transbordamento e de um último ataque contido, passa a beliscar o próprio corpo, numa reversão terrível da violência contra o outro em autoataque destrutivo.

Gosto de imaginar que talvez o filmador tenha deixado a imagem virtual ali onde ela se tornaria indecente, pura exposição sádica do sofrimento masoquista do outro, e corrido para abraçar a menina para conter essa reversão, impedindo-a de se machucar pela presença viva, terna, acolhedora, que sente empaticamente a dor do outro e faz um gesto espontâneo que se torna nova potência vivificante, acolhendo o choro e a dor e as palavras que puderem advir para comunicação afetiva confiante em si e no outro, para poder transformar pacientemente a vivência caótica em apropriação complexa e desejante, solo de uma educação que possa propiciar singularização e subjetivação formadoras de uma fala livre e atuante na sociedade.

Referências

Ab'Sáber, T. (2021). *Winnicott: experiência e paradoxo*. Ubu.

Archives Institut J.-J Rousseau. Pourquoi Institut "Rousseau"? *Les Archives*. Recuperado de: https://www.unige.ch/archives/aijjr/archives/pourquoi.

Arreguy, M. E., & Montes, F. F. (2019). Ferenczi e a educação: desconstruindo a violência desmentida. *Estilos da Clínica*, *24*(2), 246-261.

Cromberg, R. U. (2021). *Sabina Spielrein: uma pioneira da psicanálise. Obras completas* (Vol. 2). Blucher.

Cromberg, R. U. (2022). *Paranoia*. Artesã.

Ferenczi, S. (2020a). Psicanálise e pedagogia. In S. Ferenczi, *Obras Completas* (Psicanálise I). Martins Fontes. (Trabalho original publicado em 1908)

Ferenczi, S. (2020b). A adaptação da família à criança. S. Ferenczi, *Obras Completas* (Psicanálise IV). Martins Fontes. (Trabalho original publicado em 1928)

Ferenczi, S. (2020c). Elasticidade da técnica psicanalítica. In S. Ferenczi, *Obras Completas* (Psicanálise IV). Martins Fontes. (Trabalho original publicado em 1928)

Ferenczi, S. (2020d). A criança mal acolhida e sua pulsão de morte. In S. Ferenczi, *Obras Completas* (Psicanálise IV). Martins Fontes. (Trabalho original publicado em 1929)

Ferenczi, S. (2020e). Análise de crianças com adultos. In S. Ferenczi, *Obras Completas* (Psicanálise IV). Martins Fontes. (Trabalho original publicado em 1931)

Ferenczi, S. (2020f). Confusão de línguas entre os adultos e a criança. In S. Ferenczi, *Obras Completas* (Psicanálise IV). Martins Fontes. (Trabalho original publicado em 1933)

Freud, S. (2016). *Além do princípio do prazer*. L&PM. (Trabalho original publicado em 1920)

Freud, S. (2006). O Eu e o Id. In S. Freud, *Obras Psicológicas de Sigmund Freud. Escritos sobre a Psicologia do Inconsciente* (Vol. 3). Imago. (Trabalho original publicado em 1923)

Freud, S. (2010). *O mal-estar na cultura*. L&PM. (Trabalho original publicado em 1929)

Lévy, P. (1991). *L'ldéographie dynamique*, La Découverte.

Ratcliff, M. J. (2010). *Bonjour Monsieur Piaget: images dúm vie/ images of a life*. Somogy.

Spielrein, S. (2021). A origem das palavras infantis "papai" e "mamãe"; algumas observações sobre diversos estágios no desenvolvimento da linguagem. In R. U. Cromberg, *Sabina Spielrein:*

uma pioneira da psicanálise. Obras completas (Vol.2). Blucher. (Trabalho original publicado em 1922)

Spielrein, S. (2021). Algumas analogias entre o pensamento da criança, do afásico e o pensamento subconsciente. In R. U. Cromberg, *Sabina Spielrein: uma pioneira da psicanálise. Obras completas* (Vol. 2). Blucher. (Trabalho original publicado em 1923)

Spielrein, S. (2021). Desenhos infantis de olhos abertos e fechados. In R. U. Cromberg, *Sabina Spielrein: uma pioneira da psicanálise. Obras completas* (Vol. 2). Blucher. (Trabalho original publicado em 1931)

Thomann, A. et al. (2005). *La Faculté de psychologie et de sciences de l'éducation: de l'Institut Rousseau (1912) a la FPSE, 1975-2005.* Université de Genève, Faculté de psychologie et des sciences de l'éducation.

Winnicott, D. W. (1988). A agressividade em relação ao desenvolvimento emocional. In D. W. Winnicott, *Da pediatria à psicanálise: textos selecionados.* Livraria Francisco Alves. (Trabalho original publicado em 1950)

Winnicott, D. W. (1984). The antisocial tendency. In D. W. Winnicott, *Deprivation and delinquency.* Tavistock. (Trabalho original publicado em 1956)

3. Processos de subjetivação na escola: o papel dos afetos

Laurinda Ramalho de Almeida

Introdução

Tenho apenas os meus sonhos.
Espalhei-os, então, a teus pés.
Caminha com cuidado,
pois pisas sobre meus sonhos.

Yeats (1899)

Tenho insistido, como professora e formadora de professores, que são muitos os lugares do aprender, e que a escola é um lugar privilegiado para a aprendizagem de conteúdos culturais, de valores e de convivência respeitosa. Ao aceitar que a escola – e particularmente o professor, porque está mais próximo do aluno – tem uma responsabilidade definida pela sociedade, qual seja ensinar, atuar para que os alunos aprendam, aceito também que os afetos, que modulam as atitudes e fundamentam as relações interpessoais, não podem ficar à margem quando se discute o papel da escola nos processos de subjetivação. Insisto em dizer que uma escola que tem essa intencionalidade claramente definida, que investe na qualidade das relações interpessoais para facilitar o acesso ao conhecimento, é uma escola na qual professores, demais profissionais e alunos não pisam nos sonhos uns dos outros. Caminham com cuidado (Almeida, 2017).

Os versos de Yeats me afetam porque apontam para minha responsabilidade, pois considero que a educação não é estruturante só para o desenvolvimento individual, mas para o desenvolvimento da sociedade. Daí defender que a escola pode e deve ser um lugar que possibilite o sonho, a representação de mundos mais solidários, mais felizes. Um lugar onde as pessoas que nela convivem profetizem coisa boas.

A escola tem sido um espaço importante para minha constituição e subjetivação, meio no qual transitei como aluna, como professora, como orientadora educacional, como pesquisadora.

O que me coloca, de princípio, duas questões:

- do que falo quando trato da subjetivação pela escola?
- ao falar, tomo por foco o aluno ou o professor?

Transitar pelo tema da subjetivação/subjetividade não é fácil. Da antiguidade à pós-modernidade, diferentes abordagens filosóficas, sociológicas, psicológicas tratam dessa temática. Escolhi um autor que, ao propor uma teoria psicogenética para estudar o desenvolvimento humano, vai se referir à pessoa como um ser integral, que engloba os conjuntos afetividade, cognição e movimento, postulando, portanto, a afetividade, que abrange emoções, sentimentos e paixões, como parte constitutiva do ser humano. Trata-se do francês Henri Wallon, médico, psicólogo, pesquisador, educador e autor clássico da psicologia do desenvolvimento, que teve contribuição decisiva na produção intelectual de seu tempo.

Não é fácil delimitar uma determinada faceta da contribuição de Wallon para a psicologia e para a educação. Sua compreensão dessas áreas foi composta a partir de várias outras: da medicina (em especial da neurologia e da psiquiatria), da filosofia, da antropologia e da psicologia da época.

Jalley (1985), na introdução de *La vida mental* (1938/1985), edição em espanhol da obra que foi o oitavo tomo da *Enciclopédia Francesa*, afirma que Wallon, junto a Freud e Piaget, é um dos grandes fundadores da psicologia científica, da concepção moderna do psiquismo humano, sendo também o grande psicólogo marxista em língua francesa. Acrescenta ainda que, inegavelmente, Wallon é o grande psicólogo da infância, que se dedicou a estudar todos os seus aspectos: biológico e social, afetivo e cognitivo, e que, a partir dos estudos da criança, chegou ao conhecimento do adulto.

Essa e outras grandes obras de Wallon, entre as quais *A evolução psicológica da criança* (1941/2007), *Do ato ao pensamento* (1942/2008), *As origens do pensamento na criança* (1945/1989) e *As origens do caráter na criança* (1949/1995), além de grande número de artigos publicados em revistas e registros de conferências para professores, permitem a discussão de três diferentes tipos de questões:

- questões da teoria do desenvolvimento: como o psiquismo humano, que desde o início é constituído pela integração genético-social, se transforma constantemente;
- questões da relação entre psicologia e educação: vistas como dois momentos complementares e não como a superposição de uma à outra;
- questões de ordem epistemológica: o papel da psicologia como ciência e o materialismo dialético como procedimento para ler a realidade.

Não é objetivo deste capítulo trazer à discussão todas essas questões. Foram postas apenas para situar a fecundidade da obra de um autor que, além do grande intelectual que foi, participou ativamente dos grandes acontecimentos de seu tempo. Em um período conturbado pelo qual passava a Europa, participou das duas Guerras Mundiais. Na primeira, como médico, ao cuidar dos feridos de guerra, teve oportunidade de observar a relação entre as funções orgânicas e as psíquicas, o que o levou a reelaborar as concepções que formulara ao trabalhar com crianças, considerando as patologias apenas como lesões orgânicas. Na segunda (1939-1945), engajou-se na Resistência Francesa durante a ocupação alemã e, mesmo vivendo na clandestinidade, publicou nesse período *Do ato ao pensamento*.

A vivência nesses períodos de turbulência social fortaleceu sua convicção na necessidade de a escola trabalhar valores de solidariedade, justiça social e antirracismo como condições para a reconstrução da sociedade. Nesse sentido, sua participação foi decisiva no projeto de reforma do ensino francês no período pós-guerra, que ficou conhecido como Plano Langevin-Wallon (Langevin & Wallon, 1947/1969), o qual, embora não tenha sido implantado em sua totalidade, ainda hoje é discutido pela coerência de seus princípios.

Quanto à teoria do desenvolvimento de Wallon, subsídio para a discussão sobre processos de subjetivação na escola, é importante registrar que esta aponta que o desenvolvimento decorre do entrelaçamento das possibilidades do organismo e de grande variedade de fatores ambientais. É no social que o homem se humaniza, concretizando suas possibilidades.

Meio é, então, um conceito importante na teoria walloniana e, para Wallon, o meio social se sobrepõe ao físico, a ponto de afirmar que o homem é geneticamente social (1946/1986), o que não significa que desvalorize os componentes orgânicos. Sua formação médica, aliada à sua preocupação como pesquisador, permitiu-lhe esmiuçar os componentes orgânicos, valorizando-os em suas análises. Nestas, há sempre a identificação dos níveis de maturação orgânica e dos modos de influência dos meios.

Vale um retorno ao próprio Wallon (1959/1986, pp. 168-169):

> *O meio é o complemento indispensável ao ser vivo. . . . Não é menos verdadeiro que a sociedade coloca o homem em presença de novos meios, novas necessidades e novos recursos que aumentam suas possibilidades de evolução e diferenciação individual. A constituição biológica da criança, ao nascer, não será a única lei de seu destino posterior. Seus efeitos podem ser amplamente transformados pelas circunstâncias sociais de sua existência, da qual não se exclui sua possibilidade de escolha pessoal.*

Outra afirmação de Wallon é importante para a discussão que se pretende neste capítulo: "Os meios em que a criança vive e aqueles com os quais sonha são a fôrma que deixa nela sua marca. Não se trata de uma marca recebida passivamente. . . . Mas a escolha pode se impor, seja para resolver desacordos, seja para comparar seus próprios meios a outros" (1946/1986, p. 171).

Nos meios estão os grupos. Afirma Wallon que, na psicogênese da criança, os grupos oferecem uma aprendizagem útil ou viciosa das relações e dos sentimentos sociais; a criança é apresentada a diferentes tipos de relações. "Os grupos provocam uma organização íntima da pessoa ao introduzir-lhe as diferentes categorias de relações com os outros" (1946/1986, p. 178). Lembra ainda Wallon que "é da natureza do grupo que essas duas tendências, individualismo ou espírito coletivo, se defrontem" (1946/1986, p. 176). Ou seja, o grupo coloca seus membros entre duas exigências opostas e complementares: o desejo de pertencer, identificando-se com os objetivos do grupo, e o desejo de diferenciar-se entre os participantes.

A integração organismo-meio foi sucintamente apresentada. Cumpre lembrar que a teoria do desenvolvimento de Wallon pressupõe também outro tipo de integração – integração entre os conjuntos funcionais cognitivo, ato motor, afetividade e pessoa (Wallon, 1941/2007):

- O conjunto cognitivo refere-se às funções que permitem adquirir, manter e transformar o conhecimento, por meio de imagens, noções, ideias e representações; permite recordar o passado e projetar o futuro.
- O conjunto ato motor abrange as funções que permitem o deslocamento no corpo e no espaço, as reações posturais que garantem o equilíbrio corporal, bem como o apoio tônico para que emoções e sentimentos se expressem.
- O conjunto afetividade abrange emoções, sentimentos e paixões. As emoções estão fortemente ligadas às funções orgânicas, portanto são mais difíceis de serem controladas pela razão; são, na criança, o primeiro recurso para unir o orgânico ao social. Os sentimentos evidenciam a passagem para a afetividade mais cognitivizada, portanto, com atuação do meio social para expressá-los. As paixões são marcadas fortemente pelo autocontrole e, para tanto, procuram silenciar emoções e sentimentos para alcançar os objetivos propostos.
- A pessoa, o quarto conjunto funcional, revela a integração dos três conjuntos, em suas inúmeras possibilidades.

Como os conjuntos estão imbricados, qualquer atividade dirigida a um deles atua sobre os demais. Nas palavras de Mahoney (2012, p. 15), fundamentada em Wallon:

> *O motor, o afetivo, o cognitivo, a pessoa, embora cada um desses aspectos tenha identidade estrutural e funcional diferenciada, estão tão integrados que cada um é parte constitutiva dos outros. Sua separação se faz necessária apenas para a descrição do processo. Uma das consequências dessa interpretação é que qualquer atividade humana sempre interfere em todos eles. Qualquer atividade motora tem ressonâncias afetivas e cognitivas; toda disposição afetiva tem ressonâncias motoras e cognitivas; toda operação mental tem ressonâncias afetivas e motoras. E todas têm um impacto no quarto conjunto: a pessoa, que, ao mesmo tempo em que garante essa integração, é resultado dela.*

Ou seja, a teoria psicogenética de Henri Wallon, a partir de sua concepção materialista dialética, enfatiza a integração de todas as funções na constituição da pessoa. Do ponto de vista do processo de aprendizagem, este não está apenas sob a ação da dimensão cognitiva, mas também da dimensão afetiva. A dimensão motora representa o suporte para todas as funções, tanto afetivas como cognitivas.

Resolvida a questão da fundamentação teórica, vem outra: ter como foco a constituição do professor ou do aluno? A escolha do autor aponta para a solução: do professor e do aluno, pois o raciocínio dialético, o qual fundamenta a teoria walloniana, argumenta que professor e aluno se constituem mutuamente; aponta ainda que o adequado é considerar sempre a relação professor-aluno a partir do contexto social.

A psicogenética walloniana e minha própria experiência, refletida a partir de diferentes níveis de escolarização, evidenciam que, na relação educativa, e particularmente nas relações professor-aluno, as contradições, as oposições entre criança/jovem e adulto não estão ausentes, mas podem ser abrandadas/resolvidas com intervenções adequadas.

Processos de subjetivação na/pela escola

Explicito que a compreensão da subjetivação como processo de formação do humano leva-me a não dicotomizar social e individual, cognitivo e afetivo, razão e emoção. Insisto que esse processo ocorre em muitos espaços sociais, entre eles a escola, na relação professor-aluno. Ao fazer a gestão, tanto de conteúdos como das interações dos alunos, o professor pode desenvolver, facilitar ou dificultar a aprendizagem de conteúdos, de valores civilizatórios, de relações respeitosas. Querendo ou não, com ou sem intencionalidade consciente, o professor passa a representar para o aluno o mundo que está fora da escola; nesse sentido, é um agente ético.

Meu propósito, no âmbito deste capítulo, é discorrer sobre processos formativos aos quais são submetidos alunos e alunas em diferentes segmentos de ensino. Priorizo a relação professor-aluno, mas entendo que toda a ambiência da escola faz parte desse processo. Proponho-me a discutir como as relações de poder são concretizadas na escola, como são subjetivadas pelo aluno e como, por ser a subjetivação um processo sempre em construção, as relações de poder às quais foi submetido o aluno reverberam, de forma contraditória, em sua constituição como professor.

Entendo que o processo de subjetivação é sempre muito pessoal; a maneira como cada um subjetiva os acontecimentos é sempre singular; cada um é afetado de forma diferente pelas circunstâncias, pois o que o afeta, em grande parte, decorre das marcas que traz de sua trajetória pessoal. Assim, inspirada em Wallon (1941/2007), considero que a afetividade é a capacidade, a disposição que o ser humano tem de ser afetado por circunstâncias que provocam sensações de agrado ou desagrado, de prazer ou desprazer, que chegam tanto do próprio organismo como de seu entorno.

Proponho-me, então, a discutir relações de poder que se concretizam na escola, na relação professor-aluno, focando a constituição do aluno nessa relação e como tais relações reverberam em sua atuação, mais tarde, como professor. Sirvo-me, para isso, das narrativas de quatro professores, entendendo que a escola é marcada pela configuração social na qual está inserida, portanto, as relações de poder que operam na escola dependem, em grande parte, dessa configuração.

O contexto no qual foram produzidas as narrativas foi o Mestrado Profissional em Educação: Formação de Formadores da Pontifícia Universidade Católica de São Paulo (PUC-SP). Nos primeiros semestres de 2020 e 2021, desenvolvi cursos eletivos sobre relações de poder na escola, empregando uma estratégia que denomino diários de itinerância (Almeida, 2012). Sucintamente, a estratégia tem como principal característica a interlocução entre acontecimentos importantes que marcaram o itinerário da existência do autor do diário, com sentimentos e pensamentos que decorrem de um texto escolhido pelo formador, em função da questão que se quer discutir.

A estratégia prevê três momentos: 1) diário-rascunho, elaborado a partir de imagens e pensamentos que afloram ao ler o texto; 2) diário elaborado, após a discussão em grupo do texto indicado para leitura, incorporando ao diário individual as ideias que circularam na discussão; 3) diário socializado, apresentado ao grupo, o que pode provocar novas discussões.

Percebo, ao redigir este capítulo, que a estratégia é, também, potente como política de subjetivação intencional do formador, o que vai ser argumentado por Silva (2021). Ao registrar as memórias que o constituíram pessoal e profissionalmente e ao compartilhá-las com um grupo que o acolhe com seus acertos e erros, o narrador do diário potencializa suas reflexões em direção a práticas educativas mais humanizadoras.

Seguem as narrativas do vivido por quatro professores quando alunos e a reverberação das lembranças em sua atuação profissional, nos dias atuais. O que detonou suas memórias foram os textos por mim sugeridos, como professora do curso. Durante a leitura, cada um no seu espaço de trabalho/estudo teve como tarefa elaborar, na forma de diário sem preocupação com o estilo, as ideias que emergiram. Os diários-rascunho foram apresentados no grupo de discussão e, a partir das observações feitas pelos participantes (entre os quais se incluía a professora), estes foram aprimorados e então socializados no grupo, como produto final. Compartilho com o leitor alguns fragmentos desse produto final (Almeida, Satyro & Monteiro, 2020; Almeida & Silva, 2021).

Professor 1 – Rosa, Mauro (2021)

Mauro se apresenta em seu primeiro dia na escola.

> *Olhando para trás, num passado onde o aluno era eu, me vejo magro, pequeno, muito brilho no olhar. A roupa, maior que o corpo, compunha com um par de sapatos também de segunda mão. Cabelos grandes – aí*

> *morava o problema – liso, castanho claro, formando pequenos cachos nas pontas, vez ou outra resvalando pelo rosto fino.*
>
> *Chego à escola. Um sonho, para quem adorava desde pequeno brincar com as folhas de cadernos usados das irmãs mais velhas! As crianças são colocadas em fila no pátio. Meninos de um lado, meninas do outro. Olhos curiosos. Apresento-me para alguns poucos que me rodeavam no tempo de espera. Sorrisos e cochichos são quebrados pela figura austera de um senhor sisudo, a testa franzida entre os olhos. E a fala. Aquela que traz ao mundo uma das ideias pré-fabricadas: "Menina, a sua fila é aquela!". Desfeito, o chão seguro da escola desmancha-se sobre meus pés. (Rosa, 2021a, p. 140)*

Vai, agora, para seus 12 anos.

> *Uma pessoa, em especial, ajudou-me a encontrar – como eu realmente era. Aline foi uma professora muito especial para mim. Ela não era uma pessoa doce, pelo contrário, seus traços fortes e agudos reforçavam o seu jeito sério e enérgico. Ela era negra e forte, embora seu olhar apresentasse uma doçura que eu era capaz de ler. As aulas de matemática se tornavam cada vez mais difíceis sob seus cuidados, isso porque eu estava fechado, isolado em um universo que eu criei, para minha defesa na escola. O* bullying *era constante. E a cada dia eu via subir um muro que me separava do restante dos alunos.*
>
> *Mas, um dia, Aline achou uma porta. Em uma folha riscada, deixada por engano entre os diversos exercícios de matemática. Ela soube olhar. Ela soube analisar*

> *a situação sem julgar. Aline pediu que ficasse depois que terminasse a aula.*
>
> *Lembro-me, aos 12 anos, de cabeça baixa, esperando a bronca dos exercícios que não havia terminado de fazer. Os dedos se moviam e se entrelaçavam nervosos. Aline me olhou. Pediu-me atenção. Mostrou-me a folha do caderno. Algumas palavras de amor estavam associadas a um menino da sala. Ela me falou muitas coisas naquele dia. Não era seu dever enquanto professora. Não se tratava de conteúdo, tratava-se de empatia. Tratava-se de humanidade. Ela me enxergou como ser humano, e, sem ideias pré-fabricadas, fez me sentir pela primeira vez acolhido de verdade naquele espaço. (Rosa, 2021a, p. 141)*

Eis agora como Mauro se apresenta, cursando mestrado, atuando como professor e coordenador do curso de Educação de Jovens e Adultos (EJA), a partir de seu encontro com Gustavo.

> *Gustavo era um carioca cheio de malicia, negro, esguio, que veio morar em São Paulo ainda na adolescência. Aos 17 anos foi detido e encaminhado para a EJA a fim de terminar os estudos, e acabou caindo na minha sala de coordenação. Lembro-me ainda de suas primeiras palavras. "Isso aqui não é pra mim não, tio".*
>
> *Gustavo logo se enturmou com outros jovens da escola. Um grupinho de cinco ou seis garotos e garotas, junto deles caminhava já nos primeiros dias gritando pelos corredores, caçoando de uns e de outros. Matando as aulas e se escondendo pelos cantos escuros da escola. . . .*

> *Em um dos primeiros dias de aula, passei por Gustavo no corredor e o convidei para entrar na sala. Ele riu e seguiu falando com seu grupo. Insisti . . . Ao ver a cena, uma menina do seu grupo falou: "Vamos entrar, o professor é legal".*
>
> *Gustavo, mesmo um pouco relutante, entrou na sala. . . . A sala de aula estava diferente. Percebi que ele ficou incomodado com isso.*
>
> *Sentamo-nos em círculo e Gustavo pegou uma das cadeiras para se colocar mais ao fundo, fora da roda. Os outros, do seu novo grupinho, sentaram-se junto aos demais, o que lhe causou certa estranheza. O rádio começou a tocar Racionais, pude perceber seu gesto de espanto. E começamos a debater sobre o que os alunos gostariam de aprender naquele semestre. A pergunta na lousa: Como a escola pode te ajudar a ser mais? (Rosa, 2021b, p. 49)*

Um encontro que perdurou, e provocou mudanças.

> *Gustavo teve um ótimo desempenho naquele semestre e formou-se junto aos colegas. Lembro-me de ver seus olhos marejados no discurso de formatura, agradecendo a todos aqueles ali estavam, por terem acreditado em seu potencial.*
>
> *Gustavo saiu daquele espaço melhor do que entrou. E não seria esse o papel da escola? (Rosa, 2021b, p. 51)*

Professor 2 – Magri, Dom (2020)

Magri se apresenta, lembrando um curso que o afetou.

> *Pergunto-me: Por que tanta emoção? Por que essa leitura afetiva me reconectou com o curso de Magistério, em 1989? Era muito jovem, com sonhos e desejos para a sala de aula. Estudei no Centro de Formação e Aperfeiçoamento ao Magistério (CEFAM) e tive aulas em período integral. Estudávamos, no período matutino, as diversas disciplinas do Ensino Médio e do Magistério; no período vespertino, nos dedicávamos aos projetos educacionais, que aproximavam formação e prática profissional. Éramos uma família de educadores.*
>
> *Foi com essa família, liderada pelo professor-coordenador Marcos Lorieri, que o texto me reconectou. Os educadores/alunos que tiveram seus diários compartilhados pela autora (Almeida, 2012) não estudaram comigo, mas eram igualmente cópias das minhas amigas e dos meus professores do Magistério – todos com sonhos e desejos por uma sala de aula que, afetiva e efetivamente, transformasse a sociedade. (Magri, 2020, p. 27)*

Magri, como coordenador de Ensino Médio, em 2020, cursando mestrado.

> *São os mesmos desejos que tenho alimentado em 31 anos de trabalho, e que têm se intensificado nessa época de isolamento social. A cada dia, desejo, ainda mais, realizar meu trabalho e o da equipe que coordeno com o máximo de qualidade, ressignificando nosso*

lugar-espaço remoto, e transformando vidas. E assim, vejo que me remeti ao início da minha carreira para atribuir sentido ao mergulho nesse mundo de Diários de itinerância. A partir dele, já me pergunto: Por que não os venho escrevendo, ao longo desses anos, como aluno/professor/gestor? (Magri, 2020, p. 27)

Professor 3 – Satyro, Diego (2020)

Diego se apresenta como aluno da graduação.

No primeiro ano da graduação em Letras, com dezoito anos, tive aula de Latim. Eram quatro aulas por semana, com uma professora doutora pela Universidade de São Paulo (USP). Eu me encantei com a língua latina, mas padecia nas quatro aulas semanais. A professora não era só grosseira. Suas respostas ríspidas, olhares de reprovação e comentários irônicos eram um combustível para a turma. Éramos, na sua maioria, jovens de 18 a 22 anos. Uma parte do grupo adorava aquela profissional. Adorava-a, porque ela era objetiva, categórica e usava, às vezes, uma linguagem chula. Eu acho que eu era sensível demais. Em inglês, diriam: too soft. *Para mim, ela não tinha graça nenhuma. Ela me dava medo, apesar eu já ter 18 anos. O medo, em questão, era de ter minha falta de conhecimento em língua latina . . . exposta para a turma toda.*

Num dia de seminário, planejei-me para tocar num ponto de que ela gostava: mitologia. Não lembro o conteúdo do seminário, mas lembro da referência a um

> *mito. Preparei-me para fazer tal referência e, no fundo, agradá-la. Fiz o comentário e perguntei algo como* não é isso, professora? *Não me lembro exatamente do que ela disse, mas sei que ela não deu a menor importância. Tratou aquilo com descaso, como se eu tivesse dito algo óbvio e desnecessário.*
>
> *Senti-me como o menino Kafka, frente a seu pai, gigante, frio e mal-humorado. Inicialmente, quando soube que havia grupos de estudo de língua e cultura latinas na USP, cogitava frequentá-los. Com o decorrer das aulas, minha relação com aqueles objetos mudou. Eu só precisava ser aprovado em Latim. E, preferencialmente, com nota máxima, porque não poderia negociar nada com aquela profissional. Não consegui o dez. Obtive 9,5, porque, para ela, em todos os seus exames,* dez era para Deus. *(Satyro, 2020, p. 100)*

Diego, professor de inglês, em 2020, cursando doutorado.

> *Acho que carrego essa experiência comigo até hoje, porque nunca desejei ser o professor irônico que, ao expor as pessoas, faz a outra parte do grupo rir. Nem por isso acho que nunca causei medo nos alunos. Todos temos um lado escuro, que não iluminamos nem deixamos que os outros iluminem. Acredito que escrever sobre ele é um primeiro passo em direção a alguma forma de luz, como fez Kafka em sua obra. (Satyro, 2020, p. 100)*

Professor 4 – Silva, Jeanny M. Sombra (2021)

Jeanny como aluna do doutorado.

> *No início do mestrado eu pouco falava em sala de aula das minhas vivências como professora, não se tratava de inibição, mas de considerar que naquele espaço o mais importante não eram os meus saberes, e sim os dos meus professores com toda a teoria que nos apresentavam. Era nos corredores da universidade ou nos momentos de interação fora de sala que eu e meus colegas partilhávamos experiências.*
>
> *Terminei o mestrado com a ideia de que os saberes da academia eram distantes da escola de educação básica. Já no doutorado, a escrita de artigos científicos, a participação em seminários teóricos, e a preocupação com a pesquisa reforçaram essa ideia . . .*
>
> *O incômodo ocorreu quando ao cursar uma disciplina a professora Laurinda solicitou aos alunos que escrevessem Diários de Itinerância. A proposta era que relacionássemos nossas experiências pessoais e/ou profissionais com o referencial abordado no curso. Pensei: "como assim falar de mim?". Demorei para escrever meu diário, pois não via sentido nessa atividade. Nas aulas seguintes, à medida que fui escutando a leitura dos textos dos colegas, fui percebendo que suas narrativas eram como arquivos existenciais nos quais estão guardadas experiências significativas de aprendizagem. . . . Aos poucos, fui me deslocando do meu papel de aluna consumidora de informações teóricas para ser autora da minha narrativa como formadora.*

> *O processo não foi simples, no começo não conseguia transformar meu discurso . . . (Silva, 2021, p. 27)*

Jeanny, em 2021, estagiária de pós-doutorado, professora de ensino básico e ensino superior.

> *Hoje passados alguns anos, e relendo os meus primeiros diários, fica evidente como aprendi com todo esse processo. Levo essa prática comigo até hoje. Muitas vezes, parar na urgência é um desafio. . . . De fato, num mundo de cobrança pela produtividade e excesso de demandas no qual vivemos é comum acreditar que "parar para rever rumos" é perda de tempo, mas a reflexão da ação não é perda de tempo, pelo contrário, é otimizar o tempo. (Silva, 2021, p. 27)*

Dialogando com os autores dos diários de itinerância

A substância das memórias de meus quatro professores foram seus anos de formação, em diferentes segmentos: Mauro, aluno no primeiro ano do Ensino Fundamental e em anos seguintes, hoje professor e coordenador de curso de EJA; Magri, jovem aluno do CEFAM, hoje coordenador de Ensino Médio; Diego, jovem aluno de graduação em Letras e hoje professor no Ensino Básico; Jeanny, aluna de mestrado e doutorado e hoje professora no Ensino Básico e Superior. Os textos-base que puxaram por suas lembranças foram os de Almeida (2006, 2012), Kafka (1919/1997), Rogers (1978) e Wallon (1986b).

Os quatro expuseram acontecimentos que os afetaram, que mexeram com eles; laços afetivos que se formaram ou que se esgarçaram na relação pessoa a pessoa e na relação com o conhecimento. Ao falar de si, trouxeram a memória coletiva do tempo que viveram. Mas o vivido representa uma aventura afetiva de cada um, pois cada um deles subjetivou o fato à sua maneira.

Ensinou-me Bosi (2003) que "o passado reconstruído não é um refúgio, mas uma fonte, um manancial de razões para lutar. A memória deixa de ter um caráter de restauração e passa a ser memória geradora de futuro . . . O limite para o qual tende a memória narrativa é a transição da nostalgia para um 'horizonte de espera', na feliz expressão de Paul Ricouer" (pp. 66-67).

Foi com esse sentido que meus quatro professores visitaram seus anos de formação, aqueles que foram mais significativos.

Mauro e Diego falam do poder das palavras no processo de subjetivação. Palavras que foram armas carregadas que os atingiram. Mauro foi atingido logo no primeiro dia de aula, no pátio da escola; palavras descuidadas, cheias de preconceito, que deram início à autorização do *bullying* pelos colegas. Mas as palavras de Aline, severa e doce professora de matemática, o salvaram. Aline o acolheu em seus medos e dúvidas sem julgar, e deu-lhe autorização para ser o que era. Mauro trouxe para sua atuação os dois pontos de subjetivação, mas escolheu como norte de sua atuação a marca que lhe deixou Aline.

Diego também pontua o poder das palavras, no caso, a ausência de palavras. Espera da professora de latim uma palavra, e ela, sem palavras, o desconsidera, desvaloriza; ao fazê-lo, afasta o aluno da área de conhecimento da qual desejava se aproximar. Hoje, professor, preocupa-se em "não ser professor irônico que, ao expor as pessoas, faz outra parte do grupo rir", mesmo reconhecendo que pode, alguma vez, ter causado medo nos seus alunos.

Em seu diário, compara-se a Kafka, que expressa na *Carta ao pai* (1919/1997) como a desvalorização constante pelo pai reverberou em sua autodesvalorização.

Magri expressa sua alegria – e nostalgia – pelo curso que o constituiu como professor. O CEFAM foi um curso de excepcional qualidade, que é lembrado pela maioria dos que o frequentaram. Magri se reporta a esse curso e a seus colegas e professores, "todos com sonhos e desejos por uma sala de aula que, afetiva e efetivamente, transformasse a sociedade". Hoje, professor e coordenador de Ensino Médio, esses sonhos alimentam sua atuação.

Jeanny explicita sua mudança de "aluna consumidora de informações teóricas", porque considerava que à academia competia fornecer-lhe essas informações, para ser "autora da minha narrativa como formadora". Esse foi seu processo de subjetivação ao passar por um curso que lhe solicitava que relacionasse suas experiências pessoais com o referencial abordado no curso, o que lhe permitiu tornar-se autora.

Considerações finais

Haveria muitas outras maneiras de contemplar os segmentos dos quatro maravilhosos diários de itinerância que apresentei. Optei por priorizar as relações humanas, relações entre pessoas e, pela mediação delas, com o conhecimento. Relações que evidenciam o papel dos afetos no processo de subjetivação. Relações que podem ser de poder que oprime, mas também de poder que fortalece.

Retomando o que entendo por afetividade na obra de Wallon: os quatro foram afetados por circunstâncias – palavras e gestos – daqueles com os quais se relacionaram; algumas circunstâncias lhes trouxeram sensações de agrado, de satisfação íntima, de prazer; outras, desagrado, desprazer, baixa estima. Umas e outras implicaram práticas de subjetivação. Os quatro, na reflexão feita ao escrever seus diários hoje, mostram que se dispuseram a não se dobrar às marcas que os desvalorizaram, e ficaram com aquelas que os conduziram para relações mais humanizadas e humanizadoras com seus alunos.

Volto ao poema de Yeats, que foi a epígrafe para este capítulo: escolheram não pisar no sonho de seus alunos e, ao fazê-lo, não pisaram nos seus próprios sonhos.

Referências

Almeida, L. R. de. (2006). O coordenador pedagógico e a questão do cuidar. In L. R. de Almeida, & V. M. N. S. Placco (Orgs.), *O coordenador pedagógico e questões da contemporaneidade*. Edições Loyola.

Almeida, L. R. de. (2012). Diários de itinerância, recurso para formação e avaliação de estudantes universitários. *Estudos em Avaliação Educacional*, *23*(51), 250-269.

Almeida, L. R. de. (2017). O coordenador pedagógico e as relações interpessoais no ambiente escolar: entre acertos e desacertos. In V. M. N. S. Placco, & L. R. de Almeida (Orgs.), *O coordenador pedagógico e a legitimidade de sua atuação*. Edições Loyola.

Almeida, L. R. de, Satyro, D., & Monteiro, S. N. (Orgs.). (2020). *Diários de itinerância e formação: desencadeadores de reflexão*. Pontes.

Almeida, L. R de, & Silva, J. M. S. (Orgs.). (2021). *Relações de poder na escola: emoção e razão. Diários de itinerância II*. Pontes.

Bosi, E. (2003). *O tempo vivo da memória: ensaios de psicologia social.* Ateliê Editorial.

Jalley, E. (1985). Introducción a la lectura de La vida mental. In H. Wallon, *La vida mental.* Grijalbo.

Kafka, F. (1997). *Carta ao pai.* Companhia das Letras. (Trabalho original publicado em 1919)

Langevin, P., & Wallon, H. (1969). Plan de reforma Langevin-Wallon. In A. L. Merani, *Psicologia y pedagogía: las ideas pedagógicas de Henri Wallon.* Grijalbo. (Trabalho original publicado em 1947)

Magri, D. (2020). Preciso escrever, o quanto antes, as páginas do meu diário. In L. R. de Almeida, D. Satyro, & S. N. Monteiro (Orgs.), *Diários de itinerância e formação: desencadeadores de reflexões*. Pontes.

Mahoney, A. A. (2012). Introdução. In A. A. Mahoney, & L. R. de Almeida (Orgs.), *Henri Wallon: psicologia e pedagogia* (11a ed.). Edições Loyola.

Rogers, C. (1978). *Sobre o poder pessoal.* Martins Fontes.

Rosa, M. (2021a). Cuidar ou negligenciar: a afetividade no espaço escolar. In L. R. de Almeida, & J. M. S. Silva (Orgs.), *Relações de poder na escola: emoção e razão. Diários de itinerância II.* Pontes.

Rosa, M. (2021b). Por um lugar onde os brotos possam florescer. In L. R. de Almeida, & J. M. S. Silva (Orgs.), *Relações de poder na escola: emoção e razão. Diários de itinerância II*. Pontes.

Satyro, D. (2020). O menino é o pai do homem. In L. R. de Almeida, D. Satyro, & S. N. Monteiro (Orgs.), *Diários de itinerância e formação: desencadeadores de reflexões*. Pontes.

Silva, J. M. S. (2021). Diários de itinerância: experiências ressignificadas. In L. R. de Almeida, & J. M. S. Silva (Orgs.), *Relações de poder na escola: emoção e razão. Diários de itinerância II*. Pontes.

Wallon, H. (1985). *La vida mental*. Grijalbo. (Trabalho original publicado em 1938)

Wallon, H. (2007). *A evolução psicológica da criança*. Martins Fontes. (Trabalho original publicado em 1941)

Wallon, H. (2008). *Do ato ao pensamento*. Vozes. (Trabalho original publicado em 1942)

Wallon, H. (1989). *As origens do pensamento na criança*. Manole. (Trabalho original publicado em 1945)

Wallon, H. (1995). *As origens do caráter na criança*. Nova Alexandria. (Trabalho original publicado em 1949)

Wallon, H. (1986). O papel do Outro na consciência do Eu. In M. J. G Werebe, & J. Nadel-Brulfert (Orgs.), *Henri Wallon: psicologia*. Ática. (Trabalho original publicado em 1946)

Wallon, H. (1986). Os meios, os grupos e a psicogênese da criança. In M. J. G Werebe, & J. Nadel-Brulfert (Orgs.), *Henri Wallon: psicologia*. Ática. (Trabalho original publicado em 1959)

Yeats, W. B. (1899). Aedh deseja os tecidos do céu. In W. B. Yeats, *The wind among the reeds*.

4. Da queixa escolar ao diagnóstico médico-psicológico: o sofrimento psíquico como sofrimento ético-político

Mitsuko Aparecida Makino Antunes

Luciana Renata Moreira Fonseca

Ana Lydia Santiago

Este capítulo tem como finalidade discutir o processo de produção da queixa escolar, sua evolução, as consequências para o educando e as possibilidades de intervenção para a superação desse quadro que atinge milhares de crianças há décadas em nosso país e, embora muito pesquisado e debatido, tornou-se crônico e recai, sobretudo, nos filhos da classe trabalhadora. Adota-se, para esta discussão, uma perspectiva psicossocial da educação, buscando identificar os múltiplos fatores que estão na base desse problema, considerando que a aprendizagem e o desenvolvimento, como processos psíquicos, não são apartados das condições sociais, culturais, econômicas e políticas que, por sua vez, têm implicações significativas nas relações pedagógicas.

Sublinhe-se que aprendizagem e desenvolvimento, especialmente quando se trata de discutir o processo de escolarização, são considerados em geral numa dimensão estritamente cognitiva, revelando um reducionismo que dificulta a apreensão concreta do psiquismo da criança como totalidade. Não é esta a perspectiva aqui adotada, pois entende-se que o psiquismo se concretiza na síntese entre as manifestações afetivo-emocionais, cognitivas e de atividade, mediatizadas pela linguagem e forjadas nas relações com outros humanos; vários autores, sem desconsiderar suas especificidades, aproximam-se entre si nessa concepção, como Vigotski, Leontiev, Luria, Wallon, alguns pensadores do campo psicanalítico e outros.

Assim, a discussão apresenta o problema a partir da psicologia escolar crítica, de base vigotskiana, representada, entre outras, por Marilene Proença Rebello de Souza, Adriana Marcondes Machado e Beatriz de Paula Souza, ligadas ao Laboratório Interinstitucional de Estudos e Pesquisas em Psicologia Escolar (LIEPPE), do Instituto de Psicologia da Universidade de São Paulo (IPUSP), e com marcada presença na Associação Brasileira de Psicologia Escolar e Educacional (ABRAPEE). Em seguida, é apresentado um estudo de caso de queixa escolar, referente a uma pesquisa-intervenção de orientação psicanalítica, baseada em diagnóstico clínico-pedagógico, entrevistas clínicas de orientação psicanalítica (ECOP), intervenções pedagógicas e conversações de orientação psicanalítica (Fonseca, 2022).

A queixa escolar como fonte de sofrimento psíquico

Muitos nomes foram e ainda são usados para se referir às condições do educando que não corresponde às expectativas da escola: distúrbios, transtornos, problemas e dificuldades de aprendizagem, fracasso escolar, entre outros, que podem também ser especificados com diagnósticos de dislexia, disgrafia, transtorno do déficit da atenção e hiperatividade, transtorno no processamento auditivo ou visual, sem contar aqueles que se referem ao comportamento considerado não adequado em sala de aula, como os que podem ser associados ou denominados equivocadamente como transtorno desafiador opositor, além dos quadros imprecisos que, muitas vezes, são avaliados apressadamente e colaboram para o estabelecimento de um diagnóstico de deficiência intelectual ou de transtornos do espectro autista. Destaca-se que todos os nomes fazem referência à própria criança, como se todos os ditos problemas fossem de natureza estritamente individual e inerente ao aluno ou à sua família.

Múltiplos fatores fazem-se presentes na caracterização do educando que é sujeito da queixa escolar e, por essa condição, encaminhado para profissionais que possam efetivar um diagnóstico que, por sua vez, explique e justifique o motivo de a criança não corresponder às expectativas da escola. Fatores como condições socioeconômicas e culturais, raça e etnia, gênero, composição familiar e território tendem a ser elementos ocultos que contribuem para atribuir à criança a responsabilidade por "não aprender".

Um dos fatores que contribuem para atribuir à criança a responsabilidade por seu desempenho escolar relaciona-se com a expectativa que a escola e o professor têm em relação a ela, produzindo a chamada "profecia autorrealizadora", baseada nos estudos clássicos de Rosenthal e Jacobson (Rosenthal, 1966; Rosenthal & Jacobson, 1968) e no estudo realizado no Brasil por Britto e Lomonaco (1983), para quem "Entrevistas realizadas com as professoras sugerem que as expectativas que elas formam em relação a seus alunos, a partir de estereótipos, logo nos primeiros dias de aula, afetam seu julgamento a respeito do rendimento escolar dos mesmos" (p. 1).

Há em geral um padrão estabelecido pela escola que define comportamentos, ritmos de aprendizagem, modos de apreensão de conteúdos, memorização, interesse e atenção que são considerados como sendo capacidades trazidas pela criança, e não como condições que devem ser construídas pela ação pedagógica. Quando a criança não apresenta esse padrão e, ao mesmo tempo, sobre ela recaem as expectativas forjadas nos estereótipos, produz-se uma queixa e desta um encaminhamento, do qual se espera um diagnóstico que explique o que a criança "tem".

Percebe-se um círculo vicioso e perverso nessa falácia: estereótipos produzem queixas, que levam a encaminhamentos médico-psicológicos, que geram um diagnóstico, que justifica a queixa e que reforça o estereótipo. É o educando, no entanto, aquele que, sendo vítima, se torna culpado; é o educando aquele sobre quem recaem as consequências pessoais e sociais, comprometendo sua escolarização e limitando suas perspectivas de futuro.

Entretanto, uma questão menos considerada é o sofrimento psíquico que esse processo produz nos educandos, que, em geral, não são sujeitos de uma escuta sensível, sendo, ao contrário, reduzidos à condição de objetos pelos adultos que com eles se relacionam.

Esse processo pode ser longo e certamente é doloroso para todos os envolvidos: a criança e a família. Não negamos que algumas poucas, muito poucas crianças podem ter algum comprometimento de ordem neurológica, sensorial ou psicológica, mas na atual conjuntura vivemos um processo agressivo de medicalização da vida e, em especial, da criança em idade escolar, em que diagnósticos são dados na maioria das vezes com critérios vagos e assistemáticos (ou sem eles). O diagnóstico vem, muitas vezes, com a indicação de medicamentos que teriam a função de agir sobre o sistema nervoso central, controlando ou minimizando os "distúrbios" da criança e produzindo uma gama ampla de efeitos colaterais, muitos dos quais comprometem funções psicológicas que estão na base do processo de aprendizagem.

Esse processo tem implicações profundas para o processo de escolarização – principalmente pela expectativa (ou pela não expectativa) da escola e do educador –, mas sobretudo para a criança e sua família. Entre muitas implicações, uma das mais profundas e perversas para a criança é a internalização do diagnóstico, que se torna fator constitutivo de sua identidade. Nesse sentido, a identificação com o diagnóstico recebido define o "lugar" que a criança passa a ocupar, seja na escola, em sua sala de aula, em seu grupo familiar e até mesmo no seu grupo de amigos. Essas posições vão sendo cristalizadas, o que torna mais difícil que o aluno consiga dar uma resposta diferente diante das expectativas do outro.

O agravamento dessa condição dá-se também pelo fato de que são os adultos (profissionais da escola, da saúde e família) os definidores dos "problemas" da criança, que poucas vezes é considerada como sujeito de escuta. Reiterando o que já foi dito, pode-se dizer que à criança é dado o lugar de objeto, e não de sujeito. Assim, o educando, enquadrado num quadro nosológico, tem sua condição de humanidade e de ser em potência reduzida às limitações definidas pelo diagnóstico.

Está nesse processo a gênese de um amplo e diversificado conjunto de fatores que produz na criança um inegável sofrimento psíquico, que vai desde a frustração por não conseguir responder cotidianamente àquilo que a escola dela espera à culpa por ver em si própria a fonte de sua inadequação para a vida escolar. Esse sofrimento configura-se como aquele que é decorrente de um processo de exclusão, que anula, desqualifica, inferioriza e humilha o sujeito que dele é vítima.

O sofrimento é vivido e sentido pelo sujeito, mas não é só um processo meramente individual, pessoal. Assim como sua gênese é histórico-social, também sua manifestação se dá em relação ao "outro". O sofrimento, como emoção, é síntese das dimensões individuais e sociais, das condições objetivas e subjetivas. A dimensão afetivo-emocional é constitutiva do ser humano e, portanto, não se pode buscar a compreensão dos processos de escolarização em toda a sua amplitude sem considerá-la.

Assim, adotamos a categoria "sofrimento ético-político", segundo formulação de Sawaia (1999), com base nos pensamentos de Heller, Espinosa e Vigotski, por se basear numa perspectiva de ciência que se contrapõe à normatização de "conceitos científicos que culpabilizam o indivíduo por sua situação social e legitimam relações de poder, apoiados no princípio da neutralidade científica" (p. 97). Para a autora, esses autores consideram a emoção como constitutiva "do pensamento e da ação, coletivos ou individuais, bons ou ruins, e como processo imanente que se constitui e se atualiza com os ingredientes fornecidos pelas diferentes manifestações históricas, . . . que constitui a matéria-prima básica à condição humana" (p. 100).

A afetividade assume, nessa concepção, um papel fundamental: "Por afetos, entendo as afecções do corpo pelas quais a potência de agir desse Corpo é aumentada ou diminuída, secundada ou reprimida, e ao mesmo tempo as ideias dessas afecções" (Espinosa, citado em Sawaia, 1999, p. 101).

Sawaia assim define o sofrimento ético-político:

> *Em síntese, o sofrimento ético-político abrange as múltiplas afecções do corpo e da alma, que mutilam a vida de diferentes formas. Qualifica-se pela maneira como sou tratada e trato o outro na intersubjetividade . . . cuja dinâmica, conteúdo e qualidade são determinados pela organização social. Portanto, o sofrimento ético-político retrata a vivência cotidiana das questões sociais dominantes em cada época histórica, especialmente a dor que surge da situação social de ser tratado como inferior, subalterno, sem valor, apêndice inútil da*

sociedade. Ele revela a tonalidade ética da vivência cotidiana da desigualdade social, da negação imposta socialmente às possibilidades da maioria apropriar-se da produção material, cultural e social de sua época, de se movimentar no espaço público e de expressar desejo e afeto. (pp. 104-105)

Referindo se a Heller, Sawaia destaca que "A vergonha e a culpa são apresentadas como sentimentos morais generativos e ideologizados com a função de manter a ordem social excludente, de forma que a vergonha das pessoas e a exploração social constituem as duas faces de uma mesma questão" (p. 102). Essa questão é particularmente significativa para a compreensão do processo vivido pelos educandos que são sujeitos da queixa escolar. Vergonha e culpa tornam-se constitutivas de sua subjetividade; *grosso modo*, vergonha por não aprender e culpa por não ser capaz.

A incorporação à própria identidade de características que são explícita ou implicitamente impingidas à criança pelas falas, olhares e atos dos adultos (logo imitados por outras crianças) pode levá-la a considerar-se "não inteligente", "fraca", "lerda", que não "dá" para a escola, quando não são utilizadas outras expressões mais grosseiras e desqualificadoras de si próprio.

A compreensão desse processo vivido pelo educando é condição fundamental para romper com esse círculo vicioso, mas é necessário que ações sejam planejadas e realizadas para permitir sua superação, na direção de garantir à criança a possibilidade de aprender, se desenvolver e construir uma identidade autônoma, emocional e afetivamente saudável. Muitas intervenções são possíveis, com base em diferentes, mas sólidos, fundamentos teóricos. A seguir, apresenta-se um estudo de caso, de orientação psicanalítica, por Luciana Renata Moreira Fonseca, fruto de sua dissertação de mestrado em Educação pela Universidade Federal de Minas Gerais (UFMG).

Estudo de caso: uma menina entrando na puberdade

Trata-se de Melissa, uma menina com 11 anos de idade, cursando o 6º ano do Ensino Fundamental, apresentando diversos impasses na alfabetização e às voltas com as questões próprias da adolescência.

Nesse estudo, destacamos o uso do diagnóstico clínico-pedagógico (DCP), um importante instrumento proposto por Santiago (2005), de inspiração psicanalítica, que permite identificar em qual das duas esferas distintas, a conceitual-pedagógica ou a clínica, se localizam os impasses acadêmicos apresentados por alunos que se encontram em situação do comumente denominado fracasso escolar. Assim, o DCP permite acompanhar a trajetória intelectual desenvolvida pelo aluno até o ponto de seu impasse e propõe intervenções individualizadas e particularizadas a partir do que o próprio aluno vai nos ensinando sobre seus entraves acadêmicos.

Trata-se de uma pré-adolescente que estava matriculada na escola desde os seus 6 anos de idade. Nesse período, a escola identificou uma certa apatia na aluna, que não demonstrava interesse pelas aulas e interagia pouco com as outras crianças. Em função dessa observação, a instituição encaminhou a criança para uma avaliação médica. A junta médica responsável por essa avaliação concluiu que a menina não apresentava nada que pudesse ser classificado como um transtorno ou deficiência.

Durante os anos que se seguiram, a aluna ia acumulando uma significativa defasagem pedagógica que evidenciava a diferença entre o seu nível de aprendizado e o dos outros alunos que estudavam na mesma série. Ao entrar na puberdade, além das defasagens nas habilidades básicas de leitura e escrita, Melissa começou a apresentar um comportamento desafiador, modificando-se de apático a agitado. A sua família, após passar por vários consultórios médicos, encontrou um neurologista que, mesmo não tendo fechado nenhum diagnóstico, a pedido da família, receitou Ritalina (metilfenidato) e Tofranil (cloridrato de imipramina) para a menina. Depois de 8 meses, a família, não percebendo efeitos positivos, decidiu suspender as medicações.

Porém, a escola continuava chamando a família da aluna e a encaminhando para diferentes profissionais. Em 2013, Melissa foi encaminhada para uma psicopedagoga que a diagnosticou com síndrome de Irlen e indicou o uso de uma lâmina de overlay azul, uma lâmina de sobreposição que visa facilitar a leitura da criança.

Após esse diagnóstico, a família procurou um oftalmologista, que discordou da psicopedagoga e enfatizou que Melissa não tinha nenhum problema relativo ao campo visual. Como na escola prevalecia o diagnóstico da psicopedagoga, a família acabou comprando a lâmina. E Melissa sempre justificava os impasses na alfabetização dizendo que estava "vendo as letras dançando", discurso adotado por muitos alunos que são classificados com essa síndrome.

Em 2014, Melissa e sua família foram convidadas a participar da pesquisa. Foram quatro meses de intervenção, que se condensaram em três conversações de orientação psicanalítica, sendo duas com a equipe gestora e uma com os docentes, três ECOPs e dezesseis encontros para a aplicação do DCP. As intervenções realizadas com a menina eram individuais e ocorriam no contraturno escolar.

Durante os encontros promovidos pela pesquisa, ao ser questionada sobre o que acontecia com ela na escola, Melissa responde prontamente que não conseguia aprender a ler e a escrever. A menina também relata seu sentimento de humilhação dentro da sala de aula, ao ter que realizar as atividades do livro do 3º ano do Ensino Fundamental, enquanto seus colegas estudavam nos livros do 6º ano. Outro aspecto que ela expressa e que denota o sofrimento psíquico a que estava submetida é o fato de seus colegas a chamarem de "burra" e a mandarem estudar mais. Embora se sentindo constrangida, Melissa tinha grande estima por esses colegas e buscava participar desses grupos, mesmo sendo em muitos momentos excluída.

Apesar de alfabetizada, Melissa apresentava diversos impasses acadêmicos, que dificultavam a compreensão dos textos que lia; além disso, sua escrita era de uma aluna que ainda não dominava os aspectos formais e ortográficos da escrita. Esses aspectos faziam com que a pré-adolescente se sentisse envergonhada, recusando-se a ler em voz alta ou mesmo redigir algumas atividades.

Assim, as intervenções propostas pelo DCP buscavam incentivar o gosto pela leitura e pela escrita, selecionando temas ligados ao interesse da menina. Foi construída uma intervenção particularizada a partir do que Melissa ia nos ensinando sobre o que lhe acontecia.

A primeira queixa escolar, relatada pela professora de português, foi a dificuldade de leitura e de compreensão dos textos. A leitura ainda estava em desenvolvimento, por isso ainda era lenta. E o que a docente designou como dificuldade de compreensão do que havia sido lido estava ligado à falta de conhecimento sobre o significado de algumas palavras, o que comprometia seu entendimento. Nessa tônica, foi necessário ensinar a menina a utilizar o dicionário.

Essa aprendizagem teve um significado especial para Melissa, que procurava no dicionário diversas palavras de seu interesse pessoal e do universo adolescente, como amor, paixão, namoro...

O interesse de Melissa pelos livros teve início com um dicionário da língua portuguesa.

Na escrita livre, também era possível perceber a predileção por temas que tratavam de histórias românticas, elegendo os contos de fadas como base de sua escrita inicial. Segue um texto por ela produzido.

RAPUNZEU

Era uma vez uma menina
cer timha um cabelo Bem grandis ir
uma Bruxa não dexava ela corta o cabelos
porque se Ela cortar a Bruxa ia morrer
emtão a Brincesa tava perdida na
torre muitos ano então u prinsipir
ficou perdido ir eles tinha jar comhesidor
ar rapunzeu emtão ela gritou ar rapunzeu
rapunzeu jogo seu gabelo emtão ela jogo
ir or primsipir subio então ar Bruxa
pegou ele ir prendeu ele ficou prejor
na corenti ir a Bruxar prendeu ele na correntir emtão ele pediu para
Bruxar para dar um bejor na rapunzeu
ir a Bruxa dexou emtão um espeho
ceprou emtão ar rapunzeu foi bexar
Ele pegou or catro dir vidro ir cortou
or cabelo delar ir ar Bruxar foi morendo
ir ar rapunzeu liberto ele ir emcomtro

ceus pais dir novo

fim !

No texto, percebemos uma escrita própria de uma criança que ainda está em processo de alfabetização, que ainda está se apropriando das regras e dos aspectos formais da escrita, como o uso da letra maiúscula, a ortografia, dentre outros. Assim, o trabalho de intervenção, além de oferecer a parte conceitual que ainda faltava no processo de alfabetização de Melissa, acolhe também o singular de suas questões com o advento da puberdade e da adolescência.

No decorrer das intervenções, o gosto por histórias românticas, com a presença de príncipes e princesas, se mantém, até que um dia Melissa chega com uma agenda na mão. Nesse dia, ocorre um diálogo entre a pesquisadora e a menina, do qual destacamos o seguinte trecho:

P: Ah, quando eu tinha a sua idade também tinha um diário.

M: Mesmo?

P: Sim.

M: Eu não deixo ninguém ver a minha agenda.

P: Eu também não deixava ninguém ler o meu diário.

M: É mesmo? E o que você escrevia nele?

P: Eu escrevia sobre a minha vida; as coisas que eu gostava de fazer, o que acontecia comigo… escrevia sobre os meus amores.

Melissa ri.

P: O que foi? Por que você está rindo?

M: Porque também escrevo isso na minha agenda.

Melissa resolve revelar um dos textos que escreveu em sua agenda:

> *Meu diário idiota*
>
> *Quando era pequena tinha meu primeiro diário, que meu pai mideu escrevia todos meus problemas meus amores e também meu coração meus sentimentos quando sentia perto do menino que eu gosto, ele estuda na mesma escola do que eu mais ele estuda di tardi esti menino xama, Cauã ele foi meu primeiro amor am ele era da minha sala no 2º e 3º ano.*
>
> *Ele tar oje no 5º ano e também ele vai para o 6º ano anucivem mais tem uma coisa ele gosta de uma menina da sala dele i essa menina eu não sou com acaradela.*
>
> *Mas o importanti é o amor.*
>
> *FIM.*

Aqui percebemos que a menina avança na alfabetização, que identifica partes essenciais em um texto, como o título, a pontuação, o uso da letra maiúscula, a paragrafação; embora nem sempre empregue da maneira correta tais aspectos, ela já demonstra que está se apropriando mais desses conceitos.

Outro ponto que merece destaque é que Melissa começa a utilizar a escrita como uma forma de registro de seus sentimentos e vivências, que consegue abordar questões particulares, dando um outro tratamento para os seus impasses.

Chamamos a atenção também para a importância de se perceber que a aprendizagem ocorre o tempo inteiro, em diferentes espaços. Melissa, após uma ida ao cinema, chega trazendo em suas mãos o livro *A culpa é das estrelas*, de John Green. Essa obra narra a história de um romance entre dois adolescentes que se conhecem em um grupo de apoio a pessoas com câncer. Como o livro serve de inspiração para um filme com o mesmo título, que estava em cartaz na época, segue-se a seguinte conversa entre a pesquisadora e Melissa.

> *P: Você já começou a ler esse livro?*
>
> *M: Sim.*
>
> *P: É uma história bacana... assisti a esse filme. Ele está em cartaz no cinema.*
>
> *M: Eu sei. A professora de ciências nos levou para assistir esse filme.*
>
> *P: E aí? Você gostou do filme?*
>
> *M: Eu coloquei meu fone e fiquei vendo as imagens.*
>
> *P: Por quê?*
>
> *M: As letras passam muito rápido. Eu não consegui ler.*
>
> *P: É... esse filme não é dublado.*
>
> *M: Por isso que comprei o livro.*
>
> *Melissa começa, então, a conversar sobre o filme com a pesquisadora.*
>
> *P: Para quem não leu a legenda, você entendeu muito bem o filme.*
>
> *M: É que minha colega me contou...*

Nessa perspectiva, percebemos que Melissa começa a utilizar a leitura como uma forma de buscar mais informações sobre os temas que lhe interessam. Ela começa a fazer o uso social da leitura e da escrita. Os saberes veiculados pela instituição escolar começam a se enlaçar com outros saberes.

Os conhecimentos acadêmicos começam a fazer mais sentido para a menina, que começa a utilizá-los como uma forma de expressão de seu sofrimento psíquico, de suas angústias, suas dúvidas, enfim, uma forma de tratar o que não vai bem não só no contexto escolar, mas na sua vida.

No fim das intervenções, deparamos com uma Melissa mais feliz, mais interessada na leitura e na escrita, mais disposta a participar das aulas, se reconciliando com a escola, com as questões próprias da sua idade.

No decorrer das intervenções, também se fez necessário realizar uma ECOP com Melissa para quebrar as nomeações com as quais ela estava identificada. Pontuar para ela que as letras não estavam dançando e que ela estava avançando no processo de alfabetização foi imprescindível para que pudesse abandonar a nomeação advinda do diagnóstico de síndrome de Irlen. Também foi importante ajudar a menina a se desvencilhar do rótulo muito cristalizado nela de que era "burra". Mostrar para Melissa que ela estava avançando e aprendendo os conteúdos escolares muito bem e que os impasses que apresentou estavam sendo superados favoreceu que ela parasse de tropeçar nas aprendizagens acadêmicas e que pudesse continuar caminhando nesse processo.

Ao final dos encontros, realizamos uma conversação clínica de orientação psicanalítica com os professores de Melissa e outra com os gestores da escola. O objetivo dessa metodologia é possibilitar a quebra das identificações que estavam cristalizadas. Buscou-se favorecer que a equipe docente olhasse para Melissa com "outros olhos" e mudar não só a maneira como trabalham com a aluna, mas também suas expectativas em relação ao seu desempenho acadêmico.

A professora de ciências, responsável pela ida dos alunos ao cinema, relatou os avanços pedagógicos de Melissa e também que suas expectativas em relação ao desempenho acadêmico da aluna melhoraram muito. O interesse de Melissa nessas aulas resultou em mais aprendizagem escolar e revelou um fenômeno que se estabeleceu também com a figura da pesquisadora, a transferência positiva. De acordo com Santos (2011),

> *na relação pedagógica, de forma semelhante ao que acontece na relação analítica, a transferência faz com que o aluno se volte para a figura do professor. O professor é, para o aluno, aquele que sabe. Nessa relação, a transferência se instala por meio de um intercâmbio entre inconscientes: o inconsciente do professor e o do aluno. Em definitivo, o fenômeno se constrói a partir de um traço do professor – que pode ser um traço próprio ou construído – mas que, para o aluno, é símbolo de um desejo inconsciente. Na relação dos alunos com os professores, o vínculo estabelecido também traduz claramente uma experiência passada. (p. 130)*

O mais importante nisso tudo é que o educador entenda que as relações transferenciais permeiam as relações pedagógicas e que podem ser manejadas de forma a alavancar a aprendizagem do aluno. No caso de Melissa, entrelaçar seus interesses com o saber acadêmico permitiu que ela fizesse outras construções e superasse seus entraves escolares.

O DCP nos permitiu confirmar que as dificuldades apresentadas por Melissa se encontravam na esfera conceitual-pedagógica. Porém, ao propor as intervenções pedagógicas, questões subjetivas apareceram e foram acolhidas e incluídas nesse processo.

Apesar dos avanços acadêmicos apresentados por Melissa, após a conclusão do trabalho de pesquisa, foi indicado que a menina continuasse com o apoio de uma professora particular que trabalhasse as defasagens conceituais que ela ainda não tinha conseguido vencer.

À guisa de conclusão

Muitos e recorrentes são os problemas que a educação brasileira enfrenta. Muitos são os aspectos que podem ser considerados como entraves à concretização de um sistema escolar capaz de cumprir sua finalidade, isto é, garantir a todos os alunos o direito de acesso aos múltiplos saberes construídos pela humanidade ao longo da história. O direito de ter acesso às várias manifestações da cultura humana, como a ciência, as artes, a filosofia, o lazer, entre outras, de delas fruir e de também as produzir é uma condição humana inalienável.

Entre as muitas tarefas que se impõem àqueles que se comprometem com a construção de uma educação democrática, igualitária e radicalmente inclusiva está o trabalho em todos os âmbitos do sistema escolar, da elaboração e implementação de políticas públicas ao trabalho de escuta cuidadosa e profissional de cada educando, para que *todos* possam aprender e se desenvolver, para que *todos* possam ter o prazer da descoberta, a alegria de saber.

Referências

Britto, V. M. V. de, & Lomonaco, J. F. B. (1983). Expectativa do professor: implicações psicológicas e sociais. *Psicologia, Ciência e Profissão*, *3*(2).

Fonseca, L. R. M. (2015). *Impasses na aprendizagem e inclusão escolar: estudos de caso sob a ótica da Psicanálise* (Dissertação de mestrado em Educação). Faculdade de Educação da Universidade Federal de Minas Gerais.

Fonseca, L. R. M. (2022). *Leitura psicanalítica da relação atual entre fracasso escolar e Educação Especial por meio de estudos clínico-pedagógicos de crianças e adolescentes diagnosticados devido a impasses na alfabetização* (Tese de doutorado em Educação). Faculdade de Educação da Universidade Federal de Minas Gerais.

Santiago, A. L. (2005). *A inibição intelectual na psicanálise.* Jorge Zahar.

Santos, J. S. (2011). A criança, o professor e a subjetividade interferindo na aprendizagem: intervenção sobre dois fenômenos de transferência indesejados. In A. L. Santiago & R. H. F. Campos (Orgs.), *Educação de crianças e jovens na contemporaneidade: pesquisas sobre sintomas na escola e subjetividade* (pp. 129-141). PUC Minas.

Sawaia, B. B. (1999). O sofrimento ético-político como categoria de análise da dialética exclusão-inclusão. In B. B. Sawaia (Org.), *As artimanhas da exclusão: análise psicossocial e ética da desigualdade social.* Vozes.

Rosenthal, R. (1966). *Experimenter Effects in Behavioral Research.* Appleton-Century-Crofts.

Rosenthal, R., & Jacobson, L. (1968). *Pygmalion in the Classroom.* Holt, Rinehart and Winston.

Rosenthal, R., & Rubin, D. B. (1978). Interpersonal expectancy effects: the first 345 studies. *The Behavioral and Brain Sciences, 3*, 377-415.

5. Função pendular educ(a)dora, subjetivação e espaço escolar

Ana Carolina C. Soares de Camargo

Há muito tempo, li em um dos textos de Leandro de Lajonquière (2013) que o destino do sujeito do desejo depende das possibilidades de ser arrancado, pelo Nome do Pai, da célula narcísica mãe-filho, na condição de que o corte não impossibilite ao sujeito levar consigo a energia necessária para catexizar os objetos, o que implica que o corte operado pela castração não seja definitivo, mas acidentado, *sui generis*. Esse caráter acidentado – senão as vicissitudes que sua execução possa vir a sofrer – determina um paradoxo: o sujeito tanto reclama quanto foge da castração, e tanto se angustia ante sua ameaça quanto se angustia ante a possibilidade de que se torne impossível. Assim, pelo fato de a castração ser sempre "pela metade", pode-se afirmar que a passagem pelo complexo de Édipo não cesse de articular-se definitivamente, permanecendo "efervescente". Junte-se a esse texto um outro, de Freud, em que aventa a possibilidade impossível de um educador atingir o ponto ótimo na educação das crianças, entre o deixar fazer e o frustrar.

Muito bem. O que o leitor encontrará nas páginas seguintes é o resultado da tentativa de escrita teórica a respeito da catalização ocorrida entre essas duas massas de ideias, misturadas à minha experiencia docente intrigada por ambas.

* * *

Escrevo este texto como educadora que, desde 1982, orienta os estudos de crianças e adolescentes em dificuldades no aprender escolar, adotando como estratégia o enfoque no ensino de matemática e/ou de português, por entendê-los como pilares importantes da escolarização. São 38 anos lecionando exclusivamente em domicílio e mais 2 no modo online. Com o intuito de situar o leitor no lugar de que me autorizo a escrever para colegas implicados na educação, peço licença e relato um pouco dessa trajetória docente singular para, em seguida, discorrer sobre o que nomeio *função educadora*, cuja estrutura está presente no espaço escolar e também na clínica do aprender.

Comecei a estudar com crianças quando tinha 17 anos, saída do Ensino Médio. À procura de conhecimentos psicopedagógicos que pudessem ajudar no atendimento de casos mais difíceis, somente depois de 18 anos de profissão decidi buscar formação acadêmica, chegando à Faculdade de Educação da Universidade de São Paulo (FEUSP). A experiência de professora leiga fez eco, contudo, onde não esperava. Ao tomar contato com a psicanálise nas aulas do Prof. Leandro de Lajonquière, sob sua orientação desenvolvi dois momentos de pesquisas, cujos temas estavam ligados tanto à forma de atendimento aos alunos quanto aos efeitos dessa intervenção na vida escolar deles, de modo que acabei fazendo dos estudos psicanalíticos o aporte teórico que me auxilia no dia a dia da prática docente, deixando para trás a intenção inicial de especialização em psicopedagogia.

Em decorrência desses estudos e da *clareagem psicanalítica*[1] que aos poucos se fez, pude me dar conta de que nem nos primeiros anos de profissão o ato educativo de minha autoria se constituíra pelo ideário que recobre o que se oferece como aulas particulares, reforço escolar, apoio pedagógico, tutoria ou atendimento psicopedagógico. Entrei na profissão apenas para ganhar meu sustento e viabilizar o início da carreira artística, de forma que não me interessava pelos estudos da educação, nem da psicologia, sem intenção alguma em me tornar educadora. Contudo, os alunos nunca foram poucos e não paravam de chegar, permitindo-me financiar percursos formativos não acadêmicos em áreas ligadas ao trabalho corporal (Tai Chi Chuan, dança, balé aquático, e no circo bicicleta, monociclo e clown), investidos por 10 anos no teatro amador e depois profissional.

Pouco antes de completar 30 anos, ao constituir família, a carreira artística ficou em segundo plano, ao passo que o trabalho de professora foi sendo consolidado, ganhando segurança e assertividade a partir do atravessamento da psicanálise, quando a educadora foi tocada pela experiência freudiana (de Lajonquière, 2017, p. 261). Com ela, uma espécie de operador de leitura do ato educativo começou a se formar, apurando o que hoje entendo como meu *estilo educador*, servindo como orientador para questionamentos a respeito de impasses transferenciais e contratransferenciais, além de balizar invenções e escolhas a respeito do que me proponho

---

1 Tradução de Maria Cristina Kupfer para o termo *éclairage analytique*, utilizado por Maud Manonni para explicar o que norteava fundamentalmente as atividades da Escola Experimental de Bonneuil-sur-Marne. A *clareagem psicanalítica* seria a inspiração psicanalítica presente em quem é analista ou naqueles que tenham passado por uma análise pessoal e que atravessa por inteiro quem possui tal experiência. Por sua vez, de Lajonquière (2017) traduz a expressão como "esclarecimento psicanalítico" (p. 248).

fazer e tentar falar não apenas no decorrer das aulas, mas nas conversas com os pais dos alunos.

Para situar o leitor no dispositivo educativo criado para atender aos estudantes entre 9 e 18 anos, conto-lhe que, em geral, encontro cada aluno duas vezes por semana, perfazendo em média o total de 3 horas de aulas. Cada caso é tomado em suas singularidades: ao iniciar os atendimentos não me valho de diagnósticos prévios. Procuro escutar a demanda da família em uma primeira conversa longa e detalhada, a fim de conhecer um pouco do histórico escolar do aluno e explicitar as linhas gerais do trabalho que proponho; quanto ao aluno, já no primeiro encontro procuro saber se há demanda pelas aulas por parte dele ou não e o que ele espera desse nosso trabalho, contando também um pouco do que vou propor para o início das atividades, dizendo-lhe que, em última instância, a decisão de continuarmos ou pararmos os atendimentos também levará em conta a sua opinião. Depois de termos feito ao menos quatro aulas, aí sim procuro conversar com o orientador pedagógico de sua escola para trocarmos informações e impressões a respeito do estudante e de como o início dos atendimentos vai ocorrendo.

De tempos em tempos, relato aos pais e à escola o que encontrei de defasagens de conteúdos importantes a serem retrabalhados, buscando o que não estava bem assentado em termos de conceitos e procedimentos prévios, ao mesmo tempo que vou contornando a entrada de conteúdos novos, quando ensino matemática. Já na abordagem da área de linguagem, procuro observar e escutar como o aluno lê, entende e interpreta (ou não) aquilo que lê, atentando também à maneira como se expressa na escrita, como desenha sua letra e se possui as noções gramaticais básicas. Quando algo de estranho aparece no comportamento dos alunos, aí sim costumo reunir-me com os pais para abrirmos algumas questões que possam estar relacionadas à emergência do que não anda bem. Em alguns casos, quando se faz necessário, procuro ainda conversar com o profissional psi que atende ao jovem, embora seja pouco comum.

À medida que o trabalho avança e sem que haja impedimentos transferenciais incontornáveis de início, os alunos começam a tomar para si a responsabilidade de sua escolarização e mudanças sutis paulatinamente vão sendo observadas, tanto em casa como na escola, aparecendo em dois sentidos: na retomada do aprender escolar e na forma de estar do sujeito. Por exemplo, diminuição da agressividade ou da introversão; sinais mais tênues de tristeza, apatia ou desatenção; maior interação do sujeito com colegas e professores; retomada de confiança no próprio pensamento; aumento da participação em sala de aula; conquista de maior autonomia e responsabilidade diante das demandas pedagógicas; melhora na qualidade das produções escolares etc.

Quando comecei a lecionar, esses efeitos subjetivantes impressionavam pais, professores, coordenadoras pedagógicas, mas mais a mim mesma, pois não eram decorrentes de uma prática baseada nos estudos da psicologia, nem se pautavam por uma adequação didática racional às condições cognitivas do aluno, pois jamais abrira um livro de didática ou de psicologia escolar. Não sabia nada de Rousseau, nem de Comênio, Freinet, Montessori, Piaget ou Vigotski, no máximo um pouco de Freud das aulas de filosofia do Ensino Médio. Atingir tais resultados sem entender como se davam, contudo, parecia-me antiético, causava-me mal-estar e não me bastava, como se não fosse *eu* a autora do trabalho que encarnava. É curioso porque, em certo sentido, é isso que se dá, agora que entendo um pouco melhor a dinâmica subjetiva e discursiva da coisa, como veremos à frente.

Com os estudos no campo da psicanálise, finalmente comecei a compreender não apenas o que mobilizava tais efeitos subjetivantes, como também o porquê dos encaminhamentos constantes e crescentes de alunos cada vez mais "difíceis" de lidar, ano a ano, vindos de diferentes escolas, adeptas de distintas metodologias de ensino, sem que eu tivesse que seguir a linha pedagógica de cada uma delas.

Reconhecendo que esse atendimento paraescolar tinha um alcance educativo para além do pedagógico e similar aos giros de posição que operam no sujeito advindos da experiência psicanalítica, por sugestão do Prof. Leandro passei a encaixá-lo no que ele havia nomeado *clínica do aprender*,[2] marcando a distinção de paradigma em relação ao trabalho de colegas com formação psicanalítica no atendimento de crianças e jovens em dificuldades escolares, diferenciando-o da abordagem psicopedagógica.

No que tange à minha contribuição nesse campo, entre a educação e a psicanálise, ou entre a clínica do aprender e a escola, ofereço como primeiro estudo aquele realizado na forma de trabalho de conclusão de curso (TCC), publicado em 2006, na trilha da contestação da imprescindibilidade dos métodos de ensino, de acordo com o que apontava de Lajonquière em seus textos da década de 1990 e que obviamente fazia eco com a experiência da docente jovem e leiga sem direcionamento metodológico algum. Já o segundo percurso de estudo se deu no mestrado, quando procurei desenvolver uma das ideias principais do trabalho anterior, a do educ(a)r, em direção ao que viria nomear como *função pendular do educador*.

Para o escrito que o leitor tem em mãos, estando longe da academia por mais de uma década – mas não das aulas com meus alunos, nem das leituras sobre psicanálise –, voltei a procurar o Prof. Leandro para trocarmos algumas ideias em busca de aferirmos os elementos do constructo que havia proposto na dissertação

2 Sobre a clínica do aprender, ver de Lajonquière (2013) e Palhares (2010).

de mestrado, por acreditar que este possa fazer sentido na experiência profissional e formativa de colegas educadores, visto que é o que guia minha prática docente e autônoma há 40 anos, sempre às voltas com o sofrimento de estudantes diante do aprender escolar. Gentilmente o professor atendeu à solicitação, o que me faz agradecê-lo por mais esta oportunidade de trabalharmos juntos e contar com suas contribuições e acertos de direções, ambas imprescindíveis.

Por parte do que trago neste escrito ter sido inspirado no tempo vivido da escola a distância durante a pandemia da covid-19, e tendo atendido nesse período desde casos pontuais até alguns que envolviam cargas maiores de angústia e mesmo o desejo de abandonar a escola, pergunto:

Tudo se perde no espaço escolar em modo remoto?

Retomo um pouco do histórico para nos lembrarmos da rapidez com que tudo aconteceu e do imenso desafio imposto aos profissionais da educação.

No último dia de 2019, a Organização Mundial de Saúde (OMS) tomou conhecimento de casos de pneumonia na China causados por cepa de coronavírus não identificada antes em seres humanos. Um mês depois, o surto do patógeno recém-descoberto já estava declarado como Emergência de Saúde Pública de Importância Internacional.[3]

Naqueles dias, as escolas no Brasil iniciavam o ano letivo sem adotar quaisquer medidas sanitárias protetivas. População e

3 Dados da Organização Pan-Americana da Saúde: https://www.paho.org/pt/covid19/historico-da-pandemia-covid-19.

governo não se fiavam que a doença chegaria aos nossos trópicos, ainda mais em tão pouco tempo. Em fevereiro, multidões foram às ruas comemorar o Carnaval, ignorando o alerta de epidemiologistas. Finda a folia, o primeiro caso de covid-19 foi identificado no país. Em 11 de março, em virtude da disseminação geográfica da doença com altas taxas de mortandade, a OMS elevou a classificação do surto para *estado de pandemia*, de forma que antes do final daquele mês as escolas no Brasil, como em grande parte do mundo, já estavam com as aulas presenciais suspensas.[4]

O ensino deveria continuar sendo oferecido, mas em modo remoto, o que só foi possível às escolas com recursos tecnológicos suficientes, sendo que boa parte do alunado brasileiro não dispunha de computadores nem de internet em casa. A escola como espaço de subjetivação, de uma semana para outra, quando não foi interrompida, passou a ser vivenciada a distância, em modo virtual, exigindo mudanças radicais na forma de organizar a instituição, o ensino, as aprendizagens, a socialização das crianças e a ambientação de todos nessa nova forma de convivência possível com o outro, isolado em família.[5] O espaço escolar passou a acontecer dentro do ambiente doméstico.

Contudo, educar e ensinar por meio de monitores, cabos, teclados, celulares, fones, aplicativos e tutoriais produz uma espécie de pasteurização da vida escolar que nos parece pouco auspicioso para a formação de subjetividades. O empobrecimento da

---

4 Relatório da Organização para Cooperação e Desenvolvimento Econômico (OCDE) aponta o Brasil como o país que fechou suas escolas por mais tempo. Entre janeiro de 2020 e maio de 2021, alunos da Educação Infantil e do Ensino Fundamental I ficaram sem aulas presenciais por 178 dias, período três vezes superior à média dos países desenvolvidos.

5 Para quem não imagina como teria sido esse longo período de isolamento social sem a internet, sugiro a leitura de *A Peste*, de Albert Camus.

experiência entre humanos imposto pelas limitações do formato remoto é fato.

Toda criança, jovem ou adulto precisa do convívio vivo e presente com o outro, da vivência entre corpos que falam e se escutam sem a mediação de equipamentos. Trocas verbais a distância não equivalem à riqueza de detalhes do que se oferece e se captura nos encontros da realidade presencial. A presença em si tem um valor que o 2D com áudio não consegue equivaler, sendo por meio da vivência dos corpos reais em encontros sempre meio desencontrados com sujeitos não familiares que cada um de nós garimpa e amplia as formas de lidar com o desejo e a falta em ser, sendo estas as transmissões subjetivas e subjetivantes que ocorrem nos espaços públicos – e nas escolas especialmente –, para muito além do que supõe o que prescreve o ensino curricular. Daí a afirmação de que lugar de criança, além de ser na família, é na escola. Mas em qual escola, a virtual?

Se por um tempo só tivemos esta, foi com ela que os educadores tiveram de se haver, adaptando-se e colocando-a para funcionar, embora em outro espaço, um espaço escolar descolado do espaço físico de suas dependências, mas ainda um "espaço" escolar. Na escola há um outro espaço – real, simbólico e imaginário – inapreensível, enodado pelo campo da fala e da linguagem que atravessa a todos que se apresentam, interagem e palavreiam naquele lugar. A escola como espaço de linguagem, atravessada pelo outro.

Enquanto instituição responsável pelo ensino e pela socialização, configura-se como um campo onde sujeitos veiculam ensinamentos e aprendizados conscientes e inconscientes, esses últimos quiçá mais impregnantes do que boa parte dos conteúdos expostos nos livros didáticos e em aulas metodologicamente bem planejadas. Nesse espaço amplo e subjetivante, apreensões corporais e linguageiras atingem o sujeito em cheio, oportunidade ímpar para crianças e jovens entrarem em contato com outros referenciais que lhes permitem ampliar o leque de sonhos de futuro, de modos para vir a ser.[6]

Pela verdade real do encontro entre sujeitos de diferentes origens, cujo potencial em operar transformações nas subjetividades está no experienciar estranhamento e familiaridade com a alteridade, não defendo nem o ensino doméstico do *homeschooling* – no qual o espaço escolar simplesmente desaparece –, tampouco a escola que tivemos que inventar e sustentar em 2D para suportar o período de isolamento social, embora para muitos o dispositivo tenha funcionado satisfatoriamente.

Porém, dizer que a escola nesses quase dois anos ficou sem ensinar e educar não podemos. Tivemos essa experiência e dela tiramos conclusões e aprendizagens importantes. Vivendo ainda em período que inspira cuidados sanitários, a despeito da volta presencial às escolas, verificamos, por exemplo, que uma série de colegas profissionais que atendem pessoas, seja no ensino ou no atendimento psi, não retornou aos atendimentos presenciais como faziam antes, optando por manter parte dos pacientes ou alunos no atendimento remoto, o que também se deu conosco, embora com a escola não ocorra o mesmo, mostrando que "o chão da escola" é inegociável, caso haja condições seguras para o retorno presencial.

Equiparar a experiência escolar presencial à experiência escolar virtual não teria cabimento, e não é minha intenção, porém parece claro que algo do espaço escolar conseguiu ser preservado durante

6 "A experiência escolar que se preza instaura chances de bons encontros. . . . tomada no sonho de possibilitar a expansão do horizonte existencial, permite a cada criança se posicionar de maneira diferente na dramática familiar, possibilitando a sua entrada em outras ressonâncias. Tal movimento oportuniza à criança mirar o desejo em sua travessia rumo a *dizer a que veio na vida dos homens*" (de Lajonquière, 2020, pp. 56-57).

o período em modo remoto, espaço que na distância não poderia ser outro senão aquele inapreensível das trocas verbais, que não só deu conta de viabilizar um tanto de ensino possível, como manteve um mínimo do laço social com o outro não familiar.

Quem viu os filhos em aula pelo computador, nas fases iniciais e críticas do isolamento, pôde perceber como abrir a máquina e conversar com professores e colegas ao vivo, em tempo real, foi um alento, ainda que apenas por algumas horas ao dia. O ocupar-se com as aulas, tendo lições ou trabalhos em grupo para fazer, divertindo-se com as descobertas e invenções para driblar e burlar as novas condições pedagógicas em diferentes plataformas, escapando um pouco do celular e da televisão para ver e ouvir gente ao vivo, foi psiquicamente salutar.

Não suficiente, mas imprescindível, ainda que distante e um pouco capenga, sem a escola em 2D o sofrimento de todos teria sido infinitamente maior, pois o que ficou claro é que a escola nunca fez tanta falta às crianças. Estas, antes de completar o segundo mês em casa, passaram a verbalizar a saudade que sentiam dos colegas, dos professores, bem como dos funcionários e dos prédios da escola. Falas saudosistas da falta que sentiam do dia a dia escolar junto aos amigos, das salas de aulas com carteiras e lousas, do transitar nos corredores, dos recreios, das bagunças, do espaço escolar propriamente dito.

Relatos de adultos a respeito do sofrimento de seus filhos, como me lembrou de Lajonquière, não foram poucos. Insônia – ou seu contrário, dormir a maior parte do dia –, tristeza, mutismo, ansiedade, tédio, irritabilidade, ganho de peso, apatia, rejeição às aulas remotas, dificuldades nos aprendizados, entre outros padecimentos, foram constatados no cotidiano dos filhos durante o período de impossibilidade para frequentarem as escolas. Como orientadora de estudos, pude testemunhar o quanto essa escola a distância, ainda que em tempo real (ou seja, sem que as aulas fossem gravadas para serem reproduzidas em videoaulas depois), ficou mais pesada de ser sustentada tanto pelos professores quanto pelos alunos, e o quanto se tornou menos provocativa e potente.

Com o passar dos meses, enquanto uns se queixavam de ser mais difícil aprender pelas aulas online, outros não viam a hora de poder assumir suas classes com lousa e giz, para poder fazer o trabalho como se deve. E no entanto, nesses dois anos, ainda que tenha se ensinado e aprendido menos do que de costume, parte do currículo oficial foi, sim, ensinado e apreendido, de forma mais morosa, com menos aprofundamento, todavia sem que a escola tivesse se omitido, exigindo que seus professores encontrassem meios para sustentar ao menos parte de seu ensino. Eu me perguntava durante o processo: como poderemos fazer isso? O pendular da função educadora continuará operando nessas condições?

A educação mantida no espaço (para)escolar possível

Em março de 2020, na transição entre a escola presencial e a escola em modo remoto, reformulei meu dispositivo educativo para viabilizar que as aulas domiciliares passassem a acontecer via internet. Nunca havia dado aula em modo remoto e de fato não acreditava ser possível fazer o mesmo trabalho em outro formato.

Digo isso porque primo pelo fazer artesanal das aulas, com espaços vagos para acolher e lidar com o inesperado, o imprevisto, de modo que fazer o mesmo a distância, por meio de recursos da informática, além de impensável parecia-me impraticável. Nas aulas presenciais, por exemplo, explicações conceituais, exercícios para aprendizagem e fixação sempre haviam sido feitos à mão, de forma colorida, ampla, didática e com toques de humor e ludicidade. No caderno do aluno utilizado para o registro de nossas aulas, costumava desenvolver expositiva e graficamente a apresentação de cada objeto epistêmico que intentava ser apreendido por ele. O contato com o material escolar do estudante (cadernos de escola, fichas, apostilas, livros, trabalhos e provas) era parte importante no enquadre das aulas, permitindo entender e respeitar até certo ponto as dinâmicas pedagógicas de cada escola, desde as mais tradicionais e conteudistas até as alternativas ou mais democráticas, digamos assim.

Outro aspecto relevante do espaço-aula domiciliar eram as conversas provocadas a cada encontro, bem como a observação mútua que ocorria entre nós, apesar de não haver controle possível de como essa última se processa, consciente de que a voz e o olhar para a psicanálise são objetos causa de desejo, veiculando o que não se pode delimitar. Assim, cada aula sempre se deu como um encontro, marcado pela presença física e subjetiva de ambos, educadora e educando, imersos no ambiente familiar da residência do aluno, o que proporcionava observações importantes tanto do ambiente, quanto da maneira de se relacionarem as pessoas que ali se apresentavam.

Todavia, de uma semana para outra não foi mais possível ir à casa deles e, tal como fizeram profissionais e instituições, formatei a toque de caixa um novo *setting* para que as aulas continuassem a acontecer. Com a ajuda de um jovem da informática, meu filho, montamos um estúdio de atendimento com duas câmeras, de forma que as conversas em tempo real, *tête-à-tête*, foram mantidas, além do suporte para as explicações artesanais em um caderno individual mantido comigo, visualizado em tempo real pelo aluno, como uma pequena lousa, enquanto outro caderno era utilizado em sua casa para realizar anotações e exercícios. Quanto à observação do material escolar, passou a ser feita por meio de fotos enviadas por celular, de acordo com o que eu lhes solicitava. Em relação à observação do ambiente familiar do estudante, restringiu-se ao enquadramento de sua câmera, enquanto do meu lado podiam ver um dos ambientes de minha casa – o estúdio de trabalho –, presenciando ocasionalmente acontecimentos de minha vida cotidiana e privada, o que jamais acontecia no contexto anterior. Reformatado o espaço paraescolar, bastava experimentar se a aula funcionaria a contento e como ambos reagiríamos ao novo suporte para o ato educativo.

Em meados de março, 10 alunos de diferentes escolas estavam em atendimento. Quatro deles cursavam escolas conteudistas, tidas como "fortes"; uma aluna estudava na escola estadunidense recém-inaugurada na cidade; outra vinha de escola flexível em demasia nas formas de avaliação e outros quatro estudavam em escolas com abordagem humanista, sendo um deles diagnosticado e medicado por psiquiatra como autista. Cada qual com seus históricos e passando por dificuldades específicas, todos foram migrados para o ensino remoto, a não ser a aluna da escola estadunidense, que acabou tendo as aulas da escola suspensas, encerrando os atendimentos.

Em relação aos que permaneceram, perguntava-me se conseguiria dar o contorno de aula parecido ao que tínhamos antes e se eles o acatariam, entrando comigo nessa remodelada dinâmica educativa virtual. Não foi difícil. Nunca demonstraram tanta boa vontade em me receber e conversar comigo sobre o que estava acontecendo em suas vidas. Cada encontro era vivido com contentamento e disposição, como se estivessem recebendo em suas casas alguém que levava esperança, alegria e um tanto de coragem até que tudo voltasse a ser como era antes. Nunca a experiência clownesca me ajudou tanto em sala de aula.

Ultrapassada a descrença inicial, o que testemunhei foi que as novas condições informatizadas se mostraram suficientes para mantermos um espaço ainda potente de trocas verbais, possibilitando não só a continuidade do ensino de conhecimentos, como também algo da ordem da transmissão de saberes.

Quem trabalha com a clínica psi entende o que estamos dizendo. A psicanálise online com crianças, por exemplo, também encontrou meios de se efetivar em nome de uma contingência histórica que atravessava a todos, cujos atendimentos por motivos éticos não podiam ser simplesmente suspensos, exigindo de cada profissional reinvenções para o dispositivo analítico, visando à preservação da estrutura clínica em outras condições, a fim de continuarem operando pela palavra, via associação livre, escuta e interpretação (Velano, Prado, Delfini & Brito, 2021).

Com a análise de jovens e adultos ocorreu o mesmo, sofrendo rearranjos, encontrando meios para ser mantida a contento. Colegas psicanalistas contam, por exemplo, que um dos recursos inventados e sugeridos por alguns pacientes foi manter a câmera do analista desativada, a fim de associarem livremente sem que estivessem olhando para ele, como acontece no divã. Em suma, tais experiências deixam claro que, apesar da distância e do uso de aparelhagens, pelo online nem tudo se perdeu, o que acreditamos ter ocorrido também no espaço escolar e paraescolar.

Ainda que simulada nesse novo espaço, fato é que, por meio do aparato tecnológico, a escola não se desligou, manteve a conexão com o alunado e buscou meios para se adaptar às novas contingências por tempo indeterminado. Assim se deu, acredito, por ter sido possível manter parte da estrutura educativa operando. Não apenas o funcionamento institucional ou de ensino, quero frisar, mas o que faz a *função educ(a)dora* pela presença de endereçamento da fala dos professores aos alunos.

Em contrapartida, na clínica do aprender que continuo praticando, apesar da retomada da escola presencial, apenas uma aluna, por decisão conjunta com o pais, voltou ao atendimento domiciliar, enquanto os demais, incluindo os que iniciaram os atendimentos no período de isolamento, foram mantidos no modo remoto, por responderem bem ao dispositivo. Tal decisão se deu particularmente em decorrência de o *setting* remoto garantir maior liberdade de atuação à professora, que deixou de ficar submetida a certas condições de trabalho – cuja modificação muitas vezes solicitava, mas, por ser alguém de fora, nem sempre era atendida –, bem como maior distanciamento em relação aos pais, irmãos e funcionários domésticos do aluno, o que de fato se mostrou profícuo, facilitando as condições de enquadre para o trabalho *educ(a)tivo* a ser realizado.

Enfim, o que a clínica do aprender tem em comum com a escola – presenciais ou não – para a acrescentarmos nesta publicação que fala da escola como espaço de subjetivação? Acredito que ambas se impliquem na *função pendular educ(a)dora*, esta que, quando encontra maneiras de se manter estruturada, não desmonta, mesmo sob condições adversas, como as que passamos.

Por que grafo educ(a)r?

Responder a essa pergunta exige voltarmos no tempo, para quando descobri em minhas pesquisas[7] que o termo *educar* comporta duas

7 O trabalho a que faço referência aqui foi o TCC orientado por Lajonquière, publicado sob o título: *Educar: uma questão metodológica? Proposições psicanalítica sobre o ensinar e o aprender* (Camargo, 2006), utilizado na época em cursos de graduação em várias universidades e até de pós-graduação na Universidade de Brasília (UnB). No Instituto Federal do Rio de Janeiro (IFRJ), por vários anos constou da bibliografia obrigatória do curso de Didática do Prof. Fábio Soares Silva, nos cursos de licenciatura em física, química e matemática. Resenhas críticas do livro foram publicadas em revistas ligadas à Universidade

acepções latinas – até então eu ouvira ora uma, ora outra, o que me confundia. Graças ao emérito professor Jean Lauand, professor titular do Departamento de Filosofia da FEUSP, pude saber que o termo *educar* apresenta de fato a ambiguidade etimológica, originário tanto de *educatio* quanto de *eductio.*

Educatio refere-se a ações de criar, fazer crescer, alimentar, amamentar, fazer entrar, cuidar, ensinar, instruir e cultivar, no sentido de fazer a criança receber algo de fora para que seja incorporado, promovendo um enriquecimento pessoal/subjetivo a partir de algo que vem do exterior.

Eductio, por sua vez, relaciona-se a *ductum*, duto, cujo significado remete à capacidade de fazer sair, de conduzir para fora, de tirar de dentro, extrair, dar à luz, produzir, esvaziar, escoar, fazer descer. Em oposição ao *educatio*, refere-se ao desdobramento de forças interiores, pontenciais, que podem ser conduzidas para fora, afloradas, de algo que, estando dentro, pode ser levado para fora.

Portanto, e*ducatio* leva a entrar, enquanto *eductio* leva a sair.

Quando dá à luz, a mãe alimenta sua cria não só com leite, mas inoculando o desejo, pulsionando a criança, erogenizando o organismo com toques, cuidados e enunciações, transformando-a em um corpo atravessado pela linguagem. *Educatio.*

Em certo momento, o pai entra em cena. Separando a célula narcísica mãe-filho, abre ao infans a passagem à cultura, ao Outro não primordial – tesouro de significantes segundo Lacan –, a partir de onde a criança começa a conquistar um lugar de fala, advindo como sujeito. *Eductio.*

---

de Campinas (Unicamp), Universidade de São Paulo (USP) e Universidade Federal de Goiás (UFG), sendo encontradas na web.

Esta seria a educação primordial que inaugura a emergência e a operação de sujeito em uma criança, "intervenção norteada pela suposição inconsciente dos pais de que um desejo deva atuar no bebê" (Lajonquière, 2017, p. 258). Mas e quando a educação já não se restringe ao âmbito familiar e ganha contornos da vida pública, do social, cujas intervenções ficam a cargo de outros adultos que não os pais? *Eductio* e *educatio* permanecem ativos? A resposta é sim.

A diferença entre *educatio* e *eductio* pendula-se pela presença/ausência desse *pequeno a*, quase imperceptível e surpreendente, tendo provocado em nós certas inferências. Com a grafia *educ(a)r* contemplamos dois aspectos: em primeiro lugar, a ambiguidade etimológica do termo; em segundo, a representação do objeto causa de desejo que anima do inconsciente o ato educativo pela encenação e atuação do *estilo educador.*

Alocado no coração do termo, o *pequeno a* representa concomitantemente o que sempre se furta ao simbolizável e que resta, despregando-se da impossibilidade de ser toda a empreitada educ(a)tiva, deixando a desejar. Todo outro que se apresenta implicando-se na educação de uma criança será posto à prova inconscientemente por essa oscilação entre *eductio* e *educatio*, não mais como uma mãe ou um pai, mas como uma pessoa comum, sujeita à castração, que portará saberes em relação à vida no mundo, acolhendo também a produção do sujeito pelo retorno do recalcado, ou seja, aquilo que em pensamento e fala o sujeito consegue produzir, traduzir, compreender, confundir, errar, fazer sair em forma de ditos.

* * *

Educar é uma tarefa desafiadora e incerta, tanto para os pais quanto para os professores.

Freud, em "Análise terminável e interminável" (1937/1996b), ao escrever sobre o analisar, compara-o às outras duas profissões, educar e governar, quanto às quais de antemão se pode estar seguro de chegar a resultados insatisfatórios. Usou do alemão um termo correlato a *profissão*, *Beruf*, com o qualificativo impossível, *ummöglchen*, expressão cuja tradução, de acordo com Paolo Lollo (2018),[8] não se atém ao significado literal de *profissão impossível*, mas se aproxima de *ofícios que respondem ao chamado do real*. Seguindo seu raciocínio, *Beruf* teria o sentido da palavra *klesis*, que no grego remete a vocação, chamado, convite, mesma acepção do termo latino *vocatio*.[9] Lembra-nos o autor que, tendo Freud observado serem os ofícios impossíveis aqueles exercidos com o engajamento da palavra, é de Lacan (1974/1993) em *Televisão* a afirmação de que falar toda a verdade é impossível: "Digo sempre a verdade: não toda, porque dizê-la toda não se consegue. Dizê-la toda é impossível, materialmente: faltam as palavras. É justamente por esse impossível que a verdade provém do real" (p. 11).

... a verdade subjetiva provém do real...

Que a psicanálise responda ao chamado do sintoma, argumenta Lollo, é porque procede do real e pela escuta tenta analisá-lo, sem querer dominá-lo pela imposição do saber. "A psicanálise é ao mesmo tempo impossível porque sempre haverá alguma coisa do real que não cessa (ne-cessidade) de não se escrever" (p. 18). O analista escuta o ronronar da verdade que o sujeito naquele

---

8 Paolo Lollo é psicanalista e filósofo por formação. Pesquisador da Universidade Paris 13, membro e secretário-geral da Insistance (associação que liga a psicanálise à arte e à política), é também cofundador e presidente da Escola de Psicanálise Corpo Freudiano – Seção Paris.

9 *Vocatio* em latim pode ser traduzido por *chamamento* e deriva de *vocare*, que significa *chamado*, daí a ideia de vocação como uma inclinação, uma tendência ou habilidade que leva o sujeito a exercer uma determinada carreira ou profissão.

momento consegue formular em associação livre, ainda que para dizer toda a verdade faltem palavras, em particular as que tocam o sintoma e fazem cessar o *continuum* do real que justamente não cessa de não se escrever.

Assim, segundo Lollo, o qualificativo *ummöglchen* para *Beruf* refere-se a um *impossível* não tomado como sinônimo de *irrealizável*, mas remetido a ofícios capazes de alcançar resultados inexatos, incompletos ou até mesmo insuficientes, não reconhecendo erros em tais imprecisões. Tais imprecisões – lembremos daquele pequeno *a* que resta em *educ(a)r* – são a liberdade de um *real* que se submete dificilmente ao simbólico e se apresenta como fluxo, *impossível* de ser estancado em definitivo, e que, na educação de crianças, se mostra resistente à educabilidade, nomeado por Freud como *pulsão polimorfa*.

Sendo o ofício do analista postar-se na escuta do sintoma, continua o autor, o ofício do educador consistiria em tentar escutar o real que resiste na criança, sem a imposição de repressões severas e punições excessivas.

> *O educador deve se haver com esse real humano que escapa por definição à apreensão do simbólico. A pulsão é ineducável, porque não se pode chamá-la à ordem. Ao contrário, é ela que chama e impele à ação. Ela faz troça dos interditos e demanda satisfação. Ao educador, resta ficar na escuta dessa demanda. Seu ofício impossível consiste em conseguir educar o ineducável. Isso se torna possível por meio de um ardil que desvia a pulsão para outros alvos, submetendo-a por efeito de deslocamentos sucessivos. O educador deve conseguir fazer com que o chamado da pulsão não seja mortífero . . . O amor da transferência para com o educador, mas*

> *também para o saber, parece ser a única saída para esse impasse. Educar é um ofício impossível porque não se pode tão facilmente tomar pela mão a criança e fazê-la sair de sua prisão (repetição) pulsional para fazê-la ascender ao Paraíso da criação e do amor. A pulsão permanece ineducável no sentido de que não é possível acompanhá-la para fora de si mesma* (ex-ducere) *sem destruí-la. Como então acolhê-la, escutá-la, transformá-la? Eis o que está em jogo numa educação que se abre ao real pelo viés da escuta da psicanálise. (pp. 23-24, 2018)*

A ineducabilidade que resiste e insiste viva e pulsante na criança deve ser acolhida e manejada pelo adulto sem que seja suprimida, visto que a energia pulsional não é outra senão libido, energia que o sujeito utiliza para rodear as coisas que lhe causam desejo, condição necessária para que possa vir a ocorrer *uma* educação. Cuidado importante de o educador ter em mente porque, como assinalou Freud (1932/1996a) na Conferência XXXIV, a carga imposta às crianças pela educação está longe de ser pequena. Uma criança que vai à escola é chamada a assimilar os resultados de uma evolução cultural de milhares de anos em um curto espaço de tempo, além de ser induzida a adquirir controle de suas pulsões e adaptar-se às regras sociais. Não é pouco.

Mesmo que haja sublimes intenções educativas, estas inexoravelmente serão postas em xeque pelo impossível do real, de forma que mobilizar no educando a sublimação das pulsões polimorfas infantis, em nome da oferta de conhecimentos socialmente compartilhados, nunca será um desafio sem resistências a enfrentar. A libido resiste e insiste. Acrescente-se a isso que mobilizar a inteligência para o aprender escolar implica para o adulto acolher o retorno do recalcado como sai da boca do aluno, para então trabalhar sobre ele, caso seja preciso, senão para valorizá-lo. Retorno que é produto do funcionamento inconsciente cognitivo do aluno quando este se põe a (re)construir endogenamente o objeto epistêmico que lhe foi apresentado, como demonstrou de Lajonquière (2013) ao esclarecer com mestria a formulação do *mecanismo de equilibração majorante* descrito por Piaget, que faz de todo conhecimento uma construção pautada e pontuada por esse processo endógeno e inconsciente do aluno, levando em conta o caráter dividido e descentrado do sujeito psicológico.

Sendo o real o impossível que nos faz pensar, segundo o ensino de Lacan, de Lajonquière (2021) tece um alerta importante: mesmo que nos cause perturbações, não deve ser falado como algo que nos atrapalhe ou como "uma substância ou uma pedra com a qual nos deparamos. . . . Não devemos incorrer no vício de hipostasiar os três registros lacanianos da condição humana: real, simbólico e imaginário. . . . o real não é. Dele só podemos predicar que *terá sido*. O sujeito tropeça sem saber no próprio tropeçar" (p. 21).

Assim, estando o real do educ(a)r sempre em campo, gerando angústia no educador pelo que ainda não pode ser sabido/pensado/falado até que seja cessado momentaneamente por um corte ou pelo efeito simbólico de uma palavra plena, convém lembrar nos momentos mais desafiadores e tensos que:

> *aquilo que sempre escapa às nossas mudanças pedagógicas é que, embora a* educação escolar *implique no* ensino, *ambos não se recobrem. A educação, seja ela familiar ou escolar, não se reduz ao ensino do que quer que seja. Há algo em toda educação que não se dá a mostrar, a ver. Que escapa aos signos, ao bláblá blá. Mais ainda. O fato d'isso escapar é o que torna, paradoxalmente, possível* uma *educação. (de Lajonquière, 2004, p. 13)*

O *isso* que escapa e torna possível uma educação, e com o qual o educador deve se haver, foma um grande conjunto, onde estão inclusos a libido, o real, a ordem da palavra regida pelo significante, o objeto causa de desejo e as vicissitudes da vida cotidiana de cada sujeito presente no ato educativo.

Processos de subjetivação como os espaços escolares estão diretamente ligados a esse funcionamento imbricado entre o que é da ordem do conhecimento – objetos culturais socialmente compartilhados – e o que é da ordem do saber – sempre um saber impossível sobre o desejo. Todo ato cognitivo funciona nessa díade, implicando, para além da simples e imaginária assimilação "inteligente" do indivíduo, a imposição ao sujeito de atuar sobre o funcionamento impertinente do real que o habita e que, em contrapartida, gesta a possibilidade de uma construção constitutiva: "As estruturas cognitivas (as estruturações) se constroem (equilibram-se no seu próprio devir) ao mesmo tempo que o sujeito luta com o real para conhecê-lo, ou seja, construí-lo. Em resumo, o sujeito e os conhecimentos se (re)constroem simultaneamente" (de Lajonquiere, 2013, p. 156).

* * *

Relembrando a definição de quatro conceitos por meio dos quais Lacan estrutura a experiência analítica – o impossível, o necessário, o contingente e o possível –, Lollo (2018) esclarece: (1) *o impossível* é o que *não cessa de não se escrever*; (2) *o necessário* é o que *não cessa de se escrever*; (3) *o contingente* é o que *cessa de não se escrever* e (4) *o possível* é o que *cessa de se escrever*. Sendo o real o que não cessa de não se escrever, representando um contínuo semelhante a uma fonte que nunca seca, que não cessa (ne-cessidade) de jorrar a água que passa e se escoa sem deixar traço e por isso não cessa de não se escrever, diz o autor algo que nos interessa pela impossibilidade estrutural no educ(a)r:

> *A água não cessa de surgir, impulsionada por uma ne-cessidade que as leis da física traduziram em símbolo. Ela jorra pelo fato de não poder sair "toda" do buraco, da falha que a contém; ela se escoa lentamente em um* continuum *que não se detém. Existe água que sai e água que não saiu ainda. Ela só pode se escoar se o imenso reservatório que fica escondido no subsolo, encantoado entre as rochas, a empurrar para cima. A condição para que "isso empurre" é que a maior parte do líquido, da massa de água, fique detida na impossibilidade de se escoar. (p. 19)*

Exatamente por isso a ineducabilidade do educando não pode ser excessivamente suprimida, como alertou Freud, por conta de vir a causar mais danos psíquicos ao sujeito do que efeitos subjetivantes promissores. A castração deve ser sempre acidentada, nunca radical ou conclusiva, conforme afirma de Lajonquière (2013), assim retém em parte o escoamento da pulsão, mas sem suprimir de todo sua manifestação, seu duto.

O encontro com um outro ser falante implica o confronto com o real e vivê-lo na educação de uma criança significa que vez ou outra nos encontraremos suspensos, sem saber o que fazer e sem referências a nos guiar; momentos ou períodos de angústia que, além de não termos nos dado conta de como surgiram, tampouco sabemos se será possível inventar algum contorno que nos situe novamente. É assim que o real se apresenta, indecifrável e repentino, colocando nossas certezas em suspensão, exigindo momentos de pausa reflexiva, respiros antes de tudo éticos: não sei o que fazer e ao mesmo tempo não posso ficar inerte... Castração.

Buscar a perlaboração da mensagem invertida na tentativa de vislumbrar um contorno para aquilo que ainda se configura como impossível de ser dito se faz mister, indagando nossa implicação no evento. Seja por despreparo, distração, falta de cuidado, ingenuidade, cansaço ou mesmo impaciência, seja o que *terá sido*, se faz preciso dar tempo ao tempo para poder inventar alguma coisa. Reinventar outro começo de trilha, sacando o que sirva para uma lida, uma volta por cima, um contorno de palavra-verdade, saber docente tecido na experiência vivida ao redor d'*isso* no campo educativo, o real que sempre emerge das fontes inconscientes de cada sujeito em cena, desafiando inteligências, paciências, criatividade, formação, mas também humor, bom senso e *estilo educador*, aquele que, na batalha por provar sua competência, nem sempre consegue.

Todavia, nos campos da educação, como saber se os recursos psíquicos, profissionais, materiais e subjetivos de que dispomos são suficientes para o enfrentamento desse famigerado impossível, quando "isso" nos angustia de forma estranha, seja em relação a um aluno indolente e agressivo ou uma classe extremamente indisciplinada, um incidente grave em sala de aula, ou simplesmente quando tentamos nos manter vivos e fazendo de conta que suportamos bem o desenrolar de uma pandemia que parece não ter fim, matando milhares de pessoas mundo a fora e ainda buzinando em nossos ouvidos que o que nos restará de melhor será vivermos daqui pra frente em um *novo normal*!?

Simplesmente não sabemos, de forma que a dureza e a beleza do *educ(a)r* reside exatamente aí, em sermos confrontados sempre com um real que nos impele para fora de nosso suposto e imaginário eixo, levando-nos a fazer como Ulysses, que, ao se aproximar da ilha das sereias, por bom senso, amor à vida e a Penélope, amarra-se ao mastro de sua nau para poder ouvir esses monstros sem deixar-se levar pelo canto. De certa forma, a arte que o educador dispõe com seu corpo – na tentativa de escutar o real do aluno, sem ser levado por ele à impostura do mestre – tem a ver com a sagacidade de ter aprendido a navegar, como Ulysses, em mares de calmaria e tempestade, na iminência de se ver acuado com frequência entre a espada e a parede, a cruz e a caldeirinha, o rochedo de Cila e os turbilhões de Caríbdis,[10] mantendo consigo o que sustenta seu fio, o tesouro de experiências docentes compiladas no passar do tempo de seu ensino, este sim o mastro ao qual deve se amarrar para suportar o vaivém imprevisível e desafiador do pendular educ(a)tivo, pouco dado a regularidades e controles.

Mastro, figura fálica lançada para representar o saber educador... Vejamos. Aqueles que não desistem da profissão nos primeiros anos de docência, mesmo sem clareza do que estão fazendo, desde o início vão inventando e organizando uma espécie de *repertório autoral de experiências docentes*, forjado no trabalho cotidiano com alunos e que muitas vezes possibilita a lida com *isso* que escorrega e angustia. Esse *repertório autoral* vai sendo formado à medida que o professor aprende a manter-se em função sem perder-se em demasia diante do inesperado e do incerto, quando terá aprendido a sacar desse seu "mastro", ou seja, do tesouro de experiências docentes e autorais, partes daquilo que foi construindo erraticamente na lida de acolhimento e contenção dos educandos, para assim preservar seu pescoço, mantendo-se no lugar de educador e não se transformando em impostor, como veremos adiante.

Experiências docentes vividas com mais ou menos sucesso, mais ou menos (des)prazer, tomando corpo com o passar dos anos de profissão, estabelecendo um saber-fazer que terá sido amarrado

---

10 A grafia do termo *educ(a)r*, bem como a ideia de um movimento oscilatório pendular surgiram a partir de duas referências de Freud, uma delas a respeito dos caminhos que todo educador deveria evitar – o de Cila, da não interferência, e o de Caríbdis, da frustração (Freud, 1933/1996a, p. 147) –, a outra a respeito do trabalho de pintores e escultores ao realizarem suas obras, citada no texto sobre Leonardo da Vinci, "per via di porre e per via di levare".

como sua prática e estilo, *repertório autoral* que o professor carrega consigo "sem querer querendo", pelo desejo de educ(a)r que o habita.

Quando dizemos "tesouro", remetemos a esse conjunto de saberes e práticas do professor/educador cujo valor nos parece incalculável, composto pelos materiais didáticos que utiliza, pelo *modo de endereçamento* que acontece entre ele e seus alunos em sala de aula, pelas respostas que guarda na manga a serem dadas de acordo com as situações que se formam, pelas maneiras de compor suas avaliações, pelas tiradas espirituosas que agradam, pelas formas de derivar a famigerada indisciplina que sempre acontece em sala de aula sem cair nas arapucas da histeria ou da tirania, pelo jeito de lidar consigo mesmo quando não se está bem por motivos pessoais que entristecem ou preocupam. Ou seja, todo um arsenal de recursos pedagógicos, didáticos, educativos e subjetivos, "seu" tesouro, sua maestria, que não se adquire pelo estudo didático da formação universitária, mas que encontra vazão no chão da escola, no chão de seu trabalho com os educandos em companhia das equipes escolares, recursos subjetivos e objetivos reunidos através das vivências experimentais até que tenha se formado o estofo de um *savoir-faire* autoral.

Com o tempo – e talvez haja quem concorde conosco –, aprendemos a ativar este latente *repertório autoral de experiências docentes* ao nos sentirmos desbussolados, escolhendo uma ferramenta ou outra para sacar e trazer a campo na tentativa de dar contorno ao que se mostra impossível, de forma que vamos ganhando gosto por encarar o chamado do real para nos arriscar responder à demanda de quem se apresenta, por exemplo, anoréxico para aprender ou fechado à palavra do educador por manter-se fixado às próprias certezas, senão aos resistentes em aceitar as normas de comportamento civilizado para com o outro, como também quem simplesmente apresenta ou porta necessidades educativas especiais.

Ao atravessarmos o período longo da pandemia, confrontados com os novos contornos viáveis da sala de aula, mais uma vez fomos levados a ampliar nosso repertório de experiências docentes autorais, incorporando novos desafios para o trabalho escolar manter-se vivo. Focamos no ensino, sem dúvida, mas mais ainda no exercício da palavra, queremos crer, o que explica que o dispositivo escolar, mesmo em modo remoto, não se tenha desmantelado.

Sejam quais forem as contingências, seguimos apostando naquilo que entendemos ser a capacidade estrutural da *função educ(a)dora* de manter-se em campo devida ao posicionamento de um sujeito falante que, com seu corpo, ideias e desejo, se endereça aos educandos, enfrentando o real ineducável e pulsante de cada um, inclusive o seu, procurando dar conta de estabelecer e sustentar o laço educ(a)tivo com o outro, driblando a impossibilidade de adequar-se a sujeitos, métodos e objetivos ideais que não existem fora da ilusão (psico)pedagógica moderna, como aponta de Lajonquière (1999).

É sobre isso que nos interessa discorrer nas páginas que virão, ilustrando a argumentação com a apresentação do esquema pendular para a *função educ(a)dora* que rege o trabalho oferecido a meus alunos e seus familiares há tanto tempo. Talvez colegas professores possam identificar em suas práticas pontos em comum com o esquema, senão o próprio cerne da atividade docente.

A estrutura da função pendular educ(a)dora

Em 2011, impactada pela forma como Lacan constrói e transmite seu ensino por meio de esquemas, grafos e matemas,[11] além de

---

11 O termo *matema* foi criado por Jacques Lacan em 1971 para designar uma escrita algébrica capaz de expor cientificamente os conceitos da psicanálise,

não conseguir desvencilhar-me da ideia da representação cinética pendular para a ambiguidade etimológica encontrada em *educ(a)r*, tomo de inspiração o experimento físico do pêndulo de Foucault[12] para propor, em forma esquemática, uma abstração modelar e imaginária que nomeei como *função pendular do educador*, escrevendo de forma diacrônica e errática o que intuía viver na docência pela estrutura síncrona dos elementos que fazem *função.* Para este escrito, porém, o que trago veio da busca de tecer novas considerações a respeito do tema, com maior precisão e concisão.

A imagem de um pêndulo em movimento não possui características topológicas. Tampouco o esquema/modelo pode ser considerado matema ou grafo, na acepção das invenções precisas de Lacan.[13] No entanto, se puder ser recebido como um *constructo*, destinado a representar alguns dos aspectos da realidade do ofício impossível do educador, damo-nos[14] por satisfeitos, visto que

---

permitindo transmiti-los em termos estruturais, como se tratasse da linguagem da psicose (Roudinesco & Plon, 1998).

12 Jean Bernard Léon Foucault foi um físico do observatório de Paris que, em 1851, conseguiu demonstrar a rotação da Terra em relação a um referencial separado e fixo. Com o experimento demonstrou também a existência de uma *força fictícia* e atuante chamada *força de Coriolis*, responsável pela forma como escoam os líquidos por ralos e tubulações, além das intensidades e rotações das massas tempestuosas. Por atuar transversalmente ao plano de oscilação do pêndulo, essa *força fictícia* seria a responsável pela diferença angular que permite ao dispositivo riscar na superfície de areia sob ele a figura geométrica em forma de roseta que, aos poucos, vai sendo desenhada pelas oscilações sucessivas da esfera, o que só pode acontecer porque o dispositivo de onde pende o fio (preso à esfera) poder girar livremente como se estivesse suspenso fora do planeta, ou seja, em um referencial distinto.

13 Lacan, referindo-se ao valor ilustrativo dos modelos, dizia: "Os modelos são coisas muito importantes. Não é que digam alguma coisa: não querem dizer nada. Mas, assim somos – é nossa debilidade animal –, precisamos de imagens" (citado por de Lajonquière, 1992, p. 307).

14 Escrevo em "nós" porque as mudanças realizadas no esquema pendular apresentado nesta publicação contaram mais uma vez com a generosa e paciente

demonstra funcionar como um bom operador de leitura para as dinâmicas educ(a)tivas, podendo ajudar-nos a lidar com o chamamento do real, com o excesso de imaginário que em geral nos toma sem nos darmos conta, e valorar o recurso do simbólico nesse enodamento *RSI* do educ(a)r sem sermos prescritivos nem normatizadores.

A fim de explicar como opera o pequeno aparato que vem a seguir, poderá quem nos lê usar como cenário de fundo, puxando das reminiscências escolares do aluno que foi, as aulas de um professor por quem ainda hoje guarda saudade e admiração, ou, ao contrário, de um professor cujas lembranças não são agradáveis.

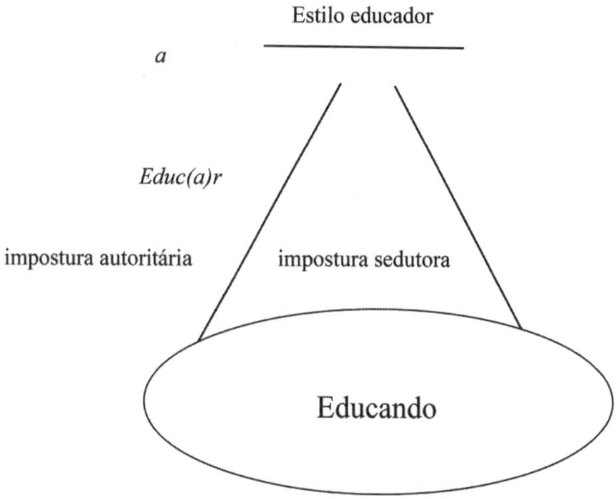

No constructo há poucos elementos. Seremos suscintos na explicação de cada um deles, observando em primeiro lugar que, diferente dos pêndulos comuns, o pendular da função educ(a)dora conta com dois referenciais que não se acoplam, como ocorre no

orientação crítica, suspicaz e precisa do Prof. Leandro de Lajonquière, a quem agradeço imensamente pela colaboração na reelaboração do modelo.

experimento de Foucault. Educador e educando, por conta da diferença real e desproporcional existente entre a posição discursiva de cada um, devem ser pensados de forma que não haja uma relação complementar ou de encaixe adequado e perfeito entre ambos. Dito de outra forma, entre ambos não há possibilidade de haver *rapport*.

Na estrutura, o lugar de quem educa está representado por três elementos: estilo educador, barra do inconsciente e objeto causa de desejo:

Estilo educador

a

Tais elementos correspondem ao dispositivo girador por onde, no experimento de Foucault, o fio que sustenta a esfera pendular é amarrado, possibilitando a ela o giro livre em decorrência da diferença angular provocada pela força de Coriolis – a que atua transversalmente no plano de oscilação pendular, conforme descrito na nota de rodapé –, garantindo a condição fundamental para que permaneça suspenso, desacoplado do referencial terrestre.

É a partir deste lugar que o educador, com relativa independência e potência performativa – seu *estilo educador* –, endereça-se aos educandos, dirigido pelo desejo de saber e educar, o pequeno *a* sob a barra do incosciente. O desejo que o levou a apropriar-se de determinado rol de conhecimento para um dia candidatar-se ao lugar de educador fará que, em nome dessa apropriação, venha a oferecer ao outro o objeto de seu ensino, agindo como uma espécie de embaixador da cultura e do mundo adulto, cuja função passa a ser, então, ensi(g)nar aos mais jovens aquilo que, uma vez adquirido por amor, agora o transmitirá por *dever* (de Lajonquière, 1999). *Dever* a outros aquilo que apreendeu com um mestre, que, por sua vez, tomou emprestado de uma tradição, em empréstimos sucessivos que nunca são pagos, apenas equacionados por novas transmissões, passando o bastão dessa dívida simbólica e cultural ao outro; mas também *dever* a si mesmo tentar responder ao chamado do real, isso que o levou a optar por esta e não outra profissão, de tal forma que, ainda crescido, continua frequentando as salas de aula, o que não acontece com todos que passam pelas escolas, pois nem todos recebem esse apelo endógeno/inconsciente para tornarem-se professores, simplesmente por não serem habitados por esse desejo em causa, abaixo da barra que cinde o sujeito.

Quem dá aulas o faz de um jeito elaborado para por-se em prática e falar, sem poder fazê-lo de um outro lugar que não de *ser falante*, aquele que fala sempre a mais ou a menos do que imagina dizer, porque o faz também com o seu corpo. Daí trazermos as noções de *estilo* e de *modo de endereçamento* para discorrer a respeito do lugar do educador, pois embora ambos não sejam encontrados no professor, nem em sua fala ou no material didático que utiliza, estão imbricados no espaço presente criado por todo esse conjunto textual e discursivo mobilizado pelo adulto e direcionado ao educando, agindo neste de forma indeterminada a partir de um espaço socialmente criado para mobilizar aprendizagens em seu espaço psíquico. Contudo, antes de nos dedicarmos à noção de estilo, pedimos a atenção do leitor para o conceito de *modo de endereçamento*.[15]

---

15 *Modo de endereçamento*: conceito utilizado pelos teóricos do cinema, inspirado em Lacan, e trazido ao campo da educação por Elizabeth Ellsworth – professora de Currículo e Instrução na Universidade de Wisconsin-Madison – para pensar o que acontece entre aquilo que é produzido e apresentado ao sujeito, seja um filme ou o currículo, e o uso subjetivo imprevisível que o público ou o aluno faz dele. Menos algo que está em um filme, o modo de endereçamento é um *evento* que ocorre em algum lugar entre o social e o individual, num espaço que é social, psíquico ou ambos, entre o texto do filme e o uso que o espectador faz dele. Em nosso entender, o que Ellsworth pretende

Seguindo o raciocínio de Elizabeth Ellsworth, o modo de endereçamento do educador convoca o aluno a posicionar-se de uma tal maneira com intenção de fazê-lo absorver os ensinamentos por meio do que lhe diz e do material que utiliza. O problema é que o sujeito nem sempre se posiciona conforme o idealizado pelo professor, visto que os alunos fazem distintas leituras e extraem aprendizagens e prazeres diferentes a partir de uma mesma aula, de um mesmo professor e de um mesmo conjunto de atividades ou ideias. Cada sujeito permite-se ou não posicionar-se e ser posicionado pelo endereçamento do outro, fazendo deste evento uma experiência de prazer ou rejeição.

---

demonstrar é o funcionamento moebiano do *evento* que ocorre entre o oferecimento de um currículo e o uso que o aluno faz dele. Escreve a autora: "O espaço entre um currículo e seus alunos é um espaço volátil. E é esse espaço entre-espaços que os modos de endereçamento tentam manipular [leia-se manejar] . . . [contudo] o modo de endereçamento é invisível, não localizável – é uma relação e não uma coisa. É produto da contínua interação entre uma série de aspectos dos usos particulares da forma, do estilo e da estrutura narrativa de um determinado filme [ou aula] . . . [e] consiste na diferença entre o que poderia ter sido dito – tudo o que histórica e culturalmente é possível e inteligível de se dizer – e o que *é* dito. . . . Algumas pedagogias e alguns currículos talvez funcionem com seus alunos não por aquilo que ensinam ou pela maneira como ensinam, mas pelo *quem* colocam à disposição dos estudantes – um 'quem' que estimula sua imaginação a ser e a agir de uma determinada maneira. Talvez uma determinada pedagogia funcione devido aos significados que os estudantes dão à diferença entre, de um lado, quem a atitude ou tom de endereçamento dessa pedagogia pensa que eles são ou quer se eles sejam e, de outro, todos os outros 'quem' que estão circulando, por meio do poder e do conhecimento naquele momento, competindo por sua atenção, por seu prazer, por seu desejo de ação. Talvez uma determinada pedagogia funcione, porque essa diferença no endereçamento transfere seu público de um lugar no qual ele não quer mais estar (e talvez sequer tenha se dado conta disso) para um lugar que queira experimentar por um tempo" (citada por Silva, 2001, pp. 45-49), acréscimos meus. Ver também Camargo (2006, cap. IV).

Por mais contraditório que pareça ser, o poder do estilo e do modo de endereçamento que atuam nesse espaço volátil e inapreensível entre educador e educando reside, justamente, no interior desse laço educativo indeterminado, invisível e não localizável de trocas linguageiras entre ambos, marcado pela falta de ajuste entre o que vem "de fora" e aquilo que habita o "lado de dentro" de cada sujeito. Tal fissura entre o endereçamento e a leitura que cada sujeito faz da aula ou da performance linguageira corporal de um professor, longe de ser encarada como um impedimento insuperável, impeditivo ou errôneo, pode ser adotada pelo educador a título de reflexão, afirma a autora, pois é essa diferença que fornece tanto os espaços de subjetivação como os recursos que sustentam a resistência bruta e mesmo a recusa consciente e intencional do aluno, ambas ligadas a reações inconscientes de ineducabilidade, como vimos em Lollo. Para aqueles que se desesperam diante de incertezas, conclui a autora: "Se fosse possível obter ajustes perfeitos entre as relações sociais e a realidade psíquica, entre o eu e a linguagem, nossas subjetividades e nossas sociedades seriam fechadas. Completas. Acabadas. Mortas. Nada a fazer. Nenhuma diferença. Não haveria nenhuma educação. Nenhuma aprendizagem" (citada por Silva, 2001, p. 56).

* * *

Quem explica as reações químicas, por exemplo, o fará a partir do ser falante que se apresenta, como faz qualquer professor. Embora as reações químicas sejam sempre as mesmas, há maneiras e maneiras de abordá-las, cabendo ao professor decidir como fazer para pôr-se a falar com seus alunos a respeito dos objetos de seu ensino, com o propósito de fazê-los entrar no jogo do aprender dispostos a trabalhar sobre tais objetos epistêmicos que em geral lhes causam perturbações e desequilíbrios nas estruturas lógicas assentadas, o que em bom português acarreta, sem dúvida, boa dose de desprazer e irritação até que consigam dar conta do recado. Ou desistam.

A autoridade educativa é função de saber-se sujeito à *castração*, costuma dizer de Lajonquière. Enquanto educadores, damos testemunho de nossa castração quando desconfiamos de nossas certezas e reconhecemos outras duas impossibilidades: a de formatar a experiência educativa e a de controlar os efeitos de nosso endereçamento. No entanto, a autoridade do professor deriva do crédito que os alunos colocam em sua palavra, esta que justamente foge ao controle de todo falasser (Souza, pp. 227-234, 2019).

> *A autoridade educativa é função do fazer de conta adulto de não estar submetido à castração. Só se pode fazer de conta com certa sabedoria, quando se sabe da impossibilidade de se fugir da Lei. . . . os saberes pedagógicos agenciam o discurso universitário, enquanto que a educação que faz ato é aquela sujeita ao discurso do mestre. A autoridade do educador, a potência de seu agenciamento educativo, está em função de saber-se inconscientemente sujeito à castração enquanto faz de conta que é o mestre do discurso. Pois é... engraçado, mas a autoridade do educador deriva de saber-se ele mesmo sujeito à mestria da palavra, esta que sempre escapa, ou seja, de saber-se não-mestre. Ainda assim a palavra detém todos os créditos. É da sujeição a ela – dessa dívida – que o adulto deve dar singelo testemunho na educação de uma criança, enquanto fala sobre o mundo. Ou seja, da impossibilidade de não poder deter a palavra que faz, sem o saber, show da vida. (de Lajonquière, 2004, p. 15)*

Mas como nos entregarmos à mestria das palavras perante o educando: eis aí o problema, segue o autor. "Como chegar a estarmos certos de algo e ousar dizer *isso* aos educandos? O fato de termos de nos haver com esses interrogantes dá razão à educação, podendo dizer inclusive que é o que dá os fundamentos a uma educação" (p. 15). Falar ao outro tem a ver com um autorizar-se a partir de si mesmo, digo eu.

Saber inconscientemente endereçar a palavra aos alunos não é uma destreza profissional daquelas que se aprendem nos bancos universitários. Então, como o professor aprende a falar com seus alunos? "Caminhante, não há caminho, o caminho se faz ao caminhar", ensina o poema de Antonio Machado.

Como bem sabemos, o sujeito do inconsciente não é o indivíduo autoconsciente que a psicologia do ego proclama e que pensa saber quem é, pois, como ser dividido, o sujeito do desejo não sabe de si quando fala, nem tem controle sobre o que fala. Quando diz, não é naquilo que diz, uma vez que só *é* enquanto representação, incerteza de si (cf. de Lajonquière, 1994, p. 63). Seguindo na argumentação do autor, paradoxalmente, o sujeito *é* naquilo que diz sem saber, ou seja, nas marcas de sua enunciação, onde não pensa, daí o dilema subjetivo enunciado por Lacan (1998): "Penso onde não sou, logo sou onde não penso" ou "não sou, aí onde sou o joguete de meu pensamento; penso no que sou, aí onde não penso pensar" (p. 498).

Para tecer considerações a respeito do *estilo educador*, utilizamos o trabalho de dois psicanalistas pesquisadores ligados à Pontifícia Universidade Católica do Rio de Janeiro (PUC-Rio), Marinela Marques Porto e Marcos André Vieira. Citado por eles, trazemos contribuições de Jacques-Alain Miller que nos ajudam a pensar sobre a palavra do educador: "[O Outro] está presente a partir do momento em que se escuta alguém, suposto também a partir do momento em que se fala a alguém. É o Outro da palavra que é o alocutário fundamental, a direção do discurso mais além daquele a quem se dirige" (Porto & Vieira, 2019, p. 8).

Seguem os autores:

> *Miller . . . aponta que o Outro está presente como terceiro, "em relação a todos os diálogos" e em relação a todos os laços. Ele é uma alteridade íntima ao ser falante, uma vez que é um "Outro que no seio de mim mesmo me agita" . . . Podemos entender, nesse sentido, a formulação de que o inconsciente é o lugar do Outro, de onde o sujeito recebe a sua própria mensagem de forma invertida. A mensagem que o sujeito recebe será sempre balizada por esse terceiro. Desse modo, o que é dito ou escutado, vivido e experimentado, passará sempre pelas marcas que determinam o sujeito na cadeia significante. (p. 8)*

Se aceitamos com de Lajonquière (2013) que a sorte das funções psicológicas e psicomotoras nunca estará determinada, em última instância, pela biologia, mas pela ordem da palavra regida pelo significante, o *saber falar* do educador pode compor, assim, o estilo educador, não mais entendido como forma ou traço singular do sujeito, seus maneirismos, mas como o modo de endereçamento de um discurso, sendo este o elemento que sustenta o pendular da função educadora, por meio do qual, advindo com o tempo de prática e compilação do repertório docente autoral, pode precipitar em forma desse saber: o saber professar.

Sabe-se que Lacan, na abertura de *Escritos*, acrescentou ao aforismo de Buffon "o estilo é o próprio homem" um interrogante, "o homem a quem nos endereçamos?", incluindo na problemática do estilo o interlocutor, introduzindo a ideia de endereçamento, fazendo esvanecer a dimensão imaginária da boa forma, para associar *estilo* a algo que ultrapassa o homem e que implica um endereçamento perpassado pelo Outro (cf. Porto & Vieira, 2019), impondo ao interlocutor que ele coloque algo de si.

Poderíamos dizer o mesmo em relação ao estilo de endereçamento de um educador, tendo por interlocutor o aluno não apenas como ponto de retorno do discurso, mas produzindo algo de seu?

Acreditamos que sim. Essa é a arte do educador, inventar e encarnar um estilo de endereçamento capaz de afetar o aluno ao mesmo tempo que se dispõe a acolher o retorno inconsciente deste, da forma que suas estruturas lógicas permitiram ou não assimilar o que lhes foi proposto aprender e escutar.

Se pela enunciação do adulto a função educadora encontra no outro espaços de subjetivação para atuar, é por escorrer pela palavra desse ser falante o estilo educador e o modo de endereçamento, impossíveis de serem formatados e conscientizados por serem da ordem da transmissão inconsciente, cujos efeitos simplesmente acontecem ou não, dependendo de como o outro os recebe, ou os nega, conforme observa Ellsworth, mas também pelo caráter não padronizável e sempre imprevisível das (re)estruturações inteligentes produtoras de conhecimento, como afirma de Lajonquiere (2013).

De qualquer maneira, a clareza de que os referenciais discursivos na estrutura educ(a)tiva não são os mesmos, ou seja, não estão acoplados, quem há de ter é o adulto, pois, conforme dissemos, o pendular da função educativa não comporta técnicas de *rapport*. Suas oscilações não acontecem de forma regular como observamos no funcionamento dos pêndulos. O educador se aproxima ora de um extremo, ora de outro, submetido à irregularidade e à imprevisibilidade dos acontecimentos, já que o espaço educativo, para além do espaço físico, se constitui como espaço de palavra e linguagem, dado a polissemias e mal-entendidos, onde interagem sujeitos com suas idiossincrasias e funcionamentos psíquicos raramente dados a controles e supressões.

Dessa feita, o espaço da diferença entre o currículo e a compreensão do estudante será sempre habitado por oscilações, deslizamentos e transformações imprevisíveis, motivo pelo qual o educador precisa aprender e se permitir pendular tanto no sentido de *educatio* quanto de *eductio*, no de conter e permitir, rejeitar e acolher, dando conta de manejar e lidar com o retorno do recalcado do aluno, aquilo que o sujeito consegue falar de suas produções cognitivas, especialmente quando estas saem muito longe do que seria o esperado, ou quando os comportamentos agressivos se mostram inconvenientes em demasia. Mantendo-se pelo bom senso entre os extremos de deixar fazer e impedir, o endereçamento mobilizado pelo estilo educador estará em função educadora simultânea e a favor do ensino, mas para além dele.

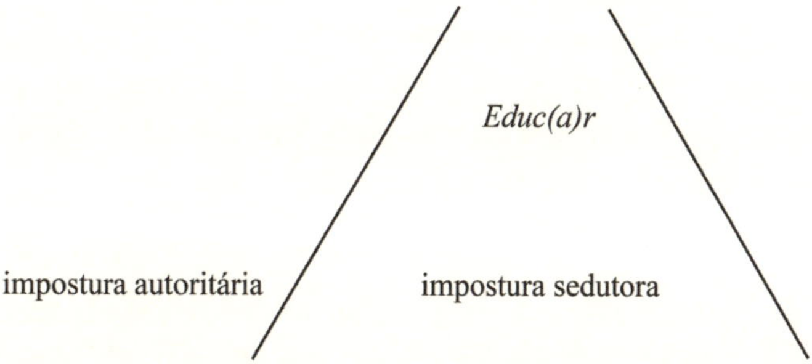

As duas linhas dispostas abaixo da posição do educador desenham a ligação entre ele e os dois polos extremos da oscilação pendular, como fosse um fio fotografado nos momentos extremos do movimento. Desses lugares extremos, qualquer educador vez ou outra se aproxima, roça, porém deve ter a clareza de se afastar, pois quando acontece de ali se fixar, o fio educ(a)dor se rompe e o dispositivo educ(a)tivo desmonta, passando a haver então a descompostura do mestre, quando então deixa de haver um educador pendulando seus saberes e conhecimentos, entre *eductio* e *educatio* e entre limitar e acolher, para assumir um sujeito na impostura dessas duas formas, a autoritária (tirana) ou a sedutora (permissiva), ambos articulados na recusa do desejo.

O campo do *educ(a)r* formado entre as duas linhas inclinadas representa o espaço que se abre pelo e ao trabalho do educador no oferecimento e na veiculação de seus conhecimentos, concomitantemente ao enfrentamento da emergência pulsional dos educandos.

Abaixo de cada linha, na extremidade do fio, dois polos de gozo que, obviamente, o educador conhece por já ter estado no lugar de educando e guardar na memória experiências escolares. Polos de gozo que o educador por vezes chega a tocar, pela própria dificuldade de sustentar o pendular incerto, alvo de provocações pulsionais dos educandos endereçadas a ele pelo lugar de transferência que ocupa, mas onde não deve se demorar, com risco de desmontar o dispositivo educativo. São polos perversos em que o adulto cai por tomar o educando como objeto – e não como sujeito –, firmado pelas certezas das quais não abre mão.

A *impostura sedutora* desdobra tanto o *furor pedagógico* aventado por Maud Manonni (1977/1988) como a crítica ao discurso (psico)pedagógico hegemônico (de Lajonquière, 1999) contido nas *pedagogias ortodoxas* (Camargo, 2006) – aquelas que se afincam na aplicação de métodos de ensino para tudo ensinar, adequar e normatizar. Partindo de ideais a serem atingidos e estabelecidos de antemão pelo pedagogo, impedem a constestação do desejo que dá suporte a esses ideais (ou modos de endereçamento posicionantes, como visto com Ellsworth), exigindo que o educando venha apenas ilustrar como objeto o fundamento disso que em verdade não é educação, mas uma doutrina, um simulacro que desconhece o que diz respeito à verdade do desejo da criança ou do jovem, fazendo prevalecer no sistema pedagógico a regra normalopatizante da pedagogia pautada pelas prescrições técnicas psicologizadas, ou de *rapport,* em detrimento do desejo e da palavra que faz laço educ(a)tivo.

No polo do impostor sedutor alocamos o adulto que, por formas mais sutis de violência psíquica encobertas por véu amoroso, compreensivo em demasia a ponto de tornar-se omisso quanto ao seu *dever*, leva o educando a submeter-se a uma conduta pedagógica idealizada, como se estivesse fazendo escolhas, quando na verdade não está. É um polo de gozo do qual o educador, por razões éticas, precisa abrir mão pois, fixado ali, um ideal de educ(a)ção já não se efetiva, tornando o educar de difícil acontecimento, estabelecendo a posição pervertida do pedagogo pelo desejo inconsciente de esquivar-se do que *deve* fazer, restando ao educando aprender sobre o cinismo.

Aqui contempla-se o pedagogo que flexibiliza em demasia o enquadre educativo, facilitando regras de avaliação, fazendo concessões, justificando a permissividade em nome da evitação de traumas psicológicos ou de não aumentar a fragilidade narcísica do sujeito. Aquilo que aparentemente seria uma benesse, por atribuir ao aluno notas que não lhe cabem, maquiando a situação real, muitas vezes não passa de um presente de grego, pois, dependendo da disciplina (principalmente aquelas cujos conteúdos são sequenciais), compromete aprendizagens futuras em decorrência de requisitos não adquiridos no ano anterior – que dificilmente um dia serão –, além de ensi(g)nar ao aluno que as leis que deveriam ser para todos nem sempre o são – o que em termos educativos é um desserviço, indo na contramão da castração que sempre exige ser reeditada.

Em última instância, o que o pedagogo permissivo com excesso de "compreensão" acaba reeditando simbolicamente é o incesto, mantendo o educando como objeto, privando-o de tomar as rédeas do próprio aprender. No lugar de o aluno se esforçar para acompanhar a turma nas aprendizagens e atingir *o mínimo previamente estipulado* de aproveitamento, e aqui frisamos *ao menos o mínimo*, sem maquiagens, é o pedagogo (ou a escola?) quem encontra recursos complascentes para adequar justificativas e aprovações que impedem o sujeito de fazer minimamente sua parte, privando-o de processos importantes de subjetivação e constituição de sua inteligência. São esses adultos ou escolas que, por não poderem bancar a reprovação[16] dos educandos que pouco se empenham, deixam de dar testemunho da própria castração e se destituem da posição de educador, assumindo uma das formas da impostura do mestre, a impostura permissiva.

No contraponto desse "bondoso" perverso, inspirado na educação que dr. Schreber deu aos filhos, está o outro polo de gozo do professor, quando faz prevalecer seu desejo tirano em detrimento do desejo do outro. Na impostura autoritária, o adulto também se posiciona com todo o saber, sem dar provas de sua castração, porque tudo pode, tudo conhece, em detrimento do outro que nada sabe. Também uma impostura, mas desta vez ocupando o espaço privilegiado do educ(a)r com excessos de punição e contenção, desmedido em violência física ou verbal, deliberada ou não, no rechaço do desejo do aluno, sendo excessivamente penoso para o educando suportar até mesmo sua presença, o que o faz rejeitar com veemência o endereçamento do professor, polo que dá

16 A questão das reprovações é um tema bastante controverso. Por mais difícil que seja reter um aluno para que refaça o ano letivo por não ter conseguido atingir *o mínimo* de aproveitamento, às vezes é o melhor que pode acontecer na vida escolar de um educando, para que se dê conta do que fez ou não fez naquele ano e tenha a oportunidade de redirecionar seu leme escolar.

testemunho de um sujeito que já não atua mais como educador, mas usurpa tal lugar, fazendo do outro seu objeto de gozo.

Ou seja, um impostor que abusa do poder e ultrapassa os limites éticos de autoridade que a posição lhe confere, permitindo-se falar ou comportar-se com a descompostura de um tirano, sem conseguir conter a (im)própria pulsão agressiva e o desejo de domínio sobre o outro. Sua palavra, ao invés de educ(a)dora, é mortífera, transformada pelo gozo da tirania, tendo para si ser o único depositário do saber, no rechaço da palavra do educando, fechando assim o ducto de *eductio* e o alimentar de *educatio*.

Dois polos, portanto, que exigem a atenção endógena do educador, sua perlaboração. Deixar que o fio retese demais por ali o fará perder legitimidade do lugar de adulto que representa a cultura e tem sua palavra levada em conta no espaço de subjetivação escolar.

E, enfim, o elemento sem o qual o pendular educativo não tem porquê.

Tal qual a superfície de areia, que por estar disposta abaixo da esfera pendular dotada de uma ponta fina é riscada e comprova a rotação da Terra, é ali sob a oscilação pendular do educador em nosso modelo que dispomos o lugar do *educando*. Seja pela tela de um computador ou na presença ao vivo da escola ou universidade, é ele quem gira e muda no tempo e no espaço pelos efeitos subjetivantes das aprendizagens de outros conhecimentos e saberes que lhe foram endereçados, tendo encontrado (ou não) meios de apreender, conforme seu esforço de trabalho como aluno, mas também de sua lida inconsciente com as *realidades intelectualizadas dos objetos epistêmicos* (de Lajonquière, 1992) apresentadas pelo professor.

No esquema, se o leitor atentou para os detalhes do pêndulo de Foucault, quem está no referencial fixo, mas em giro quase livre, atravessado por uma *força fictícia* e transversal que lhe confere a diferença angular sutil e invisível (o desejo?), é o educador, enquanto no referencial em rotação quem se posiciona é o aluno, o educando. Dessa feita, quem sofre as marcas da oscilação pendular educadora é o educando, à medida que se movimenta em seu referencial de escuta e observação, atingido pelo estilo educador que bem ou mal o convoca. É nesse referencial que vive e processa em seu corpo o recebimento da fala e da atuação do educador, os quais produzem efeitos subjetivantes e constitutivos pelo efeito de significantes. Desse lugar recebe o que o Outro lhe endereça e produz o que lhe cabe. Preciosidades que, por fazerem parte da cultura escolar, não se acham em qualquer lugar, sendo o trabalho endógeno com alteridade, quiçá, a maior delas.

* * *

Ao finalizar a apresentação de nosso esquema pendular, juntamos os fios tecidos até aqui, e chegamos ao fim deste escrito. Em relação à escola como espaço de subjetivação em tempos de isolamento social, viu-se que conseguiu garantir as condições estruturais para que a função pendular educ(a)dora se mantivesse operando, mesmo por meio de encontros virtuais, embora tenha ficado claro que o lugar por excelência desse pendular seja a escola presencial, pela riqueza dos encontros de vida e alteridade que proporciona, muito mais potentes, diversos e emocionantes do que a realidade recortada, plana, distante e microfonada transmitida por computador.

Com a experiência radical imposta a todos pela pandemia, pôde-se constatar o quanto a escola presencial, além de imprescindível, se mostrou insubstituível. Ao disponibilizar espaços outros para o corpo e a enunciação dos educandos, promove encontros tridimensionais entre corpos atravessados pela ordem significante, longe dos olhos, ouvidos e lógica inconsciente familiar presentes no espaço doméstico, onde teve que acontecer por um tempo a escola online. O período em que o aluno vive esse espaço escolar fora de sua casa permite ao educando dar-se ao deleite de experimentar-se altero e descontinuado da demanda familiar – ainda que momentaneamente –, dando-se tempo para construir uma posição outra no campo da palavra e da linguagem que aquela esperada pela lógica familiar, fazendo por si e para o Outro algo que responda ao chamado do real desejante que o habita, no retorno do endereçamento que recebe pelos encontros desencontrados com a alteridade. "Do indivíduo unicamente definido pela família, nada resta do nome exceto o que figura numa pedra tumular" (Lacan, citado em Manonni, 1977/1988, p. 40).

O "chão da escola", como dizem os professores – aquele com nome e endereço na cidade, onde se reúnem educandos e educadores para a encenação da escolarização –, é Outra escola, por fazer circular em suas dependências o espírito público para além da ideologia privada do núcleo familiar de cada um. Por isso a escola *na escola* será sempre mais potente e interessante do que a escola *em casa*, via computador. Bem sabemos que aquela é a de verdade, embora a virtual inventada para substituí-la, como recurso emergencial e temporário, tenha cumprido seu papel, a quem recorreremos novamente se for preciso.

A estrutura da função educ(a)dora, na busca pelo ponto ótimo de sua intervenção sempre mais ou menos impossível, apesar das parcialidades que experimentou, foi mantida. Nas duas.

Referências

Camargo, A. C. C. S. de. (2006). *Educar: uma questão metodológica? Proposições psicanalíticas sobre o ensinar e o aprender*. Vozes.

Camargo, A. C. C. S. de. (2011). *A função pendular do educador* (Dissertação de mestrado). Faculdade de Educação, Universidade de São Paulo.

De Lajonquière, L. (1994). Epistemologia e psicanálise: o estatuto do sujeito. *Percurso – Revista de Psicanálise, VII*(13), 57-63.

De Lajonquière, L. (1999). *Infância e ilusão (psico)pedagógica: escritos de psicanálise e educação*. Vozes.

De Lajonquière, L. (2000). Itard Victor!!! Ou do que não deve ser feito na educação das crianças. In L. Banks-Leite, & I. Galvão (Orgs.), *A educação de um selvagem: experiências pedagógicas de Jean Itard*. Cortez.

De Lajonquière, L. (2004). *Sobre aquilo que nenhuma reforma pode mudar na educação*. Conferência realizada no VI Congresso Atual de Prática Educativas, Recife/PE.

De Lajonquière, L. (2013). *De Piaget a Freud: para uma clínica do aprender* (16a ed. rev.). Vozes.

De Lajonquière, L. (2017). Sigmund Freud e o interesse pedagógico pela psicanálise. In D. Kupermann (Org.), *Por que Freud hoje?* Zagodoni.

De Lajonquière, L. (2020). Por uma escola inclusiva ou da necessária subversão do discurso (psico)pedagógico hegemônico. *Política & Sociedade*, *19*(46).

De Lajonquière, L. (2021). De um psicanalista na educação. In J. Rosado & M. Pessoa (Orgs.), *As abelhas não fazem fofoca: estudos psicanalíticos no campo da educação*. Instituto Language.

Freud, S. (1996a). Conferência XXXIV. In S. Freud, *Edição Standart Brasileira das Obras Psicológicas Completas de Sigmund Freud* (Vol. XXII). Imago. (Trabalho original publicado em 1932)

Freud, S. (1996b). Análise terminável e inteminável. In S. Freud, *Edição Standart Brasileira das Obras Psicológicas Completas de Sigmund Freud* (Vol. XXIII). Imago. (Trabalho original publicado em 1937)

Kaufmann, P. (1996). *Dicionário enciclopédico de psicanálise: o legado de Freud e Lacan*. Zahar.

Lacan, J. (1993). *Televisão*. Jorge Zahar. (Trabalho original publicado em 1974)

Lacan, J. (1998). La instancia de la letra en el inconsciente o la razón desde Freud. In J. Lacan, *Escritos*. Jorge Zahar.

Lollo, P. (2018). Os ofícios impossíveis e o chamado do real. *Reverso*, *40*(75), 15-24.

Manonni, M. (1988). *Educação impossível*. Francisco Alves. (Trabalho original publicado em 1977)

Melo, M. I. A. (2007). *Lacan e a topologia: um retrato da matemática sob o olhar da psicanálise lacaniana* (Dissertação de mestrado). Universidade Federal do Rio de Janeiro.

Palhares, O. (2010). *No avesso do problema de aprendizagem: por uma clínica do aprender* (Tese de doutorado). Universidade de Campinas.

Porto, M. M., & Vieira, M. A. (2019). Do homem ao objeto: um percurso pela noção de estilo em Jacques Lacan. *Analytica, 8*(15), 1-25.

Roudinesco, E., & Plon, M. (1998). *Dicionário de psicanálise*. Jorge Zahar.

Silva, T. T. da. (2001). *Nunca fomos humanos: nos rastros do sujeito*. Autêntica.

Souza, G. N. de. (2019). Um dizer que enlaça ou as condições do falasser. *Stylus*, nº 38, 227-234. Disponível em: http://pepsic.bvsalud.org/scielo.php?script=sci_arttext&pid=S1676-157X2019000100015&lng=pt&nrm=iso. (acessos em 11 dez. 2023)

Velano, M., Prado, E. A., Delfini, P., & Brito, C. (Orgs.). (2021). *Psicanálise com crianças em tempos de pandemia: desafios e proposições para a clínica online*. Artes & Ecos.

6. Metaverso, pós-educação, trans-subjetividade?

Terezinha Azerêdo Rios

> *O sentido de minha existência é que*
> *a vida me faz uma pergunta.*
> *Ou inversamente, eu mesmo sou uma pergunta*
> *feita ao mundo e devo arranjar uma resposta, senão*
> *ficarei reduzido à resposta que me der o mundo.*
> *Esta é a tarefa vital transpessoal,*
> *realizada com muito esforço.*
>
> Jung

Numa cena do filme *Cidade de Deus* (Meirelles, 2002), um dos personagens, representado pelo ator Darlan Cunha e que tem o apelido de "Filé com fritas", se revolta com a negativa do chefe do tráfico da favela em lhe dar uma arma, com a alegação de que ele é uma criança (e ele é, efetivamente). E afirma: "Já cheirei, já roubei, já matei... Não sou criança, não. Sou sujeito homem!".

O garoto expressa uma ideia que traz perplexidade e indignação e remete a uma reflexão desafiadora: que ser humano é aquele que se identifica como sujeito por usar drogas, roubar, matar? Que processo educativo é vivido por alguém que aponta a subjetividade como a experiência de ações destrutivas e alienadoras?

Vinte anos mais tarde, estamos presenciando um fenômeno que nos provoca tanto como a situação apresentada no filme. Agora não se trata especificamente de bandidos ou uso de armas, um universo já demasiadamente explorado. Hoje nossa preocupação estende-se até o *metaverso*, espaço de criação de novos "sujeitos homens", para usar a expressão do garoto. Do mundo real, que nos toca a pele, passamos a um mundo digital, em que transitamos de modo virtual. E volta a pergunta: que educação se manifesta na criação de avatares e relações intersubjetivas ainda inéditas, quaisquer que sejam as características – positivas ou negativas – que venham a ter?

Essa indagação vem se juntar a muitas outras, relacionadas com o avanço da tecnologia e as investigações sobre as novas "configurações" prováveis da humanidade, com a implantação de chips em cérebros humanos, a criação de robôs e androides e a eliminação do envelhecimento, das doenças e da morte. Fala-se em trans-humanismo, em pós-humanismo (Charlot, 2020)[1] e, recentemente, já se começa a fazer referência a algo que se poderia chamar de meta-humanismo.

Este trabalho tem o propósito de trazer alguns elementos para uma reflexão, destacando especialmente a dimensão ética na construção da subjetividade e procurando explorar algumas questões relacionadas à presença da tecnologia no contexto educacional. Retomo aqui ideias que venho explorando há bastante tempo, procurando rearticulá-las a partir dos desafios que se apresentam neste momento em que vivemos: terceira década do século XXI,

---

1 Recorro aqui inúmeras vezes a essa obra, uma vez que o autor traz uma rica contribuição à reflexão sobre os temas que procuro explorar.

ameaças de destruição do meio ambiente, guerras e conflitos a amedrontar a vida de todos no planeta.

Num primeiro momento, aponto as características do instrumento a que recorro para propor e realizar este trabalho: a reflexão filosófica. Eu costumava me referir à filosofia como um instrumento para abordar as questões que nos desafiam, até o dia em que, num belíssimo show do multi-instrumentista brasileiro Arismar do Espírito Santo, eu o ouvi dizer: "A música é o meu meio de transporte". Parafraseando Arismar, agora tenho dito que "a filosofia é o meu meio de transporte". É com ela que percorro os caminhos de investigação das questões desafiadoras que encontro, é em suas janelas que me debruço para olhar a realidade no seu mistério e na sua complexidade. Julgo que é importante esclarecer de onde falo, para deixar claro que tipo de contribuição penso trazer à discussão do tema aqui abordado. É da ética, como face da filosofia que se volta para os valores presentes nas ações e relações dos indivíduos e grupos em sociedade, que farei recurso para realizar essa discussão.

Procuro, a seguir, explorar a noção de educação como construção da humanidade, como processo de desenvolvimento dos seres humanos nas sociedades de que fazem parte, como elemento fundamental na constituição dos sujeitos, de suas cosmovisões e de suas relações. Proponho, na sequência, uma breve reflexão sobre o significado da técnica como intervenção na realidade, em sua transformação e em seus avanços na constituição do processo civilizatório. E, por fim, enfatizo a necessidade do recurso à ética para construção de uma humanidade, uma educação, uma subjetividade orientadas por seus princípios. A perspectiva utópica traz a dimensão de esperança e aposta num mundo justo e solidário, não apenas no que diz respeito aos seres humanos, à constituição de sua identidade, mas à vida de todos os seres do planeta.

Perguntar sempre, e reconhecer o outro

A busca pelo sentido

O esforço teórico da filosofia ganha sentido maior quando se encontra articulado à prática, da qual emerge e à qual retorna para lhe conferir significado. bell hooks (2017) afirma que "a teoria não é intrinsecamente curativa, libertadora e revolucionária. Só cumpre essa função quando lhe pedimos que o faça e dirigimos nossa teorização para esse fim" (p. 86). Ou seja, é na prática que se encontram as provocações e é para ela que devemos voltar, com o propósito de que nossa reflexão cumpra seu papel libertador.

A filosofia se apresenta como *uma busca constante e amorosa de um saber cada vez maior*. É assim que ela foi definida por Pitágoras no século VI a.C.: como amizade (*philia*) à sabedoria (*sophia*), esta entendida como saber de todas as coisas, saber inteiro. Para buscar a sabedoria, é preciso não se contentar com as opiniões, com o conhecimento do senso comum, mas refletir, voltar-se sobre ele, assumir uma *atitude crítica*, no sentido de ver com *clareza, profundidade e abrangência* a realidade e as nossas relações com ela e com os outros. A crítica nos faz reconhecer que existem múltiplos pontos de vista, que a contradição é uma característica fundamental da realidade, que é multifacetada e exige um esforço de abrangência para seu conhecimento.

Costumamos pensar na crítica, no nível do senso comum, como um gesto de "falar mal", de indicar os aspectos negativos de uma pessoa ou de uma atitude. Não é assim que a estamos considerando aqui. Quando assumimos uma atitude crítica, procuramos olhar de maneira profunda e abrangente, para ver todos os aspectos, positivos e negativos. A crítica nos permite "iluminar" o que estamos investigando, no sentido de aprimorar o que está bom e procurar superar o que não está. Na atitude crítica encontra-se um questionamento, uma indagação, um desejo de ampliar o universo de nosso conhecimento.

A atitude crítica não é, entretanto, uma característica apenas da filosofia. Ela é encontrada em outros espaços do conhecimento; na ciência, por exemplo. É preciso, portanto, fazer a distinção entre o gesto crítico da ciência e o da filosofia. Quando a ciência assume uma atitude crítica, ela tem a intenção de *explicar* a realidade, ao passo que quando a filosofia faz as suas indagações do ponto de vista crítico, ela busca *compreender* a realidade. O exercício de compreensão, próprio da filosofia, procura ir além da explicação e olhar a realidade em busca de sua significação, de seu *sentido*, de seu valor. A pergunta filosófica é uma indagação pelo sentido.

"À diferença da ciência, cujos avanços teóricos vão silenciando seu passado, a filosofia se desdobra, tornando parte de si (um) constante morrer e nascer", afirma Alejandro Cerletti (2009, p. 34). Isso significa dizer que as perguntas filosóficas tendem a ser retomadas constantemente, mesmo que para elas se encontrem respostas que, ainda que satisfatórias num determinado contexto, deixam espaço para novos questionamentos. É essa a contribuição da atitude crítica do ponto de vista da filosofia, que propõe as seguintes perguntas: de que vale o nosso trabalho? Que sentido damos à nossa vida? Qual o significado das relações que mantemos com os outros?

Concordo com Otto Maduro (1994) quando afirma que

> *talvez o que melhor defina a vida de um ser humano qualquer não são suas respostas, mas as perguntas que carrega nas costas. As perguntas levam o homem a buscar, criar, pensar, imaginar, inventar, transformar, melhorar, enriquecer, preocupar-se, ocupar-se, cuidar,*

> *dialogar, escutar e doar-se. Já as respostas – sobretudo se as levamos demasiadamente a sério, definitiva e peremptoriamente, fechando-nos para não ouvir outras tentativas de respostas e perguntas diferentes – correm muito mais o risco de paralisar, congelar, fechar e impor. (p. 192)*

Na esteira do que traz o autor, encontramos a palavra de Marilena Chaui, que confirma e reforça a ideia central que venho explorando:

> *Eu imagino que a filosofia busca uma atitude precisa: perguntar. E perguntar, não para encontrar imediatamente respostas. Perguntar para que respostas sejam dadas e voltar a fazer perguntas sobre as respostas que foram dadas. É nunca abrir mão da atitude crítica, sabendo que é uma atitude desgraçada, na medida em que não teremos nunca a vantagem de quem, em um navio, possui um mapa, uma bússola, todos os aparelhos eletrônicos, de tal modo que o piloto possa até mesmo dormir e o navio vá sozinho para o seu destino. A ideia de assumir até o fim um pensamento crítico é aceitar que navegamos sem mapa, sem bússola, no máximo talvez com uma estrela e que essa estrela seja: continuar perguntando.*

Para o exercício da pergunta, há de se ter humildade e coragem – humildade para reconhecer os limites de nosso saber e de nossa ação, e coragem para que nos mobilizemos no sentido de superar aqueles limites e explorar as possibilidades que se abrem ao nosso conhecimento. As respostas não cancelam as perguntas – elas são um incentivo a continuar perguntando, a buscar "aumentar a cabeça para o total", como diz Guimarães Rosa (1956, p. 236).

O bem comum como horizonte

Quero ressaltar a face da filosofia que se volta para os valores que orientam nosso comportamento em sociedade – a ética. Aqui também, para esclarecer do que falamos quando nos referimos à ética, é necessário fazer uma distinção entre ética e moral.

A moral é o conjunto de prescrições – regras, normas, leis – que são criadas como referência para a vida de pessoas e grupos no contexto social. Cada sociedade se organiza tendo como base comportamentos que julga serem os corretos, apoiados em valores considerados positivos. Há, assim, múltiplas morais e elas têm um caráter histórico – o que é considerado bom para uma sociedade pode ser mau para outra, o que é considerado bom em uma determinada época pode passar a ser considerado mau em outra.

A moral tem um caráter normativo, enquanto a ética, como face da filosofia, tem um caráter reflexivo. Ela se caracteriza como uma reflexão sobre os fundamentos, a consistência dos valores que orientam as ações e juízos morais. No terreno da moral, os critérios utilizados para conduzir a ação são os mesmos usados para os juízos sobre a ação e estão sempre ligados a interesses específicos de cada organização social. No plano da ética, estamos numa perspectiva de um juízo crítico, próprio da filosofia, que quer compreender, quer buscar o sentido da ação. E, para isso, buscam-se princípios que constituem fundamentos para a reflexão (Rios, 2011).

Os princípios da ética são: o respeito, a justiça e a solidariedade. O respeito é o princípio fundamental e dele derivam os demais. Respeito significa reconhecimento e consideração da existência do outro, diferente de mim, mas igual na sua humanidade. A consideração da alteridade é fundamental quando nos referimos à subjetividade, que se constrói nos encontros, nas relações sociais.

O encontro se dá entre *sujeitos*. Sujeito diante de um mundo de objetos, o homem se encontra com outros homens, outros sujeitos, que se afirmam na sua subjetividade e na sua alteridade. Encontrar outro sujeito é *reconhecê-lo como tal*. "E reconhecer", afirma Mikel Dufrenne (1968), "quer dizer também respeitar: saudar no outro um outro eu, meu semelhante e meu igual, aquele que me resiste, não com toda sua força, mas com toda sua interioridade, sua liberdade, e que me impede de tratá-lo com o meio e de negá-lo" (p. 152). E essa semelhança de que fala Dufrenne, longe de nos fazer pensar em "tornar igual a nós" o outro, é aquilo que nos distingue: "O outro não é igual senão sendo diferente, . . . a primeira semelhança que os homens têm entre si é que cada um é único" (p. 155).

Os princípios éticos apontam para o bem comum, o bem de todos, a vida feliz, sinônimo de convivência democrática e justa. Agimos sempre moralmente. Mas nem sempre temos uma conduta ética. Por isso mesmo é necessário recorrer a ela para que haja consistência em nossas ações e relações, para que consigamos caminhar na construção da humanidade que possamos chamar de boa.

Educação: construção de subjetividades

A educação é um processo de formação, de socialização da cultura, de criação, recriação e partilha de conhecimentos e valores. É um movimento longo e complexo, no sentido de as pessoas nele envolvidas irem renascendo, a cada momento, umas com as outras. Bernard Charlot (2020) nos diz que

> *A educação é . . . um processo triplo: de humanização, socialização-aculturação, singularização-subjetivação. A pedagogia pode enfatizar, de acordo com os lugares, as épocas e os momentos, tal ou qual dimensão do processo, mas ele permanece, indissociavelmente, um triplo processo. Quando uma criança nasce, o evento tem uma significação em três histórias articuladas, com temporalidades diferentes. Essa criança é um novo elo na espécie humana – de temporalidade longa, pelo menos do nosso ponto de vista. Ela é, igualmente, um novo membro de uma sociedade, de uma cultura e de uma família, de temporalidade mais curta. Por fim, esse nascimento é o primeiro momento de uma história absolutamente original e que não se repetirá jamais: a história singular dessa criança, que durará, se tudo der certo, algumas décadas. O que faz a ligação entre essas três histórias, o que as articula, é a educação. (p. 291)*

É nessa medida que afirmamos que a educação é a construção da humanidade. Parafraseando Simone de Beauvoir (1960), que, no seu belo livro *O segundo sexo*, afirma que "ninguém nasce mulher: torna-se mulher" (p. 9), podemos dizer que ninguém nasce humano: torna-se humano. Nascemos biologicamente humanos, fazemos parte de uma espécie: *Homo sapiens*. Mas de *Homo sapiens* a seres humanos há um longo processo. Fernando Savater (1998) afirma: "Nascemos humanos, mas isso não basta: temos também que chegar a sê-lo" (p. 29). Isso significa que a humanidade vai se construindo num processo de formação sempre continuada, em que as pessoas se tornam sujeitos ao participar do movimento de organização da vida na relação com os outros.

Os seres humanos se constituem enquanto tais pela intervenção intencional e consciente que realizam no mundo, transformando a natureza e a si mesmos, criando a cultura e a história, juntos, em sociedade. Mais do que mencionar uma *natureza* humana, se deveria, então, falar de uma *condição* humana, algo que não está dado, mas é construído social e historicamente. O que é natural, para o ser humano, é fazer cultura, mantendo-se como animal biológico, mas criando maneiras diferentes de viver. A intervenção cultural, portanto, "ultrapassa" a natureza, rompe com o determinismo, movimenta-se, transforma-se.

A cultura é *segunda natureza*, banho de que nunca nos enxugamos, na bonita expressão de Flávio Di Giorgi (1990):

> *mais importante talvez que o primeiro banho de água, foi o banho que o tornou Homem, isto é, o banho no universo do símbolo. Isto é, o banho da cultura, e de que nós permanecemos perpetuamente úmidos, que toalha nenhuma enxuga, e se enxugados reverteríamos à mera biologia que nos anularia como seres humanos. Isto é, nós somos seres humanos porque fomos banhados pela cultura. (p. 75)*

Ela é, assim, elemento constituinte do ser humano; não é algo que se acrescenta a ele, e sim um ingrediente essencial na sua produção. Clifford Geertz (1989) afirma que

> *não dirigido por padrões culturais – sistemas organizados de símbolos significantes – o comportamento do homem seria virtualmente ingovernável, um simples caos de atos sem sentido e de explosões emocionais, e sua experiência não teria praticamente qualquer forma. A cultura, a totalidade acumulada de tais padrões, não é apenas um ornamento da existência humana, mas*

uma condição essencial para ela – a principal base de sua especificidade. (p. 58)

A vida humana é constituída com vistas à *realização* dos indivíduos, sujeitos construtores de si mesmos, na articulação de suas vontades com as determinações do contexto em que vivem. Essa realização não tem, portanto, o significado de cumprimento de algo já estabelecido de antemão, de uma natureza previamente dada, ou de um destino. Apresenta-se, sim, como a perspectiva de concretizar-se algo definido como *bem*, que vai ao encontro de necessidades e desejos dos homens e mulheres de uma determinada cultura e que não é algo abstrato, mas resultante da própria intervenção dos sujeitos, da articulação de interesses e poderes, tendo sempre um caráter *histórico*.

Como criação humana, social, que se faz com o uso da liberdade e da responsabilidade, a história tem um caráter *dramático*. Ela não se submete ao determinismo que encontramos na natureza, em que as transformações se dão em virtude de leis da própria natureza ou de caráter aleatório. É verdade que não escolhemos muitas das circunstâncias em que vivemos, mas escolhemos *o que fazer com elas*. Apesar de fazer a história "em determinadas circunstâncias", como afirmou Marx, os seres humanos empenham em suas ações a liberdade e a vontade. O sentido da história não é *trágico*, pois há a possibilidade de se alterar o curso dos acontecimentos a partir de uma intervenção consciente e deliberada dos indivíduos e dos grupos. Daí o caráter *dramático* – há sempre de se pensar nas implicações das ações, no seu sentido, no que elas significam para toda a sociedade.

Sendo um processo de socialização da cultura, a educação tem um caráter transformador. Ela está presente em todas as instituições sociais, como elemento de preservação – e ao mesmo tempo de modificação – dos conhecimentos e valores. Em qualquer espaço em que se dá a interação entre os seres humanos encontra-se esse movimento de partilha e criação dos elementos culturais.

A educação está em toda parte. Interessa aqui, entretanto, a educação que se realiza numa instituição que tem a tarefa de realizá-la de maneira organizada e sistemática: a escola. Interessa refletir, portanto, sobre o papel da escola na formação dos indivíduos, sobre o significado da educação escolar na transformação das pessoas e da sociedade. Ildeu Coêlho (2009) chama atenção para o fato de que

> *imaginar [a escola] como espaço e organização encarregada de transmitir e socializar o saber sistematizado, a ser apropriado pelos alunos, preparando-os para a continuidade dos estudos, o mundo do trabalho e a vida é empobrecê-la e fragilizá-la pela perda de sua autonomia, sentido e razão de ser. . . . O que justifica, dá vida e sentido à escola, à relação pedagógica, ao trabalho de docentes e discentes, são o* processo de formação humana *que aí se realiza e a relação de professores e estudantes com a cultura, com o pensamento, com o saber vivo, instigante e que a cada momento se produz, se interroga e se recria. (p. 16, grifos meus)*

Se concordarmos com Coêlho, temos de questionar continuamente o trabalho da escola, procurando constatar se ela se organiza efetivamente para essa tarefa formadora, se seu projeto vai ao encontro das necessidades que se apresentam na sociedade, considerando sua complexidade e as contradições que a constituem. Porque a humanidade que aí se constrói pode não ir ao encontro daquelas necessidades, não se encaminhar para a formação de cidadãos livres e ativos. E, então, é preciso modificá-la, fazê-la na direção da vida plena a que se tem direito.

> *Aprender é necessário, mas não suficiente. Pode-se ter aprendido muitas coisas e alimentar as fogueiras da Santa Inquisição, fabricar a bomba de Hiroshima, deixar imigrantes afogarem-se no Mar Mediterrâneo ou aderir a essas outras formas de barbárie que nos propõem o pós-humanismo. Educar é educar ao humano. A barbárie, sejam quais forem suas formas, incluindo muito modernas, pensa fora do humano. Educação ou Barbárie, hoje é preciso escolher. (Charlot, 2020, p. 304)*

Como seres sociais, temos nossa existência humana afirmada na relação, na *convivência*. Interessa pensar, então, nas formas dessa convivência, nos valores que a sustentam e nos princípios que a orientam. É necessário ir além da definição do ser humano como um animal racional e afirmar que ele é um animal *simbólico*. Isso significa considerar não apenas a racionalidade como um elemento diferenciador dos seres humanos, mas explorar as múltiplas capacidades que a ela se juntam na criação da cultura e da história – os sentidos, os sentimentos, as emoções, a memória, a imaginação. É a partir daí que se vão construindo as individualidades e as identidades, as marcas distintivas de pessoas e comunidades. Devemos indagar, portanto, sobre o processo de subjetivação que tem ocorrido em nossas escolas – falamos em formação de sujeitos e devemos estar atentos para os projetos que orientam nosso trabalho.

Para falar de tudo que é humano, o uso do plural é o mais adequado. A pluralidade, efetivamente, é o elemento sempre presente na constituição da humanidade. Por isso mesmo, talvez devêssemos fazer referência a sociedades, culturas, educações. E *humanidades* (Rios, 2016).

Não pode ser boa – no sentido ético – a humanidade que persegue, discrimina e quer destruir o outro simplesmente porque ele é outro. Isso constitui a barbárie (Charlot, 2020). É nessa medida que nos parece como extremamente desafiadora a afirmação de Judith Butler (2015):

> *o reconhecimento muitas vezes nos obriga a suspender o juízo para podermos apreender o outro. Muitas vezes nos baseamos em juízos de culpa ou inocência para resumir a vida do outro, confundindo postura ética com aquele que julga. . . . Talvez somente pela experiência do outro, sob a condição de termos suspendido o juízo, tornamo-nos finalmente capazes de uma reflexão ética sobre a humanidade do outro, mesmo quando o outro busca aniquilar a humanidade. (pp. 62-63)*

Isso não significa que se deva ser tolerante com a intolerância, expressa na indiferença ou na tentativa de aniquilamento do outro. A barbárie desconsidera a dignidade humana. Falar em dignidade humana pode parecer um artifício ideológico, uma vez que, de certo modo, sua significação foi esvaziada por uma utilização arbitrária e equivocada, despida de concretude, no discurso liberal e neoliberal. Julgo que não se trata de inventar novas denominações, mas de recuperar a significação autêntica, esclarecendo de que se fala. Vida humana *de verdade* – como diríamos às crianças – é vida *digna*, é o que se chama *vida boa*. É vida além da dimensão biológica, vida de satisfação de desejos, não apenas de necessidades. *Con-vivência*, numa perspectiva de respeito mútuo, de diálogo, solidariedade, justiça.

Técnica vs. *humanismo: uma oposição verdadeira?*

> *Marx disse que, transformando o mundo, os homens se transformam a si mesmos. Não modificaremos substancialmente o seu pensamento se alterarmos a sua frase e afirmarmos agora que não podemos transformar o mundo se, ao mesmo tempo, não nos transformarmos nós mesmos.*
>
> Heller (1992)

Em sua obra *Meditação da técnica*, o pensador espanhol José Ortega y Gasset (1963) dispõe-se a discutir "o sentido, vantagens, danos e limites da técnica" (p. 5). Para isso, apresenta inicialmente a pergunta: o que é a técnica? E responde: ela é o conjunto dos atos humanos que "modificam ou reformam a circunstância ou natureza".

> *A técnica é a reforma que o homem impõe à natureza em vista da satisfação de suas necessidades. . . . É a reação enérgica contra a natureza ou circunstância que leva a criar entre esta e o homem uma nova natureza posta sobre aquela, uma sobrenatureza. . . . É o contrário da adaptação do sujeito ao meio, posto que é a adaptação do meio ao sujeito. (p. 14).*

Afirma, então, que a missão inicial da técnica é essa: dar franquia ao homem para poder dedicar-se a ser ele mesmo. Já por aí se pode fazer uma articulação entre a educação, como formação da subjetividade humana, e a técnica, como elemento constituinte dessa formação.

A tecnologia é exatamente o processo de desenvolvimento histórico da técnica, a utilização dos instrumentos na intervenção transformadora da realidade, especialmente no campo científico. A ciência leva os seres humanos a conhecer de modo sistemático e organizado a realidade. Instrumentaliza-os no sentido de ampliar, construir e reconstruir incessantemente o mundo. Graças ao trabalho da ciência, na articulação com os demais tipos de conhecimento, descobre-se e implanta-se formas mais complexas e aprimoradas de viver.

Não há como contestar o desenvolvimento científico e tecnológico. É indiscutível o reconhecimento das possibilidades criadas para uma vida mais ampla, em vários pontos de vista. O que é necessário é refletir sobre os resultados concretos que obtém-se com o emprego da técnica nos diversos contextos sociais. Não há técnica desprovida de valor e não há neutralidade no uso da tecnologia. É necessário, então, questionar as intenções e finalidades que se revelam nesse uso. A pergunta que nos desafia, eticamente, é a da utilização do conhecimento científico para a criação de um mundo feliz, de uma vida boa (Rios, 2004).

Quando nos deparamos com o grande número de problemas que se articulam com questões tecnológicas no mundo contemporâneo, costumamos encontrar pessoas que afirmam que estamos numa situação de crise moral devida aos progressos da ciência e da tecnologia, como se o avanço da investigação implicasse naturalmente um retrocesso da moralidade, um abandono dos valores morais. É preciso ter muito cuidado com afirmações desse tipo. É como se dissessem que "quanto mais ciência, menos humanidade". Essa é uma afirmação equivocada.

A ciência é gesto de humanidade, a técnica resulta da combinação da inteligência com a imaginação, a criatividade, instrumentos de que dispõem os seres humanos para criar-se e criar o mundo.

O que temos de questionar é a atitude que isola a ciência das outras manifestações ou que a julga superior a todas. O que se apresenta como problemático não é a tecnologia, mas o tecnicismo, a tecnocracia, que desvirtuam a técnica, ao desarticulá-la de outras perspectivas humanas. Devemos buscar superar, sim, uma sociedade tecnocrática, uma educação de caráter tecnicista.

É necessário, então, procurar superar a oposição que se faz – com grandes prejuízos – entre as ideias de técnica e humanismo, focando especialmente o campo da educação. Percebe-se, em vários encontros de educadores, que essas ideias em geral se encontram relacionadas numa perspectiva de oposição. Ao falar nas dimensões do trabalho educativo, faz-se referência a uma dimensão técnica e a uma dimensão humana, ou ao caráter técnico, que é diferente do caráter humano desse trabalho. Ora, a técnica é intervenção humana na realidade. A tecnologia é resultado do desenvolvimento, do aprimoramento, do avanço dessa intervenção. Reduzindo a técnica ao tecnicismo, joga-se fora a criança com a água do banho.

O que se deve assinalar é que não é apenas uma dimensão técnica que constitui o trabalho educativo. Essa dimensão está estreitamente articulada às dimensões estética, política e moral (Rios, 2001). Há de se levar em consideração a relação que acontece entre as pessoas, que requer sensibilidade; as motivações políticas que dirigem ou pressionam as ações; e os valores morais que as sustentam. E são esses valores que determinam, de certo modo, os caminhos do processo educativo. É necessário, portanto, que se estimule uma atitude crítica, no sentido de identificar esses valores e refletir sobre sua origem e consistência.

Santos (1996) nos afirma que, na verdade, à preocupação do cientista de dominar e transformar o mundo nem sempre correspondeu a de compreendê-lo, de perguntar pelo sentido da ação e da transformação. Trata-se, então, de mobilizar esforços para que a ciência, articulada aos demais saberes complementares para um conhecimento ampliado e aprofundado dos seres humanos sobre si mesmos e sobre o mundo, seja instrumento ao alcance de todos, não abrigue em seu espaço a discriminação e o privilégio, mas faça valer os direitos que ela mesma, enquanto instrumento de cultura, tem auxiliado a construir no processo histórico da humanidade.

No que diz respeito à relação entre tecnologia e educação, vale pensar nos recursos presentes na escola, nas transformações decorrentes do conhecimento e da utilização desses recursos. Mas vale também pensar no significado que se atribui a eles. Muniz Sodré (2022) reconhece que

> *Dentro de 10 a 20 anos, cerca de 90% das ocupações que temos hoje vão ser substituídas por robôs ou máquinas. Já está ocorrendo com força na medicina, na engenharia, na construção mecânica. Certamente, a instrução, em determinados assuntos e disciplinas, pode ser satisfatoriamente substituída por máquinas. Você pode aprender cálculos de prédios por máquinas, até mesmo aprender a fazer operações cirúrgicas online, aprendendo a controlar os próprios robôs. Mas a isso eu dou o nome de instrução. Educação não é simplesmente passar informação. O mais pobre dos computadores faz isso melhor que o melhor dos professores.*

Fazer a crítica ao tecnicismo é chamar atenção para a necessidade de superar a redução da educação à instrução. Por causa do perigo dessa redução, são muitos os que veem com cautela ou receio o avanço da tecnologia e julgam que esse avanço pode eventualmente trazer prejuízos à construção de um projeto antropológico desejável. Adalberto Dias de Carvalho (2001) pondera:

> *A técnica que . . . parecia prometer e assegurar a autonomia que a história (desde o iluminismo) tinha tecido para o homem numa redentora linha de progresso, transfigura-se, afinal, em tecnocracia, em poder – estranho à própria técnica e ao homem – que tendencialmente o controlam em vez de lhe permitir controlar a natureza e dela se assenhorear. A técnica (ou, talvez melhor, o seu simulacro) torna-se o destino do homem. O processo histórico e o projecto antropológico culpabilizam-no agora mais que o engrandecem: o homem, em vez de se condenar a morrer pelos seus fracassos, parece condenado a desaparecer pelos seus sucessos . . . A sua responsabilidade repercute-se, portanto, fortemente, num futuro que o humanismo não admite que seja transantrópico.*
>
> *Emerge, então, a* tecnologia, *o sentido político da técnica, o seu significado antropológico, a responsabilidade socialmente partilhada. (p. 31)*

É preciso que a técnica seja fertilizada pela determinação autônoma e consciente dos objetivos e finalidades, pelo compromisso com as necessidades concretas do coletivo e pela presença da sensibilidade, da criatividade. Isso é importante quando se discute a questão da subjetividade, que nos remete, especialmente no campo da educação, à perspectiva da alteridade. Indivíduos e culturas ganham sua identidade no reconhecimento dos outros às suas características e particularidades. Fernando Savater (2002) afirma que

> *cada um de nós tem de ser reconhecido em sua humanidade pelos demais, e tem de reconhecer a humanidade dos outros para que esses também possam reconhecer a nossa: nós humanos nos fazemos humanos uns aos*

> *outros. A principal tarefa da humanidade é produzir mais humanidade; o principal não é obter mais riqueza ou desenvolvimento tecnológico, coisas que não são, por outra parte, desdenháveis, mas o fundamental para a humanidade é produzir mais humanidade, é produzir uma humanidade mais consciente dos requisitos do ser humano e das relações que se estabelecem entre eles. (pp. 13-14)*

É importante a concepção do autor, mas creio que deveríamos pensar se é adequado falar em mais ou menos humanidade ou em seres mais humanos ou menos humanos que outros. Há, sim, aqueles que possuem mais ou menos condições de se desenvolverem com dignidade, de se transformarem em seres autônomos e felizes. O ser humano que revolve o lixo para encontrar comida tem, sem dúvida, menos recursos do que aquele que habita uma mansão e pode comer o que lhe apetece. Mas este não é mais humano que aquele. O ser humano que tortura o semelhante, que usa do poder para humilhá-lo é tão humano quanto o torturado. E isso é assustador, repugnante. E então qualificamos o torturador como um "monstro", um "animal", para que não tenhamos de reconhecê-lo como alguém humano como nós. Por isso mesmo é que temos de enfrentar o desafio de, com nosso trabalho educativo, construir uma humanidade representada por sujeitos cuja conduta seja criadora de uma vida plena para todos.

Teremos que pensar, finalmente, sobre a implicação que tem para a construção dessa humanidade o avanço da tecnologia no mundo contemporâneo, onde vemos surgir concepções como o pós-humanismo ou o trans-humanismo. Os pós-humanistas se referem a

> *"futuros seres cujas capacidades básicas superam de forma tão radical a dos humanos atuais, que não é possível considerá-los, sem dúvida, como humanos segundo os padrões atuais" . . . Isso não quer dizer que eles vêm depois dos humanos, nem que não há mais seres humanos. Podem ser as "inteligências artificiais completamente sintéticas ou as inteligências baixadas por transferência de um cérebro biológico para um computador". As possibilidades são tão numerosas que será pura especulação entrar em detalhes. . . . Mas uma coisa é certa: os pós-humanos, sejam quais forem as suas formas, superam em muito as formas atuais de humanidade. (Charlot, 2020, p. 131)*

O trans-humanismo se define como

> *Uma corrente de pensamento favorável à superação de nossos limites biológicos pela tecnologia: aumento da duração da vida, melhorias cognitivas, modificações genéticas. Em escala individual, ele nos permite desenvolver constantemente nossas "possibilidades de existir" . . . e em escala coletiva, propõe uma direção à humanidade: a de uma evolução permanente, uma busca emocionante, visando "tornar-se constantemente mais". (Charlot, 2020, p. 131)*

Essas concepções já nos trazem uma breve ideia do que se investiga e se propõe em relação à utilização da tecnologia nos nossos dias. Vale refletir, especialmente, sobre o uso da tecnologia no espaço da comunicação, talvez o que mais tem se beneficiado do avanço tecnológico, e, no espaço da comunicação, o recurso à tecnologia digital. Temos nos beneficiado da criação de inúmeras possibilidades de contato entre os indivíduos, de conexão com múltiplos ambientes, de diminuição das distâncias, embora constatemos que poucas pessoas tenham acesso a esses benefícios.

Apesar deles, é importante considerar o alerta de vários pensadores. Entre eles, encontramos o de Byung-Chul Han (2017), que afirma:

> *O mundo digital é pobre em alteridade e em sua resistência. Nos círculos virtuais, o eu pode mover-se praticamente desprovido do "princípio de realidade", que seria um princípio do outro e da resistência. Ali, o eu narcísico encontra-se sobretudo consigo mesmo. A virtualização e digitalização estão levando cada vez mais ao desaparecimento da realidade que nos oferece resistência.*
>
> *O sujeito do desempenho pós-moderno, que dispõe de uma quantidade exagerada de opções, não é capaz de estabelecer relações intensas. . . . A "alegria que se encontra nas redes sociais de relacionamento tem sobretudo a função de elevar o sentimento próprio narcísico. Ela forma uma massa de aplausos que dá atenção ao ego exposto ao modo de uma mercadoria. (pp. 92-93)*

É aqui que vale a referência a algo que ocupa o espaço das discussões sobre as novas relações que vão sendo estabelecidas. O que se oferece às pessoas é a possibilidade de viver não apenas – ou não mais – no universo real, concreto, mas no *metaverso*, que é "uma extensão da vida humana física para o reino digital . . . um mundo interconectado e ilimitado, onde as vidas físicas e digitais convergem totalmente" (Safian-Demers, 2022).

O canal do YouTube *Jovens de Negócios* apresenta um vídeo que tem como título "O que é metaverso? A tecnologia que vai acabar com a humanidade (como conhecemos)" (2021). Ali, temos a informação de que,

> *Apesar de ter virado pop recentemente, o termo metaverso é antigo. Ele foi cunhado pelo escritor Neal Stephenson em seu livro de ficção científica* Snow Crash, *publicado em 1992. A obra conta a história de Hiro Protagonist, personagem que na "vida real" é um entregador de pizza, mas no mundo virtual – chamado na história de metaverso – é um samurai.*
>
> *Em 2011, o escritor Ernest Cline também tratou do tema em seu romance futurista* Ready Player One *(*Jogador Número 1 *no Brasil), que em 2018 ganhou as telas do cinema pelas mãos de Steven Spielberg. Na obra, os personagens vivem em um mundo distópico e, para fugir da realidade, costumam passar horas e horas no OASIS, um simulador virtual que dá a eles a possibilidade de serem o que bem entenderem.*
>
> *Vale lembrar, no entanto, que a proposta do metaverso vai além dos jogos online. A ideia é que todos os aspectos da "vida real" da pessoa – lazer, trabalho, relacionamentos, estudo e outros – sejam permeados de forma imersiva pelo digital, e vice-versa.*
>
> *Mark Zuckerberg, o presidente de uma das plataformas de comunicação mais importantes, o Facebook, anunciou em 2021 que a organização passaria a se chamar Meta, apresentando sua a justificativa: "Hoje somos vistos como uma empresa de mídia social, mas em nosso DNA somos uma empresa que constrói tecnologia para*

> *conectar pessoas, e o metaverso é a próxima fronteira, assim como a rede social foi quando começamos. . . . No metaverso, você será capaz de fazer quase tudo que você possa imaginar – reunir-se com amigos e família, trabalhar, aprender, brincar, fazer compras, criar –, bem como ter experiências completamente novas que realmente não se encaixam em como pensamos sobre computadores ou telefones hoje".*

Posso, então, "inventar" um outro eu, um outro sujeito, de acordo com meu desejo, livre das imposições que encontro no mundo real. Passo a me apresentar aos outros com uma nova face, terei possibilidade de construir a personagem que representará mais autenticamente o que sou – ou que desejo ser.

Ao lado de reações entusiasmadas diante das novas perspectivas, encontramos sérias ressalvas, reveladoras de preocupações.

> *O novo ser humano será constituído através e dentro das tecnologias digitais e dos meios computacionais.*
>
> *A era computacional – a era do Facebook, Instagram, Twitter – é dominada pela ideia de que há quadros negros limpos no inconsciente. As formas dos novos meios não só levantaram a tampa que as eras culturais anteriores colocaram sobre o inconsciente, mas se converteram nas novas infraestruturas do inconsciente. Ontem, a sociabilidade humana consistia em manter os limites sobre o inconsciente. Pois produzir o social significava exercer vigilância sobre nós mesmos, ou delegar a autoridades específicas o direito de fazer cumprir tal vigilância. A isto se chamava de repressão.*

> *A principal função da repressão era estabelecer as condições para a sublimação. Nem todos os desejos podem ser realizados. Nem tudo pode ser dito ou feito. A capacidade de limitar-se a si mesmo era a essência da própria liberdade e da liberdade de todos. Em parte graças às formas dos novos meios e à era pós-repressiva que desencadearam, o inconsciente pode agora vagar livremente. A sublimação já não é mais necessária. A linguagem se deslocou. O conteúdo está na forma e a forma está além, ou excedendo o conteúdo. Agora somos levados a acreditar que a mediação já não é necessária. (Mbembe, 2016/2022)*

O tema é complexo e não é minha intenção explorá-lo exaustivamente. Quero trazê-lo com a intenção de pensarmos nas possíveis transformações dos processos de subjetivação num contexto com tais características. As perguntas fundamentais dizem respeito às transformações radicais que podem ocorrer nesse contexto. Serão as pessoas levadas também a criar novos princípios, quem sabe contrários aos que temos considerado, do ponto de vista da ética? Que educação será demandada para construir aquela "meta-humanidade"? Charlot (2020) mostra uma preocupação:

> *Que as tecnologias de informação, comunicação e de inteligência artificial produzam atualmente e sejam levadas a produzir em um futuro próximo transformações, às vezes profundas, de nossa vida cotidiana, é uma evidência. Que isso confronta os pais e professores com novas questões práticas em matéria de educação, . . . ninguém duvida. Que uma cibercultura anuncia uma humanidade nova e melhorada é eminentemente questionável. O ciberespaço é atualmente um espaço*

> *sem lei, às vezes para o bem, frequentemente para o mal. Sem um debate democrático, no nível da própria sociedade, sobre normas éticas e políticas que o regulem, ele não pode ser o lugar da cibercultura de liberdade, igualdade, criatividade, encontro do outro e sua diferença . . . (p. 125)*

É nessa medida que se faz necessário o olhar crítico e, a partir dele, a intervenção comprometida no sentido de romper com a barbárie e construir uma educação e uma escola de boa qualidade para todos.

À guisa de conclusão

O processo civilizatório é entendido como evolução sociocultural, no sentido de desenvolvimento, de transformações e aprimoramentos das culturas no decorrer dos tempos. O modo de ser e de interagir das sociedades contemporâneas é resultante de longos e complexos processos históricos. A pergunta crítica que devemos propor é: em nosso mundo globalizado e ao mesmo tempo extremamente fragmentado, que sentido têm as relações entre os seres humanos? Como afirmar as identidades e fortalecer a convivência, enfrentando o individualismo e a negação das diferenças?

Uma educação com uma nova face pode, sem dúvida, constituir-se num motor de construção da humanidade em que somos iguais em nossas diferenças e somos reconhecidos e nos reconhecemos como uns e outros, na procura do diálogo e da democracia. Não estamos aqui falando em consenso, como se de repente pudéssemos encontrar uma harmonia na "igualação" – são próprios da democracia o conflito, as divergências, o debate. O que se deseja superar é a intolerância, o alheamento, a indiferença.

Se a humanidade pode ser reconhecida na ação de cada ser humano, tanto no gesto grandioso, generoso, quanto no ato degradante, aviltante, o grande desafio é construir o humano na medida dos princípios éticos: o respeito, a justiça, a solidariedade. O horizonte da ética é a dignidade humana, a afirmação dos direitos de cada homem ou mulher, de cada pessoa, a possibilidade de sua participação na construção de uma história em que identidade e alteridade, diferença e igualdade se estabeleçam e se afirmem a cada momento. Em que as pessoas possam constituir-se como sujeitos reconhecidos em sua singularidade, na perspectiva do convívio emancipador e solidário.

É preciso pensar que se a história humana aponta para uma realidade sociocultural que não está definida de antemão, *ela poderá sempre ser diferente*. Isso é algo significativo quando se pensa no trabalho na escola, na articulação de projetos, no conjunto das ações que realizamos. A história nos mostra que o que foi poderia ter sido diferente, o que está sendo tem a possibilidade de ser modificado a partir de uma intencionalidade, e o que será resultará do projeto que fizermos juntos.

Por mais que conheçamos as investigações, os projetos e as propostas que são apresentados em relação ao futuro da humanidade, sabemos que não temos certeza da configuração que esse futuro terá. Mas sabemos também – e isso é que deve nos preocupar e mobilizar – que esse futuro começa no presente. É do que somos que caminhamos para o que devemos, queremos e podemos ser. Assim, é importante refletirmos sobre as exigências que se apresentam para os educadores compromissados com a construção de uma humanidade que vá ao encontro dos princípios éticos e possa desfrutar de uma vida boa, feliz.

A pergunta não é "Que mundo deixaremos para nossos filhos?", mas "Que filhos deixaremos para o mundo?". Qual será a face da humanidade que nós, educadores, ajudaremos a configurar, com nossa intervenção no processo educativo?

> *que lugar dar à tecnologia em uma antropopedagogia contemporânea? Como destaca Heidegger, a técnica não tem nada de diabólica, ela revela, ao contrário, o mundo como produção.*
>
> *Eis o ponto-chave: não a tecnologia em si, mas a relação do homem com a tecnologia. Hoje, é frequente uma relação inculta ou mágica. Vivemos em um mundo humano tecnológico, é nesse tipo de mundo que a educação convida o jovem a entrar e me parece, portanto, importante que ele possa compreender os princípios básicos dos objetos tecnológicos que utiliza cotidianamente: smartphone, computador, televisão etc. Não para acrescentar mais um capítulo ao ensino bancário, nem preparar para um mundo pós-humano, mas para ocupar com humanidade um mundo tecnológico. (Charlot, 2020, p. 304)*

Já estamos ocupando com humanidade o mundo tecnológico. A questão é: com qual humanidade? Como tem sido nossa relação com o mundo e com os outros? Enfrentamos a ameaça do deslumbramento, que pode gerar submissão, o perigo da ausência da atitude crítica, que leva a posicionamentos ingênuos e informações falsas. Está aí o desafio: temos que assumir o compromisso de construção de subjetividades desenvolvidas numa perspectiva ética. Esse parece ser o melhor projeto que podemos criar.

Para isso, temos que levar em conta a dimensão utópica, guardada na ética. A utopia não é o que é impossível de existir, mas o que *ainda não existe*. É um ideal, que se apresenta como necessário e desejado, mas que será uma quimera se não for possível. Entretanto, o possível nem sempre está dado, ele precisa ser construído. Aí se apresenta o maior desafio que temos que nos dispor a enfrentar.

> *por que é importante pensar para além do que é possível? Porque pensar o impossível pode expandir o horizonte das possibilidades. Ou seja, nenhuma utopia se realiza, mas as utopias podem ajudar a realizar alternativas concretas. Sem a impossibilidade radical da utopia, não é possível imaginar novas possibilidades no nosso tempo. E aqui surge, obviamente, o grande problema da nossa época, que é o querer partir do necessário impossível contra aqueles que nos dizem que o necessário é só aquilo que existe. E existe porque é necessário e é necessário porque existe, nada mais do que isso pode ser pensado.*
>
> *De alguma maneira, a utopia exige hoje um ato de despensar, de pensar o impensável, de desaprender o aprendido, e isso não pode ser construído individualmente, tem que ser construído coletivamente e temos que saber como é que isso se faz e para que se faz. O conformismo é exatamente a redução da realidade ao que existe. E se esta realidade for toda a realidade possível, não podemos imaginar viver nessa sociedade se não formos além dela. Isto é, se não formos dissidentes. O ser utópico é um ser dissidente, é um ser inconformista porque é inconformado. (Santos, 2018, pp. 327-328)*

O que se quis aqui foi pensar em nossa interferência enquanto educadores no processo de subjetivação desenvolvido em nossas instituições, especialmente em nossas escolas, para ir adiante na aventura de mudar, para tentar realizar um exercício de adivinhar novos jeitos de ver e de pensar, de imaginar outra escola, outro mundo possível e, mais do que isso, arregaçar as mangas para construí-los, no único momento que temos para fazer isso – o presente; é o presente que podemos dar a nós mesmos e àqueles com os quais partilhamos o grande mistério da vida e da história.

Referências

Beauvoir, S. de. (1960). *O segundo sexo* (Vol. 2. A experiência vivida). Difel.

Butler, J. (2015). *Relatar a si mesmo: crítica da violência ética*. Autêntica.

Carvalho, A. D. (2001). A filosofia da educação: perspectivas e perplexidades. In A. D. Carvalho (Org.), *Filosofia da educação: temas e problemas* (pp. 11-35). Edições Afrontamento.

Cerletti, A. (2009). *O ensino de filosofia como problema filosófico*. Autêntica.

Charlot, B. (2020). *Educação ou barbárie? Uma escolha para a sociedade contemporânea*. Cortez.

Chauí, M. (2023). O papel da filosofia na universidade. In M. Chauí (Org.), *Em defesa da escola pública, gratuita e democrática* (pp. 464-480). Autêntica.

Coêlho, I. M. (2009). Filosofia, educação, cultura e formação: uma introdução. In I. M. Coêlho (Org.), *Educação, cultura e formação: o olhar da filosofia*. Editora PUC Goiás.

Di Giorgi, F. (1990). Os caminhos do desejo. In A. Novaes (Org.), *O desejo*. Companhia das Letras.

Dufrenne, M. (1968). *Pour l'homme*. Éditions du Seuil.

Geertz, C. (1989). *A interpretação das culturas*. Guanabara.

Guimarães Rosa, J. (1956). *Grande sertão: veredas*. Rio de Janeiro: José Olympio, 1965.

Han, B.-C. (2017). *Sociedade do cansaço*. Vozes.

Heller, A. (1992). *O cotidiano e a história*. 4a ed. Paz e Terra.

hooks, b. (2017). *Ensinando a transgredir: a educação como prática da liberdade* (2a ed.). Martins Fontes.

Jovens de Negócios [Canal do YouTube]. (2021). *O que é metaverso?* Recuperado de: https://www.youtube.com/watch?v=yHc2xM-bN7AU._

Maduro, O. (1994). *Mapas para a festa*. Vozes.

Mbembe, A. (2022). A era do humanismo está terminando. *Instituto Humanitas Unisinos*. Recuperado de: https://www.ihu.unisinos.br/564255-achille-mbembe-a-era-do-humanismo-esta-terminando. (Trabalho original publicado em 2016)

Meirelles, F. (Dir.). (2002). *Cidade de Deus*. Lumière Brasil.

Ortega y Gasset, J. (1963). *Meditação da técnica*. Livro Ibero-Americano.

Rios, T. A. (2001). *Compreender e ensinar: por uma docência da melhor qualidade*. Cortez.

Rios, T. A. (2004). Ética, ciência e inclusão social. In J. S. de Carvalho (Org.), *Educação, cidadania e direitos humanos* (pp. 118-129). Vozes.

Rios, T. A. (2011). *Ética e competência* (20a ed.). Cortez.

Rios, T. A. (2016). *Para falar de humanidade: construir uma comunicação formadora*. Trabalho apresentado no V Colóquio Internacional da Sociedade de Filosofia da Educação dos Países de Língua Portuguesa.

Safian-Demers, E. (2022). The metaverse glossary. *Wunderman Thompson*. Recuperado de: https://www.wundermanthompson.com/insight/the-metaverse-glossary.

Santos, B. de S. (1996). *Um discurso sobre as ciências* (8a ed.). Edições Afrontamento.

Santos, B. de S. (2018). É necessário ser utópico hoje? In B. de S. Santos, *Na oficina do sociólogo artesão: aulas 2011-2016* (pp. 321-344). Cortez.

Savater, F. (1998). *O valor de educar*. Martins Fontes.

Savater, F. (2002). *Ética y ciudadanía*. Monte Ávila Editores Latinoamericana.

Sodré, M. (2022). Sobre ensino, robôs e a libertação humana. *Outras mídias*. Recuperado de: https://outraspalavras.net/outrasmidias/muniz-sodre-sobre-ensino-robos-e-a-libertacao-humana/.

7. A educação e o espírito do mundo: subjetividade, corpo e tecnologia

Rubens M. Volich

Silvio Hotimsky

Em abril de 1965, o filósofo Theodor Adorno proferiu uma palestra pela rádio de Hessen, na Alemanha. Publicada dois anos depois com o título "A educação após Auschwitz", sua tese tornou-se mundialmente conhecida ao afirmar que a primeira exigência para evitar que Auschwitz se repita é o cuidado com a educação. Segundo ele, o campo de extermínio foi a forma mais requintada de síntese da barbárie promovida por uma sociedade moderna, científica e tecnológica.

Categórica, a afirmação de Adorno convoca à reflexão. Se a tecnologia sempre contribuiu para a aquisição, o acesso e a transmissão de saberes, o que haveria de tão assustador no progresso e no desenvolvimento tecnológico? Em suas palavras, o pensamento, o modelo e os processos altamente eficientes da máquina de guerra e de extermínio representavam um processo social objetivo de regressão associada ao progresso. Essa regressão é marcada pela diminuição da capacidade de pensamento, aquilo que ele denominava produção de uma consciência mutilada (Adorno, 1971/1995). Mutilação que se desdobraria também na esfera corporal e que promoveria a violência.

Já há duas gerações, em plena era da corrida espacial para alcançar a lua e outros planetas, em meio a grandes progressos científicos no campo da medicina, como no combate às muitas doenças graves, quando o ser humano usufruía em seu cotidiano de enormes ganhos de produtividade e conforto de vida resultantes de desenvolvimentos tecnológicos derivados de pesquisas que inicialmente alimentaram as estratégias bélicas de duas guerras mundiais e muito antes do advento da internet, da globalização e da sociedade de consumo online (com todas as repercussões que hoje conhecemos), Adorno alertava para a armadilha da fascinação, da fetichização e da captura pela tecnologia e por muitas das ilusões que ela propicia, que contribuem para esvaziar as dimensões subjetivas, relacionais e sociais humanas.

Ao ser considerada como uma entidade superior aos homens – que, supostamente, a ela deveriam se submeter –, a tecnologia ocupa um lugar central nessa problemática. É importante reconhecer os benefícios e as comodidades que propicia, porém, justamente em função deles, frequentemente ela é considerada inquestionável. Já no tempo da conferência de Adorno e, de forma progressiva e alucinantemente mais intensa, desde a segunda metade do século XX, produziu-se um culto à máquina concomitante ao distanciamento do humano.

Há um bom tempo, as crianças têm desembarcado no mundo com a marca de serem "nativos na tecnologia". Gerações X, Y, Z cresceram e crescem sob o olhar de deslumbramento dos adultos por serem "crianças web", nascidas e vivendo nas redes "que nem peixe pescado", como diria Gilberto Gil,[1] consultores-mirins de

---

1 Em 1996, Gilberto Gil lançou por streaming a música "Pela Internet". Tratava-se de mais uma de suas criações voltadas à reflexão sobre as relações entre o homem e a tecnologia. A música também homenageava Donga, autor do samba "Pelo Telefone", gravado 100 anos antes. Em 2017, Gil lança "Pela Internet 2". Os

pais e avós constrangidos diante da multiplicidade de botões, links, ícones e funções incompreensíveis.

Especular e narcisicamente capturados por tais habilidades, pais, avós e muitos cuidadores são condescendentes com bebês e crianças que, cada vez mais e mais cedo, permanecem diante de telas que promovem quantidades de estímulos sensoriais impossíveis de serem absorvidas e elaboradas. Excessos que confiscam sua atenção e excitam seus corpos, que pouco se movimentam fisicamente, com cada vez menos contato com o ambiente, com pessoas e com a casa que habitam, com objetos que os circundam, com a natureza e sua infinidade de formas, cores, sons, e outros estímulos sensoriais, aparentemente tranquilos e acalmados por máquinas que apresentam a eles muitos desses mesmos elementos, porém em duas dimensões, inóspitas, inodoras, com sons pasteurizados e personagens que falam, mas não dialogam com a criança. A tecnologia muitas vezes acaba se prestando e mesmo se oferecendo a ocupar o lugar de uma língua materna e da presença enigmática e tridimensional de um semelhante.

Crianças e adolescentes dispendem muitas horas por dia em torno de filmes, games e séries, embarcados em um universo de relações, seres e mundos virtuais, desafiados a controlá-los, vencê-los, sobreviver a eles. Muitas vezes, descobrem a sexualidade pela via da pornografia, que, em geral, os convida para uma noção pouco acolhedora e afetiva em relação ao outro, a seus próprios corpos e a eventuais parceiros reais, com cenas impactantes que esvaziam ou prescindem da fantasia. Após todo esse tempo voltado para essas atividades, acabam por priorizar afetos e experiências orientados ao universo das relações virtuais, muitas vezes esporádicas, sem pretensão ou possibilidade de continuidade, sem

---

contrastes entre as duas letras, separadas por 21 anos, revelam as transformações que vivemos em nossas relações sociais e com a tecnologia nesse período.

necessidade de dedicação à construção de tramas relacionais, de histórias compartilhadas.

Mesmo em situações em que há possibilidades de interação, nas redes sociais, aplicativos e jogos, é frequente que elas sejam pautadas por interesses que acabam por fechar os grupos em si mesmos, desenvolvendo linguagens e narrativas empobrecidas, idiossincráticas e, muitas vezes, intolerantes e violentas. A exclusão e a falta de mediação de adultos, pais, familiares e educadores, que poderiam dialogar e colaborar na reflexão sobre tais experiências e sobre essa cultura do universo das crianças e adolescentes, contribuem para a manutenção e a exacerbação de tais funcionamentos.

Como compreender todas essas manifestações e quais suas implicações?

Em nossos dias, o cenário vislumbrado por Adorno é ainda sombrio. Nas últimas décadas, interações pessoais, familiares e sociais, bem como as relações com o conhecimento, com o trabalho e com o meio ambiente, passaram cada vez mais a evidenciar o empobrecimento e o esgarçamento subjetivo e relacional do ser humano, com repercussões preocupantes e, algumas vezes, nefastas sobre a saúde individual e coletiva. Em todas as fases do desenvolvimento, da infância à velhice, passando pela adolescência e pela fase adulta, é possível observar esse comprometimento e a fragilização tanto da constituição subjetiva como de diferentes aspectos da experiência corporal, em particular do que descrevemos como a economia psicossomática.[2]

---

2 A perspectiva econômica da psicossomática amplia o ponto de vista *econômico*, que, ao lado do *tópico* e do *dinâmico*, são descritos por Freud (1915/1980e) como as três dimensões da metapsicologia. A dimensão econômica revelada pela psicanálise busca acompanhar os investimentos e deslocamentos de quantidades de excitação (afetos, pulsões, libido) no psiquismo, movimentos

Os processos educacionais e as pessoas neles envolvidas encontram-se inexoravelmente implicados em todas essas dinâmicas. Como concebemos e cuidamos das crianças? Que recursos, que sonhos, que mundo e que projeto de civilização oferecemos a seu desenvolvimento? Como nos relacionamos com a infância e como nos organizamos socialmente para acolhê-la? Como a educação, familiar e institucional, lida com as necessidades, particularidades e anseios de cada ser humano em desenvolvimento?

Desenvolvimento humano, complexidade e alteridade

Marcado inicialmente pela biologia, sobretudo nos primeiros anos de vida, o desenvolvimento humano configura-se paulatinamente ao sabor de contingências, experiências e encontros com o mundo e com seu semelhante. Mesmo a concepção e a gestação, momentos inaugurais da existência de cada um, são atravessadas por desejos, afetos e toda a gama de fantasias conscientes e inconscientes que participam do encontro premeditado ou fortuito de um casal, ou mesmo de atos médicos que determinam as possibilidades, impossibilidades e condições inaugurais das histórias individuais e de seu porvir.

Na gestação, o desenvolvimento do feto é sobretudo forjado pelas interações entre as disposições genéticas e as condições a ele oferecidas pelo corpo da mãe, cuja saúde também depende, além de suas condições de vida e dos cuidados gestacionais, de suas experiências e representações familiares, conjugais, maternas, femininas e emocionais.

---

que também incluem as dimensões orgânicas e comportamentais dos processos psicossomáticos, como descreve Pierre Marty (1990/1994).

A transição da quietude e relativa estabilidade do ambiente intrauterino para o mundo confronta o recém-nascido com estímulos, sensações e experiências desconhecidos e intensos, difíceis e, às vezes, impossíveis de serem decodificados e metabolizados, com relação aos quais ele não possui ainda recursos para lidar. É essa condição que caracteriza seu desamparo, experiência inevitável e indissociável dos momentos inaugurais da existência humana (Freud, 1920/1980f), que em certas circunstâncias, principalmente nas mais extremas, pode ser reatualizada ao longo de toda a vida.[3]

Assim, após o nascimento, a sobrevivência e o desenvolvimento do bebê passam a depender não apenas da herança genética, de suas experiências durante a gestação e das condições fisiológicas e anatômicas de seu nascimento, mas também, e muitas vezes sobretudo, da presença de outras pessoas para acolhê-lo, alimentá-lo, protegê-lo. Essa presença e o ambiente emocional no qual são vividas todas essas experiências podem favorecer ou prejudicar seu desenvolvimento. Ainda sem recursos para lidar por si mesmo com essas e outras necessidades que brotam de seu corpo e também provenientes de seu ambiente, imaturo do ponto de vista de inúmeras funções orgânicas, sensoriais e motoras, por um bom tempo o bebê precisará contar com a ajuda e os recursos de adultos, mais competentes, para intermediar e organizar suas relações com o mundo, com as pessoas e com suas próprias necessidades.

Essas relações com o outro humano, essenciais não apenas para sua sobrevivência, mas também para sua maturação, integração e desenvolvimento orgânico e funcional, modelam as condições de

---

3 As manifestações comumente descritas como "pânico", "depressões" e "somatizações" e as desorganizações mais acentuadas do equilíbrio psicossomático são alguns exemplos dessas reatualizações de dinâmicas primitivas próximas do desamparo e de suas repercussões ao longo da vida (Marty, 1990/1994; Volich, 2000/2022).

amadurecimento, crescimento e desenvolvimento orgânico, motor, sensorial e de todas as demais funções que delas decorrem, como as relações com as demais pessoas e com o ambiente, a linguagem e os recursos psíquicos, entre muitas outras.

Para além da anatomia e dos automatismos biológicos e fisiológicos naturais do organismo, mediados pelas relações intersubjetivas, pelas experiências de satisfação ou frustração de necessidades, paulatinamente constituem-se o psiquismo e a subjetividade da criança, o universo de seus desejos e comportamentos que configuram sua personalidade, seu modo de ser no mundo e de relacionar-se com seus semelhantes.

Observamos nesse desenvolvimento tendências de crescentes complexificação, organização e hierarquização funcional. Esse movimento de constituição e ampliação de recursos progressivamente mais elaborados tem uma função essencial de assimilação e elaboração dos estímulos provenientes da realidade externa, de afetos, excitações e sensações oriundos do corpo e de experiências interiores da criança, buscando, dessa forma, o equilíbrio da economia psicossomática e sua manutenção.

Os recursos psíquicos, representativos, simbólicos, a capacidade de pensamento, a fantasia, a criatividade e os sonhos são os recursos mais elaborados dessa economia. Eles se prestam de forma mais eficiente ao trabalho de organização e ligação de tais estímulos que, quando excessivos, extremos e, no limite, traumático, podem desorganizar os recursos, dinâmicas e instâncias dessa economia, que tem como consequência descargas pelo comportamento, como as adicções, transtornos alimentares e de impulso ou ainda, no extremo, descargas e desorganizações, sintomas e doenças orgânicas de diferentes graus de gravidade (Marty, 1990/1994; Volich, 2000).

Nesse processo de constituição e organização funcional, a economia psicossomática, em todas as suas dimensões – psíquicas, comportamentais e somáticas –, é construída pelas experiências de satisfação e de frustração, de dor e de prazer, de amor e de ódio vividas com aqueles que cuidaram da criança ao longo de seu desenvolvimento. As relações com seus semelhantes, sobretudo nos primórdios da vida, e as marcas por elas deixadas criam as condições do indivíduo para lidar com o desconhecido e com o sofrimento.

Função materna, função paterna

Já presentes desde a concepção e durante a gestação, todos esses processos são vividos no âmbito da família e das relações com aqueles que acolhem o bebê após seu nascimento. Essa função de mediação e organização pela alteridade transforma-se continuamente e persiste ao longo de toda a vida. Por meio de relações dessa natureza, o bebê tem suas primeiras experiências com um outro humano, inicialmente indiferenciadas, mas diferenciando-se progressivamente quando a criança passa ser capaz de reconhecer a existência própria de seu semelhante, distinta de si mesmo (Winnicott, 1956/1982; Kreisler, 1992/1999; Ranña, 1997).

São essas as condições que configuram a experiência da parentalidade, na qual, geralmente, encontram-se principalmente implicados os pais da criança, mas da qual também fazem parte outros familiares e pessoas que dela cuidam. Essas condições podem favorecer ou dificultar a realização do potencial evolutivo de cada criança. Nesse contexto, reconhecemos duas funções primordiais dessas experiências, a *função materna* e a *função paterna*, cujo exercício, é importante destacar, não é exclusivo apenas da mãe ou do pai biológicos (Kreisler, 1992/1999; Ranña, 1997; Volich, 2000/2022).

A função materna compreende tanto a satisfação das necessidades fisiológicas e instintivas da criança como também a proteção contra ameaças físicas do meio em que vive. Ela também se constitui como uma espécie de "película" para conter, filtrar e assumir sensações e experiências que o bebê ainda não é capaz de assimilar, elaborar ou lidar por si mesmo, denominadas por Freud *para-excitações* (Freud, 1895/1980a, 1920/1980f). Sobretudo em meio às vivências turbulentas do puerpério e nos primeiros tempos da infância, essa função propicia à criança a possibilidade de criação de um espaço de quietude, que favorece suas primeiras tentativas de constituição de recursos próprios para lidar com tais situações com vistas a progressivamente alcançar a autonomia e desenvolver-se em direção a níveis mais evoluídos e harmônicos de funcionamento (Winnicott, 1956/1982; Kreisler, 1992/1999).[4]

Apesar de principalmente exercida pela mãe, a função materna é também desempenhada, de diversas maneiras, por todos aqueles que cuidam da criança. Por meio dessa função, aquele que a exerce tenta perceber, descobrir e acompanhar os ritmos da criança, buscando inicialmente compreender e responder a suas interações corporais, vocalizações e gestos, e mais tarde, outras manifestações primitivas ou inicialmente incompreensíveis para a criança e mesmo para o adulto. Dessa forma, como intérprete das reações do bebê ou mesmo de funcionamentos enigmáticos do adolescente ou do adulto, a função materna busca nomear, atribuir significado e

4 Para a mãe, a função materna organiza-se em continuidade com a *preocupação materna primária* (Winnicott, 1956/1982), estado de sensibilidade exacerbada da mãe em relação ao filho, que se inicia na gestação e se estende pelos primeiros tempos do puerpério. Léon Kreisler (1992/1999), pediatra e psicanalista, lembra a natureza recíproca dessa relação, uma vez que também o bebê é capaz de induzir a competência e o funcionamento da mãe e daqueles que exercem a função materna. De forma semelhante, é fundamental considerar que, na relação terapêutica ou educativa, o paciente ou o aluno também promovem a competência do terapeuta ou do professor.

introduzir o sujeito ao universo simbólico e representativo, promovendo, assim, a organização e o desenvolvimento de sua economia pulsional, de seu universo relacional intersubjetivo, de funções e de comportamentos (Aulagnier, 1978; Kreisler, 1992/1999; Ranña, 1997, 2003).

A intimidade corporal e as fantasias compartilhadas entre a mãe e a criança, desde a gravidez e após o nascimento, inevitáveis e necessárias nos primeiros tempos de vida, propiciam a cada um deles a experiência real de proximidade e, em maior ou menor grau, de fusão e de indiferenciação, como é frequente durante a amamentação, o ninar e outras experiências de proximidade corporal.

Por serem geralmente gratificantes, nem sempre é fácil ou possível renunciar a vivências e fantasias simbióticas como essas.[5] Porém, acompanhando e muitas vezes participando dessas cenas, o pai, o companheiro ou a companheira da mãe também dirigem a ela seus próprios desejos, fantasias e necessidades, solicitando-a para satisfazê-las.

Desse lugar, o pai, ou um outro ou outra que ocupe este lugar, convoca a atenção e o desejo da mãe, oferecendo a ela e a seu filho a possibilidade de romperem, mesmo que pontualmente, a proximidade e a experiência de indiferenciação que estão vivendo. É essa a essência da *função paterna*, a de um terceiro que se interpõe entre a mãe e o bebê, oferecendo a possibilidade de rompimento da vivência simbiótica e narcísica de ambos.

Nesse interstício, a mãe é convidada a renunciar por alguns momentos a seu lugar de mãe para ocupar o lugar de mulher, de

---

5 Esse cenário, frequente, é bastante complexo. A própria mãe muitas vezes é ambivalente quanto a essas vivências, e em alguns casos avessa a elas, algumas vezes com dificuldade ou incapaz de estabelecer um vínculo com seu bebê, como nas depressões puerperais graves, prejudicando o desenvolvimento da criança.

companheira, de objeto de desejo.[6] Ao mesmo tempo, ambos oferecem à criança a oportunidade de sentir e viver a ausência da mãe, de constatar estar dela separada, experiência que, apesar de assustadora e inicialmente incompreensível para a criança, cria para ela a oportunidade de descobrir a possibilidade de existência distinta da de sua mãe.

Essa capacidade da mãe de investir e desinvestir o filho, modulada pela função paterna, que interdita a fantasia incestuosa e a convoca enquanto mulher, é determinante das possibilidades da criança de experimentar a oscilação presença/ausência materna, essência da constituição da experiência de si mesmo, da autonomia, da "capacidade de estar só na presença de alguém" (Winnicott, 1958/1990). Essas condições contribuem também para a formação do universo erógeno da criança, de sua capacidade de representação, de seu aparelho psíquico. No intervalo de suspensão da relação fusional e indiferenciada, torna-se possível para a criança o reconhecimento da presença paterna e a experiência do universo desejante de um outro ou de uma outra que não a mãe, o acesso à Lei, à ordem edípica, à cultura (Freud, 1913/1980c, 1924/1980g; Kreisler, 1992/1999; Ranña, 2003).

Ao considerarmos as funções materna e paterna, é importante resistir ao automatismo ou à tentação de cristalizá-las no gênero ou no papel biológico dos genitores, destacando justamente sua dimensão de "função". É possível e frequente que o pai, em razão de sua história e de suas experiências, tenha constituído recursos próprios da função materna, assim como, pelas mesmas circunstâncias, a mãe pode ter incorporado e exerça junto a seu filho ou

---

6 Denise Braunschweig e Michel Fain descrevem esse movimento como *censura do amante*. Para investir o companheiro ou companheira enquanto seu objeto de amor, a mãe necessita desinvestir seu bebê enquanto mãe, renunciando à satisfação narcísica desse investimento (Fain, 1971).

filha a função paterna de interdição, de instauração de limites e de viabilização da diferenciação.

A ideia de *função* permite compreender a possibilidade de transcendência dos inúmeros papéis e incumbências geralmente atribuídos ou ocupados social ou familiarmente por pais e mães, bem como por outros familiares ou cuidadores. Ao longo da vida, para além dessas primeiras pessoas que cuidam e buscam promover o desenvolvimento do bebê e da criança, muitas outras podem vir a exercer (e intuitiva e efetivamente exercem) essas funções de acolhimento, contenção, organização, elaboração, estabelecimento de limites e interdições e muitas outras inerentes às funções materna e paterna. É assim que educadores, terapeutas, médicos e muitas outras funções dedicadas ao cuidado, à promoção do desenvolvimento e ao tratamento do sofrimento do ser humano são herdeiros das funções maternas e paternas, estando implicados e permanentemente convocados, consciente ou inconscientemente, a seu exercício por meio de suas atividades (Volich, 2004/2021).

A escola como espaço relacional

O contexto relacional segue pautando o desenvolvimento individual ao longo de toda a vida. No âmbito pessoal, familiar, social e profissional, as relações interpessoais se constituem como espaços de ressonância das experiências do sujeito, modulando suas manifestações corporais, comportamentais e psíquicas e influenciando também o repertório e a qualidade de seus relacionamentos, os afetos, os saberes, as competências e as produções que desenvolve e constrói durante sua existência.

O contato com o outro, as trocas de olhares, falas e ideias, bem como as interações e a convivência no dia a dia, no espaço social, na escola e, mais tarde, no trabalho são elementos fundamentais do processo de subjetivação, do desenvolvimento e da modulação dos movimentos organizadores e desorganizadores da economia psicossomática.

Nos primeiros tempos da infância, como vimos, essas experiências são sobretudo vividas no âmbito parental e familiar. Gradativamente, elas se ampliam para os espaços sociais mais próximos, a vizinhança, e em seguida para a cidade e universos mais amplos. A escolarização, o espaço escolar e seus protagonistas acompanham e promovem essa abertura e essa passagem da intimidade familiar para a exposição ao mundo. Assim, a escola tem um papel fundamental na descoberta das diferenças culturais, socioeconômicas, nacionais e muitas outras.

Desde a pequena infância até a adolescência, a vida escolar e a troca com colegas de mesma idade e de idades diferentes, professores e outras pessoas do ambiente escolar ganham importância crescente e privilegiada na experiência relacional. Nesse ambiente, compreendemos que a função educativa condensa em sua essência as funções materna e paterna.

Por um lado, operando pela perspectiva da função materna, a escola recebe, acolhe e acompanha a criança ao longo das etapas de seu desenvolvimento até a idade adulta, mediando suas experiências. Ela pode nomear aquelas que são desconhecidas e filtrar as que são excessivas e perturbadoras, oferecendo a possibilidade de serem elaboradas e organizadas por meio de seus diferentes enquadres, classes, aulas e outras atividades, mas, principalmente, pela convivência com educadores, outros adultos que ela encontra no ambiente escolar.

Por outro lado, ao oferecer à criança um espaço e um tempo com dinâmicas distintas das familiares, a educação escolar opera pela função paterna, constituindo-se como um terceiro que institui a diferença entre a herança e a intimidade do meio familiar e o desconhecido e a estranheza do universo social, que pode ser descoberto, transformado e mesmo construído com parâmetros diferentes daqueles propostos na família.

Nessa dupla perspectiva, em parte, a função educativa situa-se em continuidade com o ambiente familiar, também oferecendo condições para o desenvolvimento dos diferentes recursos da corporalidade e da organização simbólica da criança e do adolescente. Porém, ao mesmo tempo, ela opera uma ruptura com esse ambiente, acrescentando a essas dimensões a possibilidade de desenvolvimento da sociabilidade, da autonomia e da independência.[7]

Assim, a criança encontra na escola o primeiro lugar social em que estabelece relações fora do âmbito familiar, à distância da convivência com os pais. Mesmo nos primeiros tempos da vivência escolar, a potência do encontro entre o educador e a criança depende do reconhecimento mútuo, da perspectiva de uma parceria progressiva e uma verdadeira cena de encontros, embates e identificações.

Segundo Snyders (1993), ao escolher sua profissão, o educador visa salvaguardar uma parcela de sua própria infância. Por meio das relações com seus alunos, ele busca preservar o diálogo com a criança que ele foi, que está convencido de ter sido ou que sonhou

---

7 Neste ponto, em particular, é importante lembrar as grandes pressões observadas em várias partes do mundo para a escola trabalhar unicamente no sentido da continuidade da cultura, dos valores da família, como se fosse um mero prolongamento do ambiente familiar. Buscam, como ideal, que só sejam ensinados conteúdos e utilizados materiais aceitos pela cultura familiar em ambiente coletivo/público. Por vezes, defendem a censura de temas caros ao desenvolvimento das crianças, especialmente ligados a sexualidade e política. Criam-se ambientes de vigilância e perseguição de professores, atitudes que contribuem para minar as necessárias relações respeitosas que todo processo educacional requer, comprometendo a confiança e o relacionamento entre alunos e professores e entre os próprios alunos.

um dia vir a ser. Por outro lado, de forma diferente a cada fase da vida escolar, os educandos esperam que seus educadores possam também reconhecer suas necessidades, suas capacidades, suas dificuldades, seus anseios, bem como admirar as singularidades do seu desenvolvimento.

Como toda relação humana, os destinos desses encontros são modulados pelo fenômeno da transferência, descrito por Freud (1912/1980b), no qual, consciente e inconscientemente, professores e alunos mobilizam e vivem reciprocamente afetos, lembranças e experiências que marcam as vivências de cada um do processo educativo. Por diferentes caminhos, educadores e educandos encontram-se em torno do desejo de saber, fundado a partir da experiência da falta. Esse desejo oferece a possibilidade de lidar com a percepção e a experiência das faltas; com o desamparo, o estranho, o desconhecido e o diferente, e com as grandes questões da vida vinculadas a sexualidade, morte e muitas outras.[8] A economia psicossomática, a subjetividade e o conhecimento constituem-se e são organizados a partir dessas experiências.

Para lidar com esses desafios, educadores trabalham com seus alunos as formas pelas quais lidam com o conhecimento. Nesse processo, amoroso e generoso, partilham seus saberes a respeito de como conseguiram superar a enorme angústia do não saber. Assim, os estudantes podem tomar para si os objetos de saberes como objetos de desejo, construindo, a partir desse vínculo com o educador, seu próprio desejo de saber.

Como aponta Maria Cristina Kupfer (2009), é importante conhecer o lugar que o saber ocupa na economia libidinal de cada

---

8 Todas essas questões são também vividas pela criança no âmbito da família, porém ali elas são marcadas e limitadas pelos ideais parentais, pelo narcisismo, e pela própria idealização que a criança tem dos pais. A escola oferece um espaço diferenciado e menos suscetível de ser capturado por essas dinâmicas.

um. Ao transmitir como foi capaz de superar essa angústia, o professor propicia ao estudante tomar para si o saber como seu objeto de desejo, construindo a partir do que vê no professor o seu próprio desejo de saber. Mais do que dos conteúdos transmitidos, geralmente, os conhecimentos adquiridos brotam do desejo de saber. A psicanálise, aqui, nos mostra uma alternativa à máxima cartesiana do "Penso, logo existo (sou)", oferecendo em seu lugar a ideia de "Desejo, logo penso".

Trama relacional, corpo e subjetividade: desafios para a escola

A trama relacional construída tanto na família como na escola e na vivência social modula, portanto, a história pessoal e as formas como cada sujeito lida com as diferentes experiências que emergem de seu corpo e se transformam no encontro com o outro, com a realidade do mundo e com a vida social. A consistência dessa trama, tecida pela mediação das funções materna, paterna e educativa, determina a maneira como o sujeito lida com desafios, sucessos e dificuldades vividos nessas experiências e com o prazer e o desprazer que delas resultam. É também essa trama que influencia a abertura ou a resistência ao conhecimento, às transformações e às novas experiências que a escola e a vida propiciam a cada um.

O contexto afetivo e relacional da aprendizagem e a construção de conhecimentos transmitida por um professor, compartilhada e passível de ser elaborada pelo grupo de alunos de uma classe formam uma espécie de "liga" que consolida e promove o saber e o desenvolvimento de cada estudante. Porém, condições inadequadas e perturbadoras desse mesmo contexto podem não apenas comprometer a aquisição de novos conhecimentos, como também desorganizar e mesmo eliminar conhecimentos já adquiridos.

Ao longo de vários anos, o espaço, as experiências e as relações escolares se constituem para o aluno como um lugar privilegiado de confluência e reverberação de suas vivências familiares e sociais, um processo que persiste ao longo de toda a vida. As vivências escolares refletem constantemente os efeitos de conflitos e impasses, da fragilização da trama relacional e das dificuldades da criança e do aluno em lidar com as realidades da família, do mundo e da própria escola, desafiando-a e, sobretudo, aqueles que nela trabalham.

Há algumas décadas, vários comportamentos e atitudes passaram a ser classificados como distúrbios e transtornos, patologizando a infância e cristalizando leituras daquilo que adolescentes fazem de forma passageira e experimental. Um tsunami de queixas, dores, sintomas e doenças com as mais diversas formas de expressão alastrou-se pelo cotidiano escolar, desde a primeira infância. Pais, crianças e jovens passaram a progressivamente reivindicar diagnósticos, clamando por classificações e por tratamentos, inclusive medicamentosos, de necessidade questionável. É importante considerar que existem realmente várias situações sérias que merecem tratamento e cuidado. Porém, muitas vezes, essa inflação de diagnósticos e de tratamentos esvazia objetos de reflexão e diálogo, contribuindo para os contextos dessubjetivantes.

Diante dessa postura, muitas vezes a própria escola passou a antecipar essa preocupação parental, ao considerar como "problemáticas", suspeitas ou mesmo patológicas reações comuns de adaptação a situações e experiências desconhecidas, como perdas, separações, dificuldades escolares, tentativas de lidar com conflitos e outras situações passageiras e frequentemente inerentes ao desenvolvimento de cada criança e adolescente.

Pautadas por uma busca incondicional pela excelência, pelos melhores desempenhos, e por uma leitura pouco tolerante do que é considerado "desviante", desde muito cedo, essas dinâmicas frequente e imperceptivelmente passaram a promover uma conivência silenciosa entre a família e aqueles que participam da vida escolar do aluno. Em algumas situações, em nome da eficiência e do desempenho, constatamos ainda uma terceirização dos cuidados para um grande número de especialistas como médicos, psicólogos, profissionais de saúde, psicopedagogos, professores particulares e outros.

Os chamados "distúrbios de comportamento", em particular os denominados déficits de atenção e hiperatividade, são uma triste, porém significativa ilustração de dinâmicas como essas. Há muitos anos, a crescente e enorme dificuldade de concentração não apenas de crianças e jovens, mas também de adultos é concomitante à explosão de uma cultura da distração que aumentou exponencialmente as alternativas de informação, de lazer, de contatos e relações por meio das mídias eletrônicas, que os submetem constante e frequentemente a grandes quantidades de excitações perceptivas e sensoriais. Ao mesmo tempo, comportamentos e formas de vínculos frequentes, antes considerados comuns, passaram a ser vistos como patológicos e medicalizados, responsabilizando o sujeito pelas dificuldades vividas, pouco ou nada questionando as contribuições da organização social e escolar para tais manifestações.

Somos todos confrontados com uma frenética escalada de excitações, que perturba os ritmos corporais e do cotidiano, como sono, alimentação, repouso, estudo, trabalho. Come-se rápido (*fast food*), sem saborear o alimento; aceleram-se as velocidades de áudio e de vídeo; encurtam-se os diálogos e o tempo para compartilhar relatos, histórias e experiências; "fica-se" com muitos, banalizando encontros afetivos e sexuais, e a pouca tolerância a decepções provoca rompimentos diante da menor dificuldade relacional.

Nesses modos de funcionamento, a calma, a espera e a lentidão são muitas vezes insuportáveis. Os tempos de pausa, de vazio, de espera, necessários à metabolização, à elaboração e à assimilação pelo corpo e pela mente, bem como a disponibilidade para os encontros e trocas com o outro ficam cada vez mais reduzidos e rarefeitos. Cabe lembrar que a atenção é um ato de reconhecimento do outro e pressupõe uma generosidade para a escuta. Em meio ao bombardeamento sensorial, com ela se esvaem laços sociais solidários.

Pouco questionando essa realidade e suas relações com os modos de vida, de produção e de consumo em nossos tempos, as manifestações caracterizadas pelos transtornos de déficit de atenção e hiperatividade (TDAH) foram transformadas em categoria psicopatológica, passando frequentemente a ser tratadas de forma medicamentosa. A Ritalina (cloridrato de metilfenidato) tornou-se um dos medicamentos mais prescritos entre crianças e jovens, em alguns casos sendo, inclusive, requisitada por eles próprios, pelos pais ou mesmo sugerida coloquialmente pela escola. Muitos alunos não conseguem acompanhar o trabalho escolar sem a ajuda desse fármaco.[9]

Dinâmicas como essas, observadas tanto na etiologia dos TDAHs como nas distorções em sua compreensão e tentativas de tratamento, podem ser observadas em grande parte, senão na maioria dos muitos funcionamentos que sinalizam o sofrimento

---

9 Claude Smadja (1993) e Gérard Szwec (1983) descrevem os *procedimentos autocalmantes*, funcionamentos aparentemente paradoxais que buscam diminuir a tensão e a experiência do desprazer e alcançar a calma por meio do incremento e da busca incessante da excitação. Utilizando predominantemente as vias da percepção e da motricidade, como a atividade física excessiva, comportamentos de risco e outros, eles evidenciam a dificuldade de elaboração mental da excitação por meio da fantasia, da simbolização e do pensamento e a urgência das tentativas de descarregá-la por meio desses comportamentos e algumas vezes pelo excesso de consumo de substâncias estimulantes.

de crianças e jovens e suas expressões cotidianas no espaço escolar. Entre muitos fatores, elas resultam principalmente do esgarçamento das tramas relacionais, dos modos de vida contemporâneos e de perturbações no desenvolvimento da criança.

Como vimos, a economia psicossomática desenvolve-se e organiza-se por meio de manifestações orgânicas, comportamentais e mentais que constituem, nessa ordem de complexidade progressiva, possibilidades crescentes e recursos mais consistentes para lidar com necessidades, exigências internas e externas do sujeito e situações por ele enfrentadas ao longo da vida (Marty, 1994; Volich, 2000/2022).

Em qualquer idade, tanto quanto a saúde, o adoecimento é uma contingência do processo vital, resultante de uma complexa combinatória de fatores hereditários, congênitos, ambientais, infecciosos, virais e bacterianos, acidentes e outros, em interação permanente com os recursos somáticos, comportamentais e psíquicos desenvolvidos pelo sujeito por meio de suas relações com o outro, com seu ambiente e com o mundo.

Além das dificuldades de comportamento e de aprendizagem, geralmente mais reconhecidas pelos professores, é bastante frequente que em períodos de conflitos conjugais e familiares, separações, doenças e perdas, violência doméstica ou social, mudanças de residência, crises econômicas e sociais e mesmo diante de dificuldades encontradas na própria escola o aluno apresente perturbações que podem se manifestar por meio desses principais eixos de expressão da economia psicossomática.

Sobretudo na primeira infância, em creches, pré-escolas e no início do ciclo fundamental, quando os recursos da economia psicossomática da criança, ainda precários, instáveis e oscilantes, encontram-se em pleno processo de desenvolvimento e organização, é frequente que as perturbações eventualmente provocadas por aquelas vivências manifestem-se principalmente por meio de expressões somáticas, desde sintomas leves, como dores de cabeça, vômitos, diarreia, perda de apetite, cansaço e outros, até quadros mais complexos, agudos ou crônicos, como problemas de crescimento, alergias, asma, gripes e infecções de ouvido e garganta, distúrbios cardiorrespiratórios, gastrointestinais, afecções dermatológicas e muitos outros. As escolas que têm enfermarias conhecem bem essa realidade e a demanda crescente por atendimento nelas ocorrida nos últimos anos.

Todas essas manifestações sempre fizeram e fazem naturalmente parte das vivências infantis, das formas de expressão de eventuais desequilíbrios e buscas de equilíbrio da economia psicossomática da criança, porém, nas últimas décadas, é evidente o aumento em frequência e intensidade e sua manifestação cada vez mais precoce. Pediatras, profissionais de saúde e também educadores constatam o evidente aumento da obesidade infantil, a manifestação cada vez mais frequente da puberdade precoce, de quadros cardiológicos e oncológicos, do diabetes e de distúrbios endócrinos juvenis, para citar apenas alguns deles.

De forma semelhante ao que observamos nos quadros que passaram a ser denominados "hiperatividade", constatamos também um aumento exponencial de diagnósticos de transtorno do espectro autista (TEA), referindo-se a crianças que apresentam "comprometimentos no comportamento social", na "comunicação e na linguagem, com limitação de interesses e de atividades", algumas vezes únicas e repetitivas. Na compreensão dessas manifestações, como na da hiperatividade e também na das modificações epidemiológicas observadas na sintomatologia e nas doenças infantis descritas anteriormente, pouco são considerados os modos de vida e de relação na família, com outras crianças e na escola, tampouco as relações desses fenômenos com outras dimensões da vida social, cultural e econômica.

Assim, é importante que os educadores e os currículos escolares tenham consciência das implicações dessa leitura e se comprometam com a temática da saúde mental. É necessário desenvolver ações educativas sobre essa questão em todos os ciclos escolares, das crianças até os adolescentes, de forma profunda e sistemática, com vistas a lutar contra a patologização de crianças e adolescentes, evitando a responsabilização individual por situações que ocorrem no âmbito social.

Adolescências e o excesso de medicalização

A puberdade e a adolescência são marcadas por grandes modificações corporais, emocionais e de identidades. Esses jovens *estão* – e não *são* – aquilo que se manifesta em um momento específico de suas vidas, fruto dos percalços do desenvolvimento. Essa característica sinaliza também a situação peculiar de vulnerabilidade por eles vivida nessas fases. A necessária elaboração dos lutos do corpo de criança, da identidade infantil e dos pais da infância só pode ser realizada por meio da compreensão do processo de enorme flutuação entre dependência e independência dos adolescentes (Aberastury & Knobel, 1981). A construção dos novos corpos e identidades adolescentes depende do acolhimento que pais e educadores possam ter nesse delicado momento, quando eles são também questionados de forma significativa pelos adolescentes.

O amadurecimento sexual, novas vivências que aproximam do mundo adulto, como a experimentação do cigarro, do álcool e de drogas, as questões amorosas, de orientação sexual e novos posicionamentos com relação a ideologia, política, a pais, família e figuras de autoridade solicitam intensamente o jovem. Mais do que na primeira e na segunda infâncias, o tempo e as experiências de vida podem ter propiciado ao adolescente, em princípio, o desenvolvimento de recursos mais consistentes da economia psicossomática para lidar com o que vive consigo mesmo, em seu corpo, em suas relações familiares, com a realidade, com o social, e também, naturalmente, com as transformações e experiências dessa fase. Quando de vivências mais perturbadoras, sintomas e doenças orgânicas seguem sendo canais de expressão de desequilíbrios dessa economia, porém recursos mais consistentes, da ordem de descargas comportamentais e, mais ainda, de ordem mental, podem, quando desenvolvidos, ser utilizados de forma a poupar as descargas e os riscos de adoecimento orgânico.

Desde os anos 1990, com a crescente influência dos manuais diagnósticos e estatísticos de transtornos mentais (DSM),[10] observamos que também manifestações comuns na adolescência, como labilidade emocional, angústia, depressão, isolamento, impulsividade, agressividade, experimentações com o próprio corpo, de substâncias, de diferentes vivências da sexualidade e de relações amorosas, pequenas e grandes transgressões de regras, e mesmo de leis, conflitos na família e na escola, têm se amplificado. Em muitas situações, mais do que a curiosidade pelo desconhecido e pelo interditado e a busca de novas experiências, a intensificação da maioria desses funcionamentos parece corresponder à necessidade e à urgência de dar vazão a vivências internas insuportáveis, decorrentes da insuficiência de recursos internos para a contenção

10 O DSM foi elaborado pela Associação Americana de Psiquiatria e publicado pela primeira vez em 1952, encontrando-se atualmente em sua quinta versão, de 2013. A maior revisão, de 1994, resultou no DSM-IV, que contribuiu de forma significativa para considerar suspeitos ou patológicos muitos estados emocionais e condições corriqueiros, contribuindo para a medicalização da vida pessoal e do sofrimento.

e a elaboração delas e da dificuldade ou da impossibilidade de compartilhá-las com outras pessoas, até mesmo com seus pares. A solidão, o isolamento e as ilusões propiciadas pelo mundo digital e pelas redes sociais potencializam ainda mais tais funcionamentos, diminuindo igualmente o espaço social para a vivência da dúvida, da tristeza, das fragilidades.

Sentimentos de tristeza, desânimo, depressão, autodesqualificação e estranhamento do próprio corpo, frequentes na adolescência, têm se manifestado de forma cada vez mais intensa e precoce. Comportamentos de risco, abuso de álcool, drogas e outras substâncias, e comportamentos autodestrutivos como a automutilação e a anorexia, praticados solitariamente e em grupo, também aumentaram vertiginosamente. Cresceu também o número de tentativas de suicídio, muitas tristemente bem-sucedidas, algumas das quais relacionadas a vivências escolares.

Sentindo-se impotentes e sós diante da realidade e das perspectivas que começam a vislumbrar no mundo adulto,[11] inseguros quanto às transformações que vivem dentro de si, muitos jovens relatam buscar nas tentativas de controle, manipulação e agressão a seus corpos formas rápidas de descarga que combinam prazer e desprazer. A necessidade de marcar, viver e exibir concretamente a dor no próprio corpo não é apenas uma tentativa desesperada de materializar seu sofrimento por meio de algo que impulsivamente parece ser mais suportável do que pensá-lo ou compartilhá-lo. A exibição e a exaltação da mutilação e da dor contribuem não apenas para a banalização do sofrimento individual, mas também para que ele se espraie pela vida coletiva, social e política.

---

11 "Será que eu falei o que ninguém ouvia?/ Será que eu escutei o que ninguém dizia?/ Eu não vou me adaptar, eu não vou me adaptar" ("Não vou me adaptar", de Nando Reis e Arnaldo Antunes).

Além de sinalizar a precariedade dos recursos subjetivos, identificatórios, psíquicos e relacionais para lidar com os desafios e com novas perspectivas oferecidas pelo mundo adulto, todos esses comportamentos revelam também a descrença, o desencanto e a impotência vividos pelos jovens quanto à realidade social. Eles apontam para situações em que a sociedade fracassa em cumprir seu papel primordial de acolher e socializar seus novos membros. As autoagressões adolescentes expressam também a insuportabilidade da vida social experimentada no próprio corpo, que encontra nas tentativas de suicídio a materialização maior da tragédia social do adolescente.[12]

Diante da intensidade de muitos desses comportamentos e da dificuldade de suportá-los ou saber o que fazer com eles por parte daqueles que convivem com o jovem que os apresenta, é frequente que se recorra a especialistas para lidar com essas questões. Esse movimento é compreensível e sem dúvida necessário em alguns casos. Porém, mesmo sendo questionável em muitos outros, tem se alastrado de forma rápida e, infelizmente, indiscriminada.

Muitos autores revelam e denunciam o preocupante fenômeno da medicalização da infância e da adolescência (Moysés & Collares, 2010; Ranña, 2003/2020). Já há muito presente na vida social, a medicalização se caracteriza pela tentativa de promover a hegemonia

12 Todas essas manifestações devem também ser consideradas em seu contexto social. Além de questões identificatórias relacionadas à imagem corporal, ao feminino, à passagem para a sexualidade adulta, a anorexia, por exemplo, revela também a enorme dificuldade do adolescente em constituir um corpo a partir do corpo social. Por sua vez, o suicídio na adolescência, cuja frequência tem aumentado de forma preocupante, é a materialização da tragédia social e do estudante (Gentzbittel, 1993), além de resultar das dificuldades de lidar com os processos identificatórios, com as idealizações de si e do outro, com altos níveis de exigências parentais e sociais internalizadas. Como aponta Durkheim (1897/2000), é preciso também considerar o suicídio como fenômeno social.

do paradigma biomédico para explicar as manifestações de sujeitos e seus sofrimentos psíquicos, atribuindo a mecanismos biológicos, ao cérebro, à genética o protagonismo de todas essas manifestações. Reducionista, esse modelo naturaliza as diferenças e as idiossincráticas manifestações da subjetividade, "definindo como doença, ou transtorno, comportamentos e características individuais, na perspectiva de 'Vigiar e punir' (Foucault, 1987) e do exercício do bio-poder, patologizando a vida" (Ranña, 2003/2020, p. 114).

Preocupante em sua essência, por desconsiderar a complexidade do processo saúde-doença, seja qual for sua forma de manifestação (psíquica, somática ou comportamental), essa leitura é ainda mais grave quando referida aos processos da criança e do adolescente. Tendo em vista as grandes oscilações da economia psicossomática nessas fases, é muito frequente que, ainda em desenvolvimento, eles vivam por períodos mais ou menos longos experiências de ajustamento, acomodação ou desconforto relacionadas a si mesmos, à realidade e a outras pessoas. Eles são frequentemente acompanhados por vivências de tristeza, dúvida, irritação mais ou menos prolongadas, que podem ser lidas como "depressão", "angústia", "impulsividade" e, sem um olhar educacional e clínico cuidadoso, facilmente consideradas como quadros patológicos.

Quando consideradas de forma pontual e absoluta, sem serem contextualizadas em uma perspectiva temporal e situacional, considerando a idade e outros fatores presentes naquele momento de vida do sujeito, muitas vezes essas manifestações são consideradas "desviantes", convocando o olhar patologizante, que busca o diagnóstico e o tratamento, nem sempre necessários.

Essa tendência é responsável pelos "níveis alarmantes de supostos problemas de saúde mental na infância no mundo todo", e tem como consequência "o uso indiscriminado de medicações para tratá-los, medicações que apresentam efeitos colaterais evidentes, em detrimento de um entendimento mais adequado do que é ser criança, ou de um entendimento desses comportamentos que impliquem o sujeito e sua vida social" (Ranña, 2015, p. 85).

Segundo o autor, a compreensão de toda manifestação da criança e do adolescente deve considerar o momento em que se encontram em seus processos de constituição subjetiva. Mesmo quando sugerem um caráter sintomático ou uma patologia, os comportamentos e supostos sintomas infantis e adolescentes convidam ao acolhimento, à contextualização, à interpretação, e à descoberta de seu sentido, levando em conta as relações com pais, educadores e instituições. Nesse sentido, é importante também considerar, além do contexto relacional, familiar e escolar, os fatores socioeconômicos e culturais que igualmente modulam sua etiologia, suas formas de expressão e de compreensão.

A função da escola nos processos de subjetivação e de civilização

Em algumas de suas obras, o artista chinês Ai Weiwei retratou de forma crítica aquela que vem sendo uma das maiores marcas do nosso mundo contemporâneo: a câmera,[13] praticamente onipresente em nossas vidas. Ele chama nossa atenção para o fato de vivermos em uma sociedade da vigilância, em um permanente Big Brother. Câmeras de segurança se somam às dos nossos dispositivos pessoais, celulares e computadores favorecendo a banalização da sociedade de controle.

---

13 Por exemplo, a obra *The Animal That Looks Like a Llama (But is Really an Alpaca)*, de 2015 (https://artsandculture.google.com/asset/the-animal-that-looks--like-a-llama-but-is-really-an-alpaca-ai-weiwei/PwGdRnALqDTOHw?hl=en).

Nas redes sociais, adolescentes, jovens, adultos e cada vez mais crianças publicam toneladas de fotos e vídeos nos quais se mostram alegres e felizes, retratando uma imagem de um *eu ideal*[14] que, evidentemente, não se sustenta na vida cotidiana. Prevalece o registro de si mesmo. As experiências de convivência, estar entre amigos, em um show ou uma exposição de arte passam a ter menos valor do que a gigantesca exposição narcísica promovida pelas *selfies*, uma das práticas mais reveladoras dos tempos em que vivemos. Essa tirania dos ideais marca também as percepções e as experiências do sujeito de seu próprio corpo (Volich, 2008), das relações familiares e sociais, das escolhas profissionais e muitas outras.

Sabemos a dificuldade de sustentar essas aparências na vida psíquica, sobretudo em momentos individuais e coletivos de profundas transformações, marcados por uma variada e intensa vivência afetiva. Em meio ao domínio da cultura da sociedade de espetáculo, é difícil preservar os âmbitos privados e da intimidade, tão caros à constituição da subjetividade. Nesses tempos de "pós-verdade", quando mentiras, ataques e difamações parecem ter maior relevância que os fatos em si, ficam também comprometidos os laços e as relações pessoais e coletivas.

Debruçados sobre seus aplicativos, games e perfis de redes sociais, crianças e adolescentes ficam permanentemente conectados, sem tempo para a elaboração de suas vivências, sem a

---

14 Freud (1914/1980d) formula a noção de *eu ideal* destacando o caráter primitivo e indiferenciado dessa instância psíquica oriunda das relações entre as vivências narcísicas da infância e os desejos parentais. Ela é construída em torno de uma fantasia de onipotência compartilhada entre os pais e o bebê. Tanto para a criança como para os pais, a superação dessa fantasia é difícil, pois pressupõe o reconhecimento do caráter ilusório da perfeição sobre a qual se sustenta. Como lembra Freud, é o reconhecimento dos limites, das impossibilidades, enfim, da castração que, em meio à dor e à decepção, torna possível essa superação.

descontinuidade necessária para aprender a lidar com separações e para o encontro consigo mesmos. Essas formas de socialização contribuem para o desenvolvimento de muitos dos novos sintomas que descrevemos até aqui e muitos outros ainda, marcados por intensa carga de violência, que passa a ser uma das principais formas de socialização de crianças e adolescentes.[15]

Zygmunt Bauman (2004) aponta que a cultura digital revela a passagem de um universo marcado pelos *vínculos* para o das relações determinadas pelas *conexões*, cuja maior característica é a facilidade e o prazer em deletar aquele com quem o indivíduo não quer mais relacionar-se. Nas redes sociais, as pessoas cancelam amigos e criam novos com uma rapidez que impede qualquer forma de elaboração mais profunda, alimentando ilusões como a da possibilidade de separações sem sofrimento e a da disponibilidade permanente, incondicional e imediata do outro a seu próprio desejo.

Esses processos de fácil eliminação e substituição do outro ao menor sinal de contrariedade ou desconforto dizem muito da intensidade de idealizações, da intolerância à espera e da precariedade do investimento afetivo, que fazem parte do processo de criação de vínculos e de relações. Eles revelam também a fragilidade dos recursos para o reconhecimento e a valorização das diferenças entre os objetos imaginados e os objetos reais, e para a elaboração de lutos e de separações, quando necessários.

Quando confrontados com essas reflexões, adolescentes costumam protestar. Mostram, com razão, que os recursos tecnológicos têm a capacidade de informar, ajudar na interação entre as pessoas, colaborar nas pesquisas e nos estudos. Porém, o que está em jogo é sobretudo a defesa comumente apaixonada de algo que é sentido e

---

15 O tema dos games requer atenção especial, tendo em vista análises que, desde o final do século XX, apontam a relação entre estes e os processos de militarização da vida (Haraway, 1991/2000).

vivido por eles como sagrado, ou ainda, com funcionamento análogo à adicção.

Todos esses preocupantes movimentos de dessubjetivação manifestam-se na escola, repercutindo sobre os processos de ensino e nas relações com os educadores e colegas. Por trabalhar com a dimensão coletiva, cabe a ela o desafio de lidar com essas novas subjetividades e posicionar-se perante esses movimentos pautados principalmente pela hegemonia do neoliberalismo, que acentuou-se desde os anos 1990.

Em particular, a escola deve ser também um lugar que propicie a educador e educando a expressão e a elaboração da vivência do medo, da tristeza e do sofrimento.[16] Ambos podem se beneficiar de partilhar a ideia de que nada adianta os jovens cultivarem estratégias como jogos e games que nos levam a outros mundos, pois invariavelmente, em algum momento, temos que retornar a este em que vivemos, aliás, o único que temos e que precisa ser cuidado como condição de existência da humanidade.

Se Adorno insiste, como vimos, na importância da educação como forma de evitar a barbárie, é para lembrar sua importante função humanizadora e civilizatória, muito maior do que sua função instrumental de transmissão de conhecimentos e de habilidades. A educação, em seu sentido pleno, tem também um papel fundamental na contenção e mediação das tendências destrutivas inerentes e *igualmente* presentes em cada pessoa (ao lado de suas tendências construtivas e de desenvolvimento). Além de

16 Adorno (1971/1995) critica o ideal de educação baseado na força e voltado à disciplina, uma tendência que fortalece a noção de severidade, que valoriza a firmeza e o estoicismo e que resulta na indiferença das pessoas à dor em geral. Ele recomenda que os educadores acolham as manifestações do medo e trabalhem para que não seja reprimido e possa reativamente retornar, em algum momento, como insensibilidade e intolerância ao sofrimento do outro.

perturbadoras do equilíbrio psicossomático, essas tendências destrutivas são facilmente mobilizadas e socialmente colocadas a serviço de líderes e movimentos autoritários e desumanizantes, como constatamos, infelizmente com frequência crescente, nos tempos em que vivemos.

Porém, como pensar uma civilização quando multidões contribuem para a fetichização da técnica em suas mais diversas dimensões? Adorno (1971/1995) formula uma hipótese que merece nossa reflexão. Evitando uma perspectiva sentimental ou moralizante, ele sugere que haveria em cada um de nós uma enorme carência de relação libidinal com outras pessoas que resultaria em uma diminuição na capacidade de amar. Sendo insuficiente para as relações humanas complexas, essa reduzida capacidade de amar seria cabível e destinada aos meios tecnológicos, às coisas, às máquinas.[17] Nessa questão encontra-se o ponto mais obscuro e desafiador de uma educação humanizadora, na medida em que defendê-la equivaleria a ser contra o que ele chamou de *espírito do mundo* (Adorno, 1995).

A pandemia da covid-19 lançou-nos no olho do furacão desse debate. Com o necessário distanciamento social, a tecnologia passou a ocupar um lugar de suprema importância, principalmente para viabilizar nossas comunicações.

As marcas da desigualdade socioeconômica em países como o Brasil se mostraram ainda mais cruéis do que sempre foram,

---

17 Essa leitura de Adorno ganha ainda mais sentido se considerarmos que a relação amorosa tem como condições a disponibilidade interna, a abertura para o outro e para o encontro com o diferente, bem como a tolerância à vivência do vazio, que engendra o desejo, o sonho e os cenários e fantasias relacionados ao objeto de amor. A rarefação e o comprometimento dessas experiências, nos tempos em que vivemos, promove, de certa forma, um círculo vicioso em que, ao absorver a energia libidinal que poderia enriquecer as relações humanas, a tecnologia acaba por esvaziá-las ainda mais.

reforçando o temor de vivermos em uma sociedade cujo sistema educacional contribui para excluir de direito aqueles que já haviam sido excluídos de fato do acesso à educação.

Crianças de escolas particulares puderam manter algum tipo de vínculo com o universo escolar, mesmo que bastante prejudicado pela ausência do trabalho presencial, enquanto crianças de grupos econômicos menos favorecidos, majoritariamente alunos das escolas públicas, tiveram seus processos formativos interrompidos, com gigantescos comprometimentos que, certamente, levarão muito tempo para serem superados, caso isso seja possível.

Corremos sérios riscos de que se acentuem os contrastes e a fragmentação entre uma sociedade de "abundância e excessos" e outra de "carência e faltas", entre aqueles que utilizam aparelhos e tecnologia de comunicação de grife para se dispersar nas aulas e se isolar nos intervalos e outros que sequer conseguem ter acesso ao ensino remoto por falta de equipamentos e internet estável. Nesse movimento, vivemos o dilema e as consequências das estratificações entre a escola pública e a particular.

Em um país desigual como este em que vivemos, a escola cada vez mais vem abrindo mão de sua função, promovendo a desigualdade socioeconômica ao invés de diminuí-la, com consequências nefastas como *apartheid* social, fraturas e conflitos sociais.

Inúmeras questões, urgentes, emergem dessa nova realidade. Qual o impacto desse momento histórico e singular na vida das novas gerações e de seus educadores? O que significa e quais as repercussões de parcela importante da população ser privada da escola e outra ser exposta por tanto tempo ao trabalho remoto? Quais as consequências de crianças em idade tão precoce usarem os aparatos eletrônicos em seu cotidiano como outrora foram os cadernos, lápis e livros?

É bastante provável que essas mudanças nos suportes educativos repercutam também sobre as novas organizações subjetivas. É aconselhável ficarmos atentos a essas e outras tendências que tornam o espírito do nosso tempo ainda mais tecnológico. Será que veremos uma nova geração de educadores e educandos que aprofundarão a ideia da tecnologia como aquela capaz de resolver nossos problemas sociais, uma espécie de promessa redentora?

Hannah Arendt (1961/2000) contribui para nossas reflexões sobre essas questões importantes. Ela afirma que "a educação é o ponto em que decidimos se amamos o mundo o bastante para assumirmos a responsabilidade por ele . . . [é por meio dela] também, [que] decidimos se amamos nossas crianças o bastante para não expulsá-las de nosso mundo e abandoná-las a seus próprios recursos" (p. 146).

Ela compreende a educação como um longo caminho de trabalho no qual é fundamental que a criança seja protegida do mundo ao mesmo tempo que seu próprio mundo seja preservado. Arendt situa no centro dessa trajetória o direito dos educandos aos patrimônios culturais historicamente constituídos, para assim terem, a cada geração, a possibilidade de renovar o mundo. Nesse sentido, o trabalho escolar busca o cultivo e o desenvolvimento de saberes que permitam às novas gerações decidir pela preservação e/ou transformações daquilo que encontraram na vivência de seu tempo.

A inserção nessa genealogia histórica e sociocultural pode ao mesmo tempo ressignificar e permitir a transcendência da genealogia familiar, enriquecendo a trama relacional e oferecendo a oportunidade de abertura para o universo existente fora dela, para a exogamia e para a valorização da alteridade, o grande desafio da educação.

As crianças que chegam ao mundo precisam ser recebidas por aqueles que antes o habitavam na perspectiva da construção de um lugar comum. A rigor, um mundo compartilhado exige não só que não expulsemos as crianças e adolescentes do mundo dos adultos, mas que eles também não excluam os mais velhos de seus mundos. Esse é um grande risco que vivemos e temos de enfrentá-lo. Trata-se de uma questão política da maior importância.

Aos educadores, cabe a responsabilidade pela transmissão da cultura com o intuito de que seus educandos criem laços de pertencimento a um mundo compartilhado. O professor, ao assumir a responsabilidade de receber os novos que chegam, incorpora um importante lugar a partir do qual realiza uma cuidadosa curadoria dos saberes constituídos com o intuito de reconstruir o universo político e público.

Nos tempos atuais, deveríamos dizer construir universos mais humanos, mais generosos, que enfrentem os desafios da educação contemporânea de preservar a natureza e a diversidade humana. Essa tarefa só poderá ser realizada com o compromisso da educação com a diversidade, algo que somente pode ser alcançado por meio de uma formação democrática e que priorize uma sociedade comprometida radicalmente com a democracia

O xamã Yanomami Davi Kopenawa aponta que nos tornamos o povo da mercadoria. Descuidamos da nossa relação com a natureza e com os outros seres que partilham a Terra conosco. Temos nossos pensamentos e sonhos colonizados e vivemos como consumidores (Kopenawa & Albert, 2010). Não compreendemos que somos nós que pertencemos à terra, e não a terra que nos pertence. Essa cultura do consumo gera impactos gigantescos nas práticas educativas, com os processos utilitários da educação ganhando espaço em detrimento das visões formativas.

Desde os anos 1990, com o advento do neoliberalismo, cresceram de forma significativa as visões de educação especialmente voltadas ao mundo do trabalho. Novas categorias como competências e habilidades tornaram-se hegemônicas. Ganharam grande relevância as visões dos interesses privados em detrimento dos públicos. A escola foi cada vez mais tomada por gestores e o discurso administrativista passou a esvaziar o campo da atividade política. A ação política foi sistematicamente subtraída do âmbito público e tornou-se uma concepção de gestão do social. Gestão que passa a ser a marca dos novos horizontes, de sonhos colonizados, como nos diz o xamã.

Em tempos de educação tecnicista, ensino apostilado, avaliações com testes de múltipla escolha e descaso dos governos com a educação pública, é ainda mais importante lembrar a função da educação. Ela é essencial para a superação do senso comum, para o questionamento das ordens estabelecidas e para a vivência significativa daquilo que nos foi legado pelas culturas. Somente com o desejo de saber pode-se alcançar a alegria do refinamento artístico, científico e literário e ter a sensação de que o mundo pode ser compreendido em alguma medida.

A própria ideia de um mundo comum se enfraquece na sociedade da mercadoria e dos consumidores. Os meios que deveriam orientar a grandiosidade do trabalho educacional viram fins e os verdadeiros fins são esquecidos. Nessa perspectiva, é inevitável pensar na crise do sentido público e humanizador da educação quando esta passa a ser pensada dentro das regras do mercado.

Arendt (1961/2000) lembra que nossas vidas se transformam em existência quando criamos vínculos de pertencimento ao mundo e quando os educandos passam a se responsabilizar pela atividade política, cuidando de tudo aquilo que é público. Contudo, observamos nos últimos anos uma diminuição significativa no número de jovens que querem trabalhar com educação. Constatamos, infelizmente, uma menor disponibilidade de pessoas para atividades que implicam o cuidar, sobretudo de crianças e de jovens, o que parece ser uma mostra dessa crise.

Nesse desafio, a educação dos jovens tem um papel primordial. Georges Snyders (1993) destaca a importância da aquisição da cultura como uma das maiores fontes de alegria. Não se trata, certamente, da alegria supostamente fácil e imediata oferecida pela sociedade de consumo, mas daquela advinda da descoberta do outro, das diferenças e de sentir-se pertencente a um mundo onde podemos aprender com os vários desafios complexos por ele propostos e nos responsabilizarmos por ele. Ele conclama os adultos a não abrirem mão de seus papéis e a colaborarem com os jovens para que não renunciem a seus sonhos. Lembrando Bernanos, que afirma que quando a juventude esfria, o resto do mundo treme de frio, Snyders declara que cabe aos educadores abrir espaços, conviver, acolher e dialogar com a força da juventude e sua capacidade de amar o mundo e sonhá-lo à luz da incessante busca para torná-lo um lugar melhor do que costumamos ver em nossa volta.

Não sabemos se a educação continuará tendo o poder de reconstruir sociedades, mas é evidente que, sem ela e sem um sistema escolar comprometido com o presente e com o futuro de uma sociedade, toda tarefa civilizatória fica gravemente comprometida. Sem ela, estaremos também fadados a cada vez mais conviver com tramas relacionais e sociais fragmentadas, com corpos amorfos, desvitalizados e adoecidos, com sujeitos sem alma, sem autonomia... pura massa.

Referências

Aberastury, A., & Knobel, M. (1981). *Adolescência normal: um enfoque psicanalítico*. Artes Médicas.

Adorno, T. W. (1995). A educação após Auschwitz. In *Educação e emancipação* (3a ed.). Paz e Terra. (Trabalho original publicado em 1971)

Arendt, H. (2000). *Entre o passado e o futuro* (5a ed.). Perspectiva. (Trabalho original publicado em 1961)

Aulagnier P. (1978). *A violência da interpretação.* Imago.

Baptista, A., & Jerusalinsky, J. (2017). *Intoxicações eletrônicas: o sujeito na era das relações virtuais.* Ágalma.

Bauman, Z. (2004). *Amor líquido: sobre a fragilidade dos laços humanos.* Zahar.

Dejours, C. (1991). *Repressão e subversão em psicossomática: investigações psicanalíticas sobre o corpo.* Jorge Zahar.

Durkheim, E. (2000). *O suicídio: estudo de sociologia.* Martins Fontes. (Trabalho original publicado em 1897)

Fain, M. (1971). Prélude à la vie fantasmatique. *Revue Française de Psychanalyse, 35,* 291-364.

Foucault, M. (1987). *Vigiar e punir.* Vozes.

Freud, S. (1980a). Projeto de uma psicologia científica. In S. Freud, *Edição Standard Brasileira das Obras Psicológicas Completas de Sigmund Freud* (Vol. I). Imago. (Trabalho original publicado em 1895)

Freud, S. (1980b). A dinâmica da transferência. In S. Freud, *Edição Standard Brasileira das Obras Psicológicas Completas de Sigmund Freud* (Vol. XII). Imago. (Trabalho original publicado em 1912)

Freud, S. (1980c). Totem e tabu. In S. Freud, *Edição Standard Brasileira das Obras Psicológicas Completas de Sigmund Freud* (Vol. XIII). Imago. (Trabalho original publicado em 1913)

Freud, S. (1980d). Sobre o narcisismo: uma introdução. In S. Freud, *Edição Standard Brasileira das Obras Psicológicas Completas de Sigmund Freud* (Vol. XIV). Imago. (Trabalho original publicado em 1914)

Freud, S. (1980e). O instinto e suas vicissitudes. In S. Freud, *Edição Standard Brasileira das Obras Psicológicas Completas de Sigmund Freud* (Vol. XIV). Imago. (Trabalho original publicado em 1915)

Freud, S. (1980f). Além do princípio do prazer. In S. Freud, *Edição Standard Brasileira das Obras Psicológicas Completas de Sigmund Freud* (Vol. XVII). Imago. (Trabalho original publicado em 1920)

Freud, S. (1980g). A dissolução do complexo de Édipo. In S. Freud, *Edição Standard Brasileira das Obras Psicológicas Completas de Sigmund Freud* (Vol. XIX). Imago. (Trabalho original publicado em 1924)

Gentzbittel, M. (1993). *A causa dos alunos*. Summus.

Haraway, D. (2000). Manifesto ciborgue: ciência, tecnologia e feminismo-socialista no final do século XX. In T. Tadeu (Org.), *Antropologia do ciborgue: as vertigens do pós-humano*. Autêntica. (Trabalho original publicado em 1991)

Kopenawa, D., & Albert, B. (2010). *A queda do céu: palavras de um xamã Yanomami*. Companhia das Letras.

Kreisler, L. (1999). *A nova criança da desordem psicossomática*. Casa do Psicólogo. (Trabalho original publicado em 1992)

Kreisler, L., Fain, M., & Soulé, M. (1981). *A criança e seu corpo*. Zahar. (Trabalho original publicado em 1974)

Kupfer, M. C. M. (2009). Amor e saber: a psicanálise da relação entre professor e aluno. In R. H. Pinto Cohen, *Psicanalistas e educadores: tecendo laços*. Wak.

Marty, P. (1994). *A psicossomática do adulto*. Artes Médicas. (Trabalho original publicado em 1990)

Moysés, M. A. A., & Collares, C. A. L. (2010). Dislexia e TDAH: uma análise a partir da ciência médica. In Conselho Regional de Psicologia de São Paulo, & Grupo Interinstitucional Queixa Escolar (Orgs.), *Medicalização de crianças e adolescentes: conflitos silenciados pela redução de questões sociais a doenças de indivíduos* (pp. 71-110). Casa do Psicólogo.

Ranña, W. (1997). Psicossomática e o infantil: uma abordagem através da pulsão e da relação objetal. In F. C. Ferraz & R. M. Volich (Orgs.), *Psicossoma I: psicossomática e psicanálise*. Casa do Psicólogo.

Ranña, W. (2003). A criança e o adolescente: seu corpo, sua história e os eixos da constituição subjetiva. In R. M. Volich, F. C. Ferraz & W. Ranña (Orgs.), *Psicossoma III: interfaces da psicossomática*. Casa do Psicólogo.

Ranña, W. (2020). Medicalização na infância e o tempo de desmedicalizar. In I. Catão (Org.), *Mal-estar na infância e medicalização do sofrimento: quando a brincadeira fica sem graça!* Ágalma. (Trabalho original publicado em 2003)

Ranña, W. (2015). Hiperatividade na infância: contribuições da psicossomática psicanalítica. In A. M. Soares et al. (Orgs.), *Psicanálise e psicossomática: casos clínicos, construções.* Escuta.

Smadja, C. (1993). A propos des procédés autocalmants du moi. *Revue Française de Psychanalyse*, 4, 9-26.

Snyders, G (1993). *Alunos felizes: reflexão sobre a alegria na escola a partir de textos literários*. Paz e Terra.

Szwec, G. (1983). Les procédés autocalmants par la recherche de l'excitation. Les galériens volontaires. *Revue Française de Psychosomatique*, *4*, 27-52.

Volich, R. M. (2022). *Psicossomática: de Hipócrates à psicanálise* (8a ed. rev. ampl.). Blucher. (Trabalho original publicado em 2000)

Volich, R. M. (2021). O cuidar e o sonhar: por uma outra visão da ação terapêutica e do ato educativo. In R. M. Volich, *Tempos de encontro: escrita, escuta, psicanálise* (pp. 455-482). Blucher. (Trabalho original publicado em 2004)

Volich, R. M. (2008). Morrer de amor. Os ideais e as desorganizações psicossomáticas. In R. M. Volich, F. C. Ferraz & W. Ranña (Orgs.), *Psicossoma IV: corpo, história, pensamento*. Casa do Psicólogo.

Winnicott, D. W. (1982). A preocupação materna primária. In D. W. Winnicott, *Textos selecionados: da pediatria à psicanálise*. Francisco Alves. (Trabalho original publicado em 1956)

Winnicott, D. W. (1990). A capacidade para estar só. In D. W. Winnicott, *O ambiente e os processos de maturação: estudos sobre a teoria do desenvolvimento emocional* (pp. 31-37). Artes Médicas. (Trabalho original publicado em 1958)

8. Criatividade e autoconhecimento[1]

Danilo Tomic

> *O principal objetivo da educação é criar . . . [indivíduos] que sejam capazes de fazer coisas novas, não simplesmente repetir o que as outras gerações fizeram.*
>
> Piaget (1970/1990, p. 53)

Introdução

Mais do que em qualquer outra época da história, vivemos hoje em um momento em que as inovações acontecem em número cada vez maior e de forma cada vez mais rápida; os paradigmas de vida têm mudado de forma dramática em questão de poucos anos. Isso tem nos colocado em um estado de incerteza e dúvida sobre o que

1 Este texto foi extraído do artigo homônimo, escrito pelo autor em janeiro de 2022 e apresentado à Pontifícia Universidade Católica do Rio Grande do Sul (PUCRS) como trabalho de conclusão do curso de pós-graduação em Educação transformadora: pedagogia, fundamento e práticas, que foi concluído em março do mesmo ano.

nos espera no futuro e sobre como conseguiremos lidar com essas novas realidades.

Exatamente por isso, inúmeros estudiosos da psique humana tem apontado para a necessidade de se desenvolver nos indivíduos, sobretudo naqueles em formação, a capacidade de se adaptar a novos cenários e de criar soluções para eles. Essa capacidade está intimamente ligada à criatividade, que é comumente relacionada à ideia de descobrir ou criar algo novo.

O que pretendo apresentar aqui é a ideia de que ser criativo e inovador é ser autêntico, ou seja, deve ser encarado como consequência da singularidade do sujeito. E para que se possa reconhecer e acessar essa singularidade, é necessário que se desenvolvam dinâmicas de autoconhecimento, de acesso e afirmação de sua subjetividade.

Ser criativo não se trata, portanto, de despertar a fantasia ou a imaginação, algo que venha de uma inspiração mágica, mas de realizar coisas buscando soluções autenticamente encontradas pelo indivíduo de forma natural e espontânea.

Criatividade

A criatividade é uma habilidade normalmente ligada à inventividade, à inteligência e ao talento, inatos ou adquiridos, para criar, inventar, inovar em alguma área de atividade humana, seja na artística, seja na científica ou em alguma outra.

Ela está ligada, portanto, à ideia de inovação e novidade. Em ambas as palavras encontramos o mesmo radical: o novo. Nós, seres humanos, desde nossa configuração como *Homo sapiens*, fomos formados sob a égide da inovação e da novidade. Quando olhamos para trás, percebemos no curso da história uma constante necessidade de criar soluções novas para questões das mais variadas, desde as mais simples da vida até as mais complexas, menos práticas e até filosóficas. Ao olharmos para a história, delimitamos os tempos pelas inovações que determinado período foi capaz de criar nos mais variados setores da vida humana.

Mas que pulsão é essa que permite ao ser humano absorver a realidade e criar versões alternativas dela?

Entre repetir e inovar: o que a neurociência nos ensina

Hoje a neurociência vem procurando explicar a mente humana de forma cada vez mais esmiuçada e mostra que ela trabalha em uma dualidade entre a repetição e a inovação. Eagleman e Brandt (2020), no seu livro *Como o cérebro cria*, apontam para o fato de que somos criaturas que vivem e morrem de acordo com os estoques de energia acumulados no corpo e de que lidar com o mundo é um empreendimento energeticamente dispendioso, uma tarefa difícil que exige muito raciocínio e movimento. Fazer previsões corretas nos faz gastar menos energia. Portanto, a repetição nos torna mais confiantes em nossas previsões e mais eficientes em nossas ações. Ou seja, temos uma tendência a buscar a previsibilidade, que vem graças à repetição.

Os autores prosseguem constatando que, por outro lado, a falta de surpresa é um problema, pois a familiaridade com determinada coisa ou processo cultiva a indiferença e gera a chamada "supressão por repetição", ou seja, quanto mais acostumado a determinada coisa, menos o cérebro reponde a ela. Por isso, embora a previsibilidade nos dê segurança, o cérebro faz um esforço para incorporar novos fatos a seu modelo de mundo, pois os neurotransmissores relacionados à recompensa estão ligados ao nível da surpresa. Portanto, as recompensas recebidas em momentos regulares e previsíveis desencadeiam muito menos atividade cerebral do que se recebidas em momentos aleatórios ou imprevisíveis.

Assim, por um lado o cérebro tenta poupar energia prevendo o mundo; por outro, procura inebriar-se com a surpresa. Há, portanto, de se encontrar um meio-termo entre aproveitar o que conhecemos e desvendar o desconhecido.

Se olharmos do ponto de vista da evolução das espécies, podemos dizer que ela própria é marcada por inúmeras *inovações* biológicas que foram conferindo aos seres vivos melhores condições para viver no mundo e que a própria evolução é resultado de uma *criatividade natural* que foi se estabelecendo no passar do tempo, promovendo as mudanças necessárias para o melhor funcionamento dos seres vivos.

Podemos então afirmar que os seres humanos precisam de novidade, ansiamos sempre pelo novo e evitar a repetição é a nascente da cultura. Por isso a habilidade da criatividade e da inovação vem sendo cultivada de maneira contínua nos seres humanos desde os primórdios.

Sínteses inconsciente-consciente

Silvano Arieti fez, segundo De Masi (2019), a síntese mais convincente sobre a gênese do ato criativo individual. Em seu livro *Creativity: the magic synthesis*, Arieti (1976) define o processo criativo como uma síntese entre o *processo de pensamento primário* e o *processo de pensamento secundário*, que Freud nomeou como sendo, respectivamente, o nível inconsciente e o nível consciente. Arieti explica que o *processo primário*, para Freud, é um modo de funcionamento da psique, em especial da sua parte inconsciente. Ele prevalece no sonho e em algumas doenças mentais, principalmente nas psicoses. O processo primário funciona de modo muito diferente do *processo secundário*, que é o modo de funcionamento da mente quando está desperta e faz uso da lógica comum. As dinâmicas do processo secundário também se manifestam no processo criativo em estranhas e complexas combinações com o processo primário. É a partir da junção com as dinâmicas apropriadas do processo secundário que as formas primitivas de cognição do pensamento primário tornam-se forças inovadoras.

De Masi acrescenta em seu livro *A emoção e a regra*, a partir de seus estudos sobre grupos criativos do passado, que sentiu necessidade de enriquecer o entendimento de Arieti, afirmando que a criatividade não é a síntese apenas de consciente (pensamento secundário) e inconsciente (pensamento primário), mas também da esfera racional e da esfera emotiva. Ao cruzar o eixo cônscio-incônscio com o eixo racional-emotivo, em uma tabela de dupla entrada, obtém-se quatro áreas, das quais ele considera apenas duas: (i) a área determinada pela junção da esfera emotiva com a do inconsciente, que corresponde ao reino da fantasia; (ii) a área determinada pela junção da esfera racional com o nível consciente, que corresponde ao reino da concretude (De Masi, 2019).

Fantasia concretizada

Com isso, De Masi declara que a criatividade não está apenas ligada à fantasia, mas também à capacidade de concretizar o que se criou. Ou seja, o criativo é aquele que consegue *expressar* e *realizar* novas ideias. Isso vai ao encontro da definição de Ken Robinson (2019) para criatividade. Ao diferenciar os conceitos de imaginação e criatividade, ele coloca que o processo da imaginação está por vezes distanciado do aqui e agora, podendo-se revisitar o passado, ou ter visões do futuro, mas sem que as imagens criadas tenham resultado no mundo real. Já a criatividade tem, pois, segundo Robinson, ser criativo requer *realizar* alguma coisa. Descrever alguém como criativo sugere que a pessoa está ativa e deliberadamente produzindo algo.

Criar e avaliar

Robinson segue explicando que se trata, no processo criativo, de dois processos entrelaçados: um *gerativo* e outro *avaliativo*. Na maioria das vezes o processo criativo acontece dentro de parâmetros bastante claros, muitas vezes definidos por uma forma (como um soneto ou uma sinfonia) ou uma estrutura limitadora (com as quais lidam cotidianamente os arquitetos), ou até mesmo dentro de moldes bastante restritivos, como acontece na ciência. Mas ele ocorre por meio de um *insight*, que nada mais é do que uma solução criativa para uma forma-padrão, o resultado do embate do mundo das ideias com o meio no qual elas são formadas. E essa solução criativa vem na medida em que nossa percepção particular sobre a forma ou estrutura proposta fica clara a nós mesmos. Esse é o processo *gerativo*.

Robinson segue mostrando o outro lado da criatividade, que é o processo *avaliativo*, no qual olhamos para as soluções que encontramos e avaliamos se de fato elas fazem sentido. Isso envolve "reflexão silenciosa, seja ela individual ou coletiva, avaliações imediatas ou testes prolongados".

E esse *fazer sentido* está ligado à nossa percepção sobre tal coisa. Ou seja, uma forma importante para a criatividade é desenvolver a nossa percepção sobre o campo em que estamos atuando. Em geral os artistas são profundos conhecedores da obra de seus pares, sobretudo os que o antecederam; assim também são os cientistas. Ou seja, para que se consiga fazer uma boa avaliação de seu trabalho é preciso que se tenha desenvolvido a percepção por meio da fruição e da análise de trabalhos feitos anteriormente.

Na escola, a avaliação é aplicada de forma sistemática, pois é parte inerente ao protocolo escolar. Mas há de se ter consciência de que é um processo extremamente delicado, pois rapidamente pode ser inibidor da criatividade e da expressividade do aluno. Os parâmetros avaliativos devem sempre considerar a subjetividade do aluno, ou seja, as sua maneira de encarar e realizar as coisas.

Liberdade ao mexer com os recursos

Um pouco adiante, Robinson nos apresenta um novo binômio, *liberdade* e *controle*, pelo qual, segundo ele, a criatividade transita. *Controle* aqui ele entende como o domínio de alguma técnica para poder fazer fruir a criatividade. Assim, o resultado criativo está relacionado ao controle do meio e dos recursos que se dispõe para a criação.

Mas não é preciso ter um altíssimo grau de desenvolvimento técnico numa determinada linguagem ou área de conhecimento para poder ser criativo. Por exemplo, quando eu estava aprendendo piano, logo no início eu já arriscava fazer as minhas composições. Cada vez que eu aprendia algo novo, um ritmo, um compasso, uma técnica pianística, imediatamente eu aplicava em algo que eu criava. Ou seja, eu já estava sendo criativo com aqueles poucos recursos que tinha adquirido.

É aí que entra a *liberdade*: a ideia de que eu posso fazer algo que me diz respeito, algo que saia de minha imaginação, por meio de um *insight*, mesmo tendo poucos recursos. Ou seja, é assumir que é possível e desejável que eu me permita arriscar criar com a paleta de que disponho, ainda que seja limitada.

É a partir desse princípio que podemos pensar em como a criatividade pode ser desenvolvida em crianças nas escolas. Estabelecer parâmetros em que o aluno possa transitar não deve jamais inibir algum arroubo ou iniciativa aventureira dele. Uma coisa é estabelecer os limites com materiais ou coisas afins, mas isso não pode induzir à ideia de erro.

Não temer o erro

Se você não estiver preparado para estar errado,
é pouco provável que crie algo original.

Robinson (2019)

Ao abordar a criatividade, o autor húngaro Csikszentmihalyi (2020) reconhece uma interação inevitável entre o agente da criatividade e o seu entorno, a sociedade ou comunidade e a cultura. Ele cria então o modelo sistêmico da criatividade, que se constrói sobre um tripé formado pela *pessoa* (agente da criatividade), pelo *domínio* (a cultura, o conhecimento, a linguagem) e pelo *campo* (o entorno social).

No âmbito escolar, o campo seria determinado pelo professor, pelos colegas e pela família e o domínio, pelos recursos que o aluno conseguiu adquirir no processo de aprendizagem. O campo tem função fundamental na relação do indivíduo com o ato criativo, pois pode funcionar tanto como inibidor quanto como estimulador. Daí a responsabilidade do professor e da escola nesse momento. É preciso que o indivíduo, no caso, o aluno, sinta-se à vontade e acolhido para experimentar as suas soluções particulares e autênticas para as mais diferentes questões. Um dado importante aqui é neutralizar a ideia do erro, de que algum dos resultados da experiências do aluno esteja *errado*.

O indivíduo e o entorno

Vale nos atermos um pouco mais sobre esse embate entre o indivíduo e o entorno. Segundo Dewey (2010), o ato de expressão como pulsão inata do ser humano vai acontecer numa relação com o meio e utilizando o que o meio lhe oferece para suprir suas necessidades. Dewey então alerta que um ambiente que fosse ininterruptamente favorável à realização imediata de nossas pulsões poria fim ao crescimento, tão certo quanto um meio sempre hostil seria irritante e destrutivo.

Assim, a pulsão precisa de resistência do meio, de desafios, mas sem que ela frustre e irrite o indivíduo. Para tal, é preciso que seja uma resistência que *invoca reflexão*, que gera curiosidade e empenho solícito e, ao ser superada, resulta em *alegria exultante*. Ou seja, é preciso a medida certa entre um estado de não resistência e resistência excessiva, para que o *eu* possa se conscientizar de si e efetivar o ato expressivo e criador, pois criatividade é um ato expressivo, na medida em que apresenta soluções para determinadas questões ou problemas, porém com a especificidade de serem autênticas e individuais, ou seja, expressarem a identidade do ser criativo.

O estado de *flow* descrito por Csikszentmihalyi (2020), que, segundo ele, proporciona um sentimento de descoberta, é justamente a sensação criativa de ser transportado a uma nova realidade, a níveis mais elevados de desempenho e a estados de consciência nunca sonhados. É a *alegria exultante* a que Dewey se referia. Ou seja, há um prazer profundo em criar algo autenticamente seu que, mais que apenas um prazer, é uma necessidade vital nossa, realizada a partir de nossa relação com o entorno que nos fornece os meios (*cultura*) e o reconhecimento (*avaliação*).

Acessar as emoções

Um outro componente fundamental para a compreensão do processo criativo é a emoção, que parece estar ganhando importância cada vez mais clara nos processos de aprendizado e nos processos criativos, o que nos conecta com as mais recentes descobertas da neurociência e da cognição. A criatividade se baseia no envolvimento do indivíduo com determinado objeto ou linguagem e esse envolvimento ativa os princípios emotivos deste.

Paul Torrance,[2] pesquisador estadunidense e um dos pioneiros na pesquisa em criatividade, procurou, ao longo de sua trajetória, estabelecer alguns parâmetros para definir e medir a criatividade, tendo inclusive desenvolvido testes que pudessem mensurar essa habilidade nas pessoas. Inicialmente a criatividade era medida em termos cognitivos apenas, baseada no conceito de "pensamento divergente". Até então, os métodos de Torrance ainda sofriam influência das teoria de J. P. Guilford, que definiu as estruturas do intelecto em três dimensões: a dimensão *operacional*, a dimensão de *conteúdo* e a dimensão de *produto*. Na dimensão operacional, Guilford definiu seis operações nos processos intelectuais:

1. cognição (capacidade de compreender, descobrir e tornar-se consciente de informações);
2. memória-registro (capacidade de codificar e registrar informações);
3. memória-retenção (capacidade de recuperar informações);
4. pensamento/produção divergente (capacidade de gerar múltiplas soluções para um problema; criatividade);

---

2 Ver em: Neves, P.; Souza, M.; Fleith; Souza, D. (2020). *Teorias da criatividade* (Org.). Alíne.

5. pensamento/produção convergente (capacidade de deduzir uma única solução para um problema; seguir regras ou resolver problemas);
6. avaliação (capacidade de julgar se as informações são precisas, consistentes ou válidas).

O pensamento divergente, responsável pela criatividade, segundo Guilford, é o que realiza o comando de criar opções de escolhas (*create choices*), enquanto o pensamento convergente é responsável por fazer escolhas (*make choices*). Associa-se comumente o pensamento convergente a processos mentais lineares, analíticos e lógicos, enquanto o pensamento divergente é associado a processos associativos, flexíveis, interativos e abertos.

Em um determinado momento, Torrance, que até então relacionava a criatividade ao pensamento divergente, sentiu que faltava um elemento fundamental no entendimento dos processos mentais criativos: a emoção. Ao perceber que indicadores emocionais nos seus testes poderiam predizer realizações criativas no futuro dos indivíduos testados, ele passou a tratar os aspectos emocionais como item a ser considerado dentro do âmbito da criatividade, pois eles indicavam uma maior capacidade criativa e sobretudo uma maior autenticidade nas soluções encontradas.

Mas como funciona essa relação entre emoção e criatividade? Dewey (2010) afirma que, no desenvolvimento de um ato expressivo, a emoção funciona como um ímã que atrai para si o material apropriado, por ter uma afinidade emocional com o estado de ânimo já desencadeado. Ou seja, as escolhas feitas no processo criativo partem de associações feitas a partir de um filtro emotivo, que conduz o indivíduo a garimpar em sua experiência e repertório os elementos que lhe dizem respeito e dizem respeito ao objeto de sua expressão criativa.

Nesse ponto, é importante recuperar também o pensamento de Vygotsky,[3] que considerava a criatividade como uma das funções psicológicas superiores, tipicamente humanas (como também pensamento, linguagem, imaginação, memória, atenção voluntária, raciocínio lógico e formal, entre outras). Vygotsky frisava que a criatividade surge do domínio histórico-cultural, como produto do sujeito com seu ambiente, impulsionado pelos processos de desenvolvimento e aprendizagem. Assim, a criatividade passa a ser determinada pela *cultura* e ao mesmo tempo é formadora desta.

Vygotsky ainda define o seu sistema de imaginação criativa, que acontece quando as funções pensamento e imaginação se encontram. Para ele, a imaginação também atua como função psicológica relacionada às emoções (Neves-Pereira & Fleith, 2020).

Conhecer a si e aos outros

Ora, se a emoção ganha cada vez mais relevância nas pesquisas sobre o aprendizado e a criatividade, talvez seja importante desenvolver em nós a habilidade de acessar essas emoções, de olhar para dentro e buscar respostas a partir da observação da nossa história e do que dela ficou em nós impregnado, que está diretamente ligado às emoções que ela nos provoca nos vários momentos de nossa vida. Esse olhar para dentro de si é uma habilidade que pode – e deve – ser desenvolvida e foi descrita por Howard Gardner (1995) como *inteligência intrapessoal.*

O criador da teoria das inteligências múltiplas revolucionou o conceito de inteligência, classificando-a em sete diferentes tipos: *linguística*, *lógico-matemática*, *espacial*, *físico-cinestésica*, *musical*,

---

3 Ver em: Neves, P.; Souza, M.; Chagas-Ferreira; Farias, J. (2020). O modelo da imaginação criativa de Lev Vygotsky. In *Teorias da criatividade*. Alínea.

interpessoal e *intrapessoal*. Ou seja, tão importantes quanto as outras cinco, as duas últimas, que me parecem diretamente ligadas ao tema da criatividade, são fundamentais para o desenvolvimento pleno do indivíduo.

Ao descrevê-las, Gardner afirma que "a inteligência interpessoal nos permite compreender os outros e trabalhar com eles; a inteligência intrapessoal nos permite compreender a nós mesmos e trabalhar conosco" (p. 29). Assim, é possível ao indivíduo desenvolver a percepção única do *eu*, que o diferencia radicalmente dos outros. "O senso de *eu* emerge como uma das mais maravilhosas invenções humanas – um símbolo que representa todos os tipos de informações sobre uma pessoa e é, ao mesmo tempo, uma invenção que todos os indivíduos constroem para si mesmos" (p. 29), arremata Gardner.

Assim, há de se desenvolver nos indivíduos a capacidade de olhar para dentro e aprimorar a consciência de si próprio, de suas características, que tanto o diferenciam (as que são únicas) quanto o fazem pertencer aos seu entorno natural e social (as que são comuns). Portanto, é da combinação da *inteligência interpessoal* e da *inteligência intrapessoal* que emerge o solo fértil onde a criatividade poderá efetivamente encontrar condições para se efetivar.

Ser criativo é, portanto, uma habilidade relacionada diretamente com o autoconhecimento e com o conhecimento do entorno social (cultural) e natural. É a capacidade do indivíduo de entender o que o une a todos e o que o diferencia dos demais.

O novo a partir do velho

É preciso estimular que o aluno busque nas suas soluções pessoais os princípios para guiar seus próprios caminhos criativos. E, claro, vamos beber nas criações daqueles que mais temos afinidade, nos remetendo de novo à nossa subjetividade. Muitos artistas apresentam na sua juventude um estilo muito próximo ao de seus mestres ou suas referências preferidas. E refazem seus caminhos, buscando ali encontrar a sua identidade própria.

Dewey (2010) traz essa mesma ideia em seu livro *Arte como experiência*, quando descreve o ato de expressão como uma atividade em que ocorre a junção entre o novo e o velho, uma recriação em que a impulsão ganha forma e solidez, enquanto o material antigo *armazenado* é literalmente ressuscitado, ganha vida e almas novas.

Isso pode ser adotado na escola como exercício: ao se estudar determinado criador (seja de qual área for), estimular a ideia de percorrer o mesmo caminho dele e depois entender qual particularidade cada aluno pode acrescentar àquela ideia ou criação.

Um mergulho para dentro

A criatividade está vinculada a um processo de acessar o mundo interior e, ainda que de forma não consciente, receber dele os caminhos para então realizar uma ação criativa. Esse movimento de "entrar e sair", quando realizado, provoca um choque entre o externo e o interno, onde se situam as memórias, o conhecimento e as emoções, provocando o que comumente é chamado de *insight*. Essa palavra, aliás, em tradução simples significa *olhar para dentro* e parece ilustrar exatamente o processo que foi mencionado. O *insight* nada mais é que uma visão intuitiva, a ligação da criação com "as regiões mais fundas do nosso mundo interior", com a personalidade e suas características únicas.

No seu livro *Uma simples revolução*, Domenico de Masi (2019) aborda o tema da criatividade, mostrando-nos que esta é o instinto que caracteriza o ser humano. Mencionando a contribuição de Carl Gustav Jung, que apontou os cinco instintos humanos – a fome, a sexualidade, a predisposição à atividade, a reflexão e a criatividade –, De Masi compara essa enumeração de Jung com a postulação de Konrad Lorenz, que atribui aos animais apenas quatro instintos: a nutrição (fome), a procriação (sexualidade), a agressão (predisposição à atividade) e a fuga diante do perigo (reflexão). De Masi tira daí que a criatividade é definidora da espécie humana.

O *in-sight*

Vamos nos ater um pouco mais sobre esse conceito de *insight*, mencionado anteriormente. Como a própria palavra indica, esse *olhar para dentro* indica o vislumbrar de uma solução aparentemente autêntica e sobretudo pessoal para determinada tarefa. O *insight* vai aparecer de um modo específico, condizente com a linguagem ou com o meio no qual o processo criativo está sendo aplicado, e poder ser de dois tipos: *empírico* ou *reflexivo*.

Em música, é comum o artista ficar tocando, improvisando, até que, "sem querer", ao tocar um trecho que lhe chama a atenção pela beleza ou por alguma característica marcante, ele se dá conta de que criou algo e aí vem a ideia de registrar, que, no caso, pode ser gravando ou escrevendo (como faziam os antigos). Esse improvisar é na verdade um embate do músico com ele mesmo, experimentando as soluções dentro de seus recursos. Esse é o *insight empírico.*

Em outra área, como na ciência, o *insight* pode vir como resultado do embate mental do indivíduo com o tema. E essa ideia pode aparecer de uma hora para a outra, de supresa, em momentos inesperados, por exemplo, logo ao acordar. É comum esse tipo de relato entre pessoas que de alguma maneira tiveram experiência criativa, de que, de repente, ao acordarem de madrugada, foram surpreendidos com uma ideia ou uma solução para seu problema. Em geral esse tipo de *insight* é resultado de um envolvimento tal da pessoa com o tema que seu pensamento fica tomado por aquele assunto e, em momentos em que o inconsciente está mais aberto e acessível, uma ideia aparece como solução para aquela determinada tarefa. Esse tipo de *insight* eu chamo de *reflexivo.*

O que há em comum entre os dois tipos de *insight* é esse movimento de olhar para dentro, que em cada um dos tipos mencionados acontece de uma forma específica. O *insight* depende, porém, nos dois casos, de um contato do indivíduo com ele mesmo, com seu processo primário (ligado ao inconsciente), lembrando Freud. Para tal, é preciso que os movimentos do processo secundário estejam aquietados e que haja uma mobilização mental do indivíduo para aquela finalidade, algo comparável, de novo, ao estado de *flow* descrito por Csikszentmihalyi.

Imersão com profundo envolvimento

O autor de origem húngara descreve o estado de *flow* como um estado de encantamento que toma o sujeito em um processo de criação, e que o mobiliza de forma tão plena que ele acaba por quase perder consciência de si mesmo, ou melhor, a tarefa contínua de proteção ao ego feita pelo processo secundário acaba por esmorecer, facilitando a conexão dos processos primários com o ato da criação.

Também se percebe que o medo de errar fica amortecido no momento da experiência, ao mesmo tempo que o sujeito entra em um estado de concentração que não admite distrações. Esse envolvimento integral do indivíduo com determinada atividade advém de uma relação que perpassa a racionalidade e acaba por entrar no campo da emoção. A criatividade para Csikszentmihalyi é um fenômeno legítimo e agrega outras questões, como a felicidade, a autorrealização e as emoções e sentimentos positivos sobre si mesmo e sobre a existência (Neves-Pereira & Fleith, 2020).

Tao da criatividade

Neste ponto, é interessante constatar que essas ideias de singularidade e pertencimento estão presentes no estudo do filósofo e professor Chung-yuan Chang, que buscou nas raízes da milenar filosofia taoísta elementos que embasaram a sua ideia de criatividade como algo natural e intrínseco de cada ser humano.

Em seu livro *Creativity and Taoism*, Chang (1963/2011) mostra que o *Tao* (ou *Dào*, segundo o sistema de transliteração *pinyin*) – que é a origem ontológica e a componente essencial de toda criação – é um elemento essencial de simpatia e de criatividade. Segundo ele, o *Tao* é a unidade das multiplicidades, é o que compõe e liga tudo que existe. A ideia de *simpatia* (ou *empatia*) se move do todo para o *um* (ou *unidade*); a criatividade, como movimento reverso, se move da unidade para o todo, para a multiplicidade das coisas e seres. Sem *simpatia* não há base de potencialidade para dar suporte à criatividade. Sem criatividade não há meios de realidade e concretude para revelar a *simpatia* e, por conseguinte, o próprio *Tao*. Ou seja, temos aí uma conexão profunda entre a singularidade e a multiplicidade, sendo a criatividade algo natural, inerente às múltiplas existências do universo, de tudo que existe.

Assim, se seguirmos essa ideia de mergulho para dentro como caminho para se desenvolver o pensamento criativo, temos que nos dar conta de que ele se coloca não como um movimento individualista, mas, no fundo, como movimento de conexão com o todo e com o entorno. Isso reforça as ideias de *interpessoalidade* e *intrapessoalidade* ligadas às teorias de Gardner. E a dupla consciência de nossa singularidade e unicidade coloca a *simpatia* e a *criatividade* de mãos dadas, pois em cada diversidade pode-se achar o potencial da unidade e na unidade existe a infinita interfusão de diversidades.

Usando a figura de Kuo Hsiang, um neo-taoísta do século IV, Chang ilustra essa ideia: "um leão com toda a sua juba é também encontrado em um simples fio de sua cabeleira". Ou seja, o leão com toda a sua cabeleira indica a unidade; o simples fio de cabelo de sua juba indica a particularidade na multiplicidade. Ver unidade na multiplicidade é ver infinita potencialidade manifesta em cada particularidade ou singularidade.

Autoconhecimento

No artigo "Autoconhecimento e liberdade no behaviorismo radical", Olivia Justen Brandenburg e Lidia Natalia Dobrianskyj Weber (2005) recuperam as afirmações de Skinner: "autoconhecimento é autoconsciência, então, autoconhecimento é autodiscriminação de comportamentos e estímulos a eles relacionados. Ter consciência de si corresponde ao comportamento de discriminar os comportamentos próprios e as variáveis que os controlam. Autoconhecimento é um comportamento discriminativo, que expressa um conhecimento sobre o próprio comportamento".

Mais adiante elas trazem a referência de Gongora e Abib: "o autoconhecimento não é um jeito ensinado para buscar algo no interior, também não é um caminho percorrido para atingir as profundezas do ser; é sim a descrição de comportamentos".

Ou seja, o autoconhecimento refere-se à habilidade do sujeito de observar a si próprio, seu comportamento diante de situações e contextos, o que revela a ideia de autopercepção, sendo aqui o prefixo *auto-* não apenas uma referência ao sujeito da ação, mas sobretudo ao objeto desta. O objeto da percepção é o próprio sujeito.

Foco no *eu*

Para que o sujeito consiga dar foco nesse objeto de observação – seu próprio *eu* –, é necessário que ele consiga destacá-lo de todo tipo de influência externa, bem como de sua existência cotidiana. Isso nos remete à ideia de *retiro*, muito comum entre os grandes exploradores subjetivos da história, que muitas vezes promoveram verdadeiras jornadas solitárias.

Pensando de forma mais corriqueira, porém, são situações simples que as pessoas buscam para poder tomar contato consigo de forma mais pura e sem interferências ou expectativas. Isso pode ser conseguido estabelecendo-se, por exemplo, uma condição em que o sujeito consiga estar só e distanciado. Nem sempre é possível em casa ou numa sala de aula; por vezes é necessário deslocar-se para outro local, de preferência sem atrativos externos: um parque, algum lugar em que se sinta seguro e possa desfrutar do estado de solidão; na escola, seria em locais do pátio externo, por exemplo. Trata-se então de aquietar a mente e concentrar-se no presente, trazendo o foco de sua atenção para algo extremamente básico, como respirar, como é comum em processos meditativos.

Inteligência intrapessoal ou subjetiva

Como mencionado, Howard Gardner enumerou sete tipos de inteligência, por ele chamadas de *inteligências múltiplas*. A aptidão para o autoconhecimento e a autopercepção, considerada uma das inteligências fundamentais a serem desenvolvidas, foi chamada por Gardner de *inteligência intrapessoal*. Posteriormente, Thomas Armstrong (2003) se baseou nos conceitos de Gardner e procurou criar um receituário para se desenvolver cada uma das sete inteligências. Quando abordou a *inteligência intrapessoal*, Armstrong a chamou de *inteligência subjetiva*, que me parece também um ótimo nome, pois refere-se ao sujeito que cada um representa.

Armstrong, ao final do capítulo sobre a inteligência subjetiva, elenca 25 formas de desenvolvê-la. Entre elas, podemos destacar duas que já foram mencionadas: "criar um lugar silencioso em sua casa para introspecção" e "aprender a meditar".

Foco na relação do *eu* com o *entorno*

O exercício de se isolar para se encontrar deve ser seguido por outro exercício mental, em que, a partir da consciência do *eu*, o sujeito consiga estabelecer as conexões desse *eu* com o *entorno* e assim exercitar esse embate.

As autoras Brandenburg e Weber (2005) chamam a atenção para um dado muito interessante: a consciência não é algo necessariamente atingido de forma solitária.

> *Enquanto o senso comum e o saber religioso transmitem a regra de que o isolamento é necessário para se atingir o autoconhecimento, Skinner . . . defende que isso só pode ocorrer na interação social. A origem da palavra consciência vem do latim comscience e significa co-conhecimento, ou seja, "conhecendo com outros" . . . Sendo autoconhecimento consciência de si, então significa conhecimento de si com os outros.*

Isso indica que o sujeito observa não só a si próprio, como também o embate dele com o contexto ao redor, como se desenrola essa tensão entre o *eu* e o *entorno*. Aí está, talvez, uma chave importante da criatividade, pois é buscando suas respostas autênticas para as mais diferentes situações, a partir do exercício do autoconhecimento, que o sujeito tem a chance de apresentar soluções originais que, mais do que novas, sejam autênticas. O cerne do processo criativo é encontrar autenticidade, não necessariamente a novidade.

Necessidade crescente

Nos dias de hoje, essa tensão entre o *eu* e o entorno ganhou novas dimensões, por conta da velocidade de transformação que acontece nesse entorno. Fala-se muito da necessidade de se desenvolver a criatividade por conta da rapidez cada vez maior com que o mundo vem mudando. A criatividade não é mais vista como uma qualidade de excessão, mas é exigida como elemento constituinte do sujeito, tão necessária como as mais elementares habilidades. Assim como se devem estimular competências como a linguagem, o pensamento, a percepção, a motricidade, a socialização e outras, é necessário também estimular a criatividade em todos âmbitos e esferas da vida – na família, na escola, no trabalho, no lazer, nas relações interpessoais.

José Sterza Justo (2001), no seu texto "Criatividade no mundo contemporâneo", mostra as mudanças na contemporaneidade da constituição psicológica do sujeito. Se outrora foi valorizado o indivíduo coerente, de caráter intransigente, com convicções bem estabelecidas, hoje se cultua a mobilidade, a maleabilidade e a multiplicidade, o que alude à homogeneidade, ao passo que a unidade do sujeito tende a ter cada vez menos lugar. O ideal de sujeito não é o uno e indivisível, mas o divisível e o múltiplo, o que em pedagogia vem nos remetendo cada vez mais à ideia de inteligências múltiplas.

Em termos psicológicos, "o estereótipo de personalidade obsessiva, fincada na tendência à repetição, ao esquematismo, ritualização, organização, rigidez e conservação está sendo substituído pelo protótipo esquizoide fundamentado no princípio do caos, na divisibilidade, fragmentação e ausência de unidade" (p. 62).

A busca pelo autoconhecimento e a consequente habilidade em ser criativo (por ser autêntico) hoje já se tornou uma tarefa diferente daquela de outros tempos, pois justamente deve considerar essa mutabilidade dos tempos atuais. Estruturas de personalidade muito estratificadas tendem a ter muita dificuldade em se adaptar nesse mundo, onde o aprendizado de novos recursos é constante.

Riscos no processo de autoconhecimento

Há, no entanto, dois grandes riscos nessa empreitada de quem se lança à epopeia do autoconhecimento. Um primeiro grande risco é se colocar a tarefa de buscar respostas à pergunta: *quem sou eu?* Diante da volatilidade das características individuais de personalidade e da contínua transformação dos contextos sociais, a pergunta certa seria: *quem estou sendo agora?*

A construção do sujeito é constante e deve ser assumida como tal durante toda a vida. A compreensão de que somos sujeitos em constante transformação nos dá a possibilidade e a responsabilidade de estarmos em constante aprendizado, em constante construção. Aquilo que caracteriza o sujeito deve ser redefinido a cada dia, ou a cada ciclo. Mas isso não significa que não sejamos fruto de uma sucessão de experiências de nossa vida e que necessariamente abandonaremos o que fomos para sermos algo novo. Não. É da interação contínua entre o passado e o presente, entre as heranças consciente e inconsciente que recebemos e as escolhas que fazemos a cada instante que nos constituímos como sujeitos.

É da tensão entre o que fomos e o que decidimos ser hoje que se configura algo que poderíamos caracterizar como a nossa individualidade. Essa é, na verdade, uma grande oportunidade que temos, a todo instante, de reavaliarmos quem somos e nossa trajetória e de tomarmos decisões que possam alterar o rumo de nossa vida. Somos, portanto, coautores de nosso destino.

Isso está diretamente ligado à ideia de incompletude defendida por Paulo Freire: "é na inconclusão do ser, que se sabe como tal, que se funda a educação como processo permanente" (p. 57). Nossa presença no mundo não é a de quem a ele se adapta, ou por ele é moldado, mas a de quem nele se insere e sobre ele atua. Transformamo-nos dessa maneira em sujeitos de nosso destino, e não objetos. Para se desenvolver o autoconhecimento, há de se aguçar a percepção desse *eu* em constante mutação, em constante atualização. E é da autenticidade desse *eu* que surgirão as repostas mais genuínas, mais autênticas para as perguntas, desafios ou tarefas que se nos colocam. Ou seja, é um caminho certo para se desenvolver a criatividade.

Mas há um outro risco na busca pelo autoconhecimento, que é procurar as respostas de forma apenas racional, a partir de nosso entendimento e nossa percepção consciente de quem somos ou mesmo de quem *estamos sendo*. Pois muitas vezes acreditamos ser algo, mais pelo desejo de ser do que pelo fato de ser. O grande perigo da mutabilidade dos tempos contemporâneos é perdermos o contato com nossas características pessoais mais autênticas e despejar sobre elas um sem número de expectativas introjetadas a partir da avalanche de informações (verdadeiras ou não), opiniões e modelos de ser à qual somos submetidos.

Se somamos a isso a imensa quantidade de distrações cotidianas impostas pela necessidade (os afazeres, o trabalho) ou escolhidas para um entretenimento passivo (redes sociais, séries, filmes), a quantidade de tempo que dedicamos à escuta de nós mesmos tende a ser nula ou perto disso. E mesmo quando nos silenciamos e procuramos acessar o que chamamos de espírito, muitas vezes terceirizamos esse contato, projetando num outro o entendimento e por vezes a definição do que *devemos ser*. É preciso aquietar o ímpeto racional imperativo que nos quer ditar as regras e os modelos de existir para simplesmente sermos. E a melhor forma de se buscar o silenciamento da mente é o envolvimento nas atividades de forma lúdica, como uma criança que brinca de faz de conta, num estado de máxima presença descompromissada (estado meditativo ou de *flow*).

A partir da consciência desses dois riscos, o de cristalizar a ideia de nossa identidade em respostas já previamente definida se o de tentar acessá-la apenas de forma racional, a partir dos mecanismos mentais conscientes, podemos traçar algumas estratégias para desenvolvermos a capacidade de permitir aflorar o que nos é autêntico, a escuta do que nossa voz interior tem a nos dizer naquele instante de nossas vidas e, assim, abrir caminho para que a genuína criatividade brote em atividades desde as mais simples até as mais complexas.[4]

---

4 Para os sufis há um estado chamado *faná*, que, expresso de forma simples, é um estado de consciência em que as características individuais se dissolvem para que o grande Ser possa se revelar. Uma ideia que nos faz lembrar dos princípios taoístas de integração cósmica com o todo, o universo. Para os budistas, esse estado de absorção e absoluta concentração tem o nome de *samadhi*. A meditação é o meio mais conhecido para se chegar a esse estado,

Como despertar a criatividade

Homo createns

Em primeiro lugar, é preciso ficar claro que não se pode classificar e separar as *mentes criativas* de outras *não criativas*. Criatividade não é um dom exclusivo daqueles que o receberam ao nascer. Todos temos essa habilidade inata. É característica da nossa condição humana sermos criativos. Todos temos uma mente criativa. O que ocorre é que nossa formação (tanto no núcleo familiar como no ambiente social – isso inclui a escola) e nossa personalidade, que é moldada no correr do tempo pelos entornos mencionados, acabam por inibir essa capacidade com o passar do tempo.

O ser humano vive mentalmente em uma balança que pende entre a necessidade de tornar o mundo previsível e o desejo por algo novo, imprevisível. Nosso cérebro sempre busca trilhar caminhos conhecidos pelo simples fato de que isso o faz gastar menos energia. Quanto mais previsível é o mundo, menos energia precisamos despender para lidar com ele, mais confiança temos em nossas ações, que se tornam mais eficientes. Isso nos tornaria simples repetidores de tarefas.

Mas há uma inquietude inerente ao humano que é querer ir além dos limites de suas possibilidades. Se um caçador-coletor não alcança determinada fruta em uma árvore, vai criar uma ferramenta ou usar algum objeto para que a alcance. Desde sempre, o humano foi inventando ferramentas que expandem o alcance e a eficiência de sua ação. E isso nos lembra a icônica cena de *2001 – Uma odisseia no espaço*, filme de Stanley Kubrick, que parece simbolizar, com o arremesso para o alto de um pedaço de pau usado

---

que pode ser atingido de formas as mais diversas, seja em estado meditativo explícito ou em tarefas variadas, das cotidianas às mais elaboradas.

para abater um inimigo ou uma presa, os milhões de anos de evolução entre o humano-primata e os viajantes do espaço que ainda estamos nos tornando. Foram milhões de anos evoluindo graças a essa habilidade inata de criar e experimentar algo novo a partir de desejos e necessidades. Evitar a repetição e criar o novo é a nascente da cultura.

Criar faz parte de nossas necessidades básicas. É o que nos torna mais humanos e há um imenso prazer inerente ao ato criativo. Quando em qualquer situação se atinge uma solução para determinada questão ou problema, sentimos dentro de nós uma profunda satisfação. Isso se explica pelo fato de os sistemas de neurotransmissores relacionados à recompensa estarem ligados à surpresa. A novidade, o inesperado gratificam.

A falta de surpresa e a familiaridade acabam por cultivar a indiferença, o que também é um problema, pois gera desinteresse. A cada novidade, o cérebro tem de atualizar as suas conexões, o que o ativa como um músculo que precisa se mover para que não atrofie.

Precisar do novo não se limita a expandir o alcance de suas ações concretas, mas também de seus movimentos mentais, sua capacidade de explicar o que está a sua volta e até mesmo o que não está, o que lhe é desconhecido. Daí entram desde a ciência, em toda a sua evolução, com todo o seu esforço para explicar o que vemos a nosso redor, até os mitos e crenças que o humano criou para explicar o que sua mente não consegue com os recursos próprios.

Ou seja, o homem é tão *sapiens* quanto *createns*. O conhecimento que o destaca entre os outros animais deste planeta foi desenvolvido a partir das fagulhas criativas de sua mente, que o acompanham desde sempre.

Perceber-se pertencente

Como bem nos explicou Jung com sua teoria do inconsciente coletivo, carregamos conosco um arcabouço de conhecimento não racionalizado que nos acompanha e resulta em um cabedal inconsciente que herdamos das gerações que nos antecederam. Somos fruto de uma história, de um contexto e de uma vida, que é vivida unicamente por nós mesmos. Nós respondemos à herança recebida e ao contexto em que nos encontramos com essa vida e tudo o que ela proporciona no correr de nossa existência.

Quando somamos esse inconsciente coletivo à nossa experiência de aprendizado pessoal, a tendência é que as soluções que encontraremos tenham validade não só para nós, como para o contexto de nossa existência. Ou seja, devolvemos ao contexto o que dele recebemos, mas de forma processada. Somos como um chá que impregna a água depois de minutos de infusão: impregnamos a realidade com a nossa existência, com tudo que produzimos. Aí está a chave de nossa criatividade.

Não nascemos para sermos gênios e famosos; isso acontece para alguns, cuja constelação de fatores individuais é favorável para isso. Nascemos para sermos exatamente aquilo que somos. Nem mais, nem menos. O restante é resultado dessa incessante busca em sermos autênticos, em cada instante de nossas vidas. O principal é que consigamos de alguma forma impregnar o mundo com a nossa marca, seja dentro de casa, seja com um punhado de pessoas com quem convivemos, seja com o mundo.

Perceber-se único

Somos seres únicos em termos biológicos. Nossa digital, nosso DNA, nossa estrutura orgânica e mental são únicos. Ainda que duas pessoas saiam juntas da mesma barriga e cresçam num mesmo ambiente familiar e social, como no caso de dois irmãos gêmeos, cada um terá sua singularidade construída pelo aprendizado, que acontece pela percepção do que nos é oferecido em nossa experiência de vida e pela expectativa que se impõe a nós pelo meio e por nós mesmos.

> *Nascemos com uma natureza original, mas à medida que crescemos, vamos nos adaptando aos padrões culturais e familiares, ao ambiente físico e às circunstâncias da vida diária. Aquilo que nos é ensinado se solidifica como* realidade. . . . *Construímos o mundo por meio de atos de percepção, aprendizado e expectativa. E por meio dos mesmos atos de percepção, aprendizado e expectativa, construímos nosso "ser". (Nachmanovitch, 1993, p. 34)*

Em muitas situações cotidianas de nossas vidas, somos requisitados a encontrar soluções para problemas ou impasses os mais variados. Muitas vezes, essa solução surge com a simples conexão de coisas que estão ao nosso alcance, seja externamente, seja dentro de nossa mente, como repertório de experiências recolhidas ao longo do tempo e armazenadas em nossa memória. A nossa perspectiva naquela situação específica é única. A composição do repertório com os elementos daquele contexto será sempre única; talvez parecida com a de outros, mas jamais será igual. Portanto, se ligarmos os pontos de nossa perspectiva, a solução será sempre única. Precisamos, para tal, sempre estar com a percepção desperta para o momento presente.

Esquecer-se de si

Há um paradoxo e outro risco dos quais é preciso se dar conta quando fazemos o mergulho para dentro em busca do que nos define como seres únicos: ao buscarmos o que nos define, corremos o risco de nos apegarmos ao nosso ego, que é fruto do embate do indivíduo com o meio sociocultural. Mas, por estarmos impregnados de uma realidade externa à nossa, nosso ego pode nos afastar dos nossos anseios profundos. Eis aí o risco. Olhar para dentro de si mesmo pressupõe também esquecer-se de si mesmo. Esse é o paradoxo.

Nachmanovitch (1993) nos lembra das palavras de Hakuin, pintor japonês e reformador do zen-budismo, contemporâneo de Bach: "Quando se esquece de si mesmo, você se torna o Universo". As milenares práticas orientais de meditação vêm se revelando uma importante ferramenta para se acessar esse *eu para além do ego*. São formas de aquietar a mente (e, por consequência, o ego) para permitir que o eu profundo, aquele que se conecta com todo o Universo, venha à tona e seja acessado.

Lembramos ainda a frase de Albert Einstein: "penso 99 vezes e nada descubro; deixo de pensar, mergulho no silêncio, e a verdade me é revelada".

Permitir-se brincar

A mente criativa brinca com os objetos que ama.

Jung

Outra característica importante do ato criativo é a sua relação com a brincadeira e o prazer. Jung afirma que "a criação do novo não é conquista do intelecto, mas do instinto de prazer agindo por uma necessidade interior". Ou seja, não se pode se colocar diante de uma tarefa criativa com uma obrigação racional de gerar algo novo; não vai funcionar. É preciso brincar, ou seja, buscar o lúdico, o prazer leve de experimentar os materiais ou ferramentas que se tem à disposição naquele determinado contexto. "Brincar é ter o espírito livre para explorar, ser e fazer por puro prazer". Essa é uma chave fundamental para que a criatividade possa florecer. "A criatura que brinca está mais apta a se adaptar à mudança de contextos e de condições" (Nachmanovitch, 1993, p. 51).

Johan Huizinga (1938/2019), no seu clássico *Homo ludens*, aponta três características para o jogo, que aqui associo à ideia da brincadeira, do lúdico: a primeira é que é livre, ou seja, o brincar e o jogar são atividades voluntárias, que se realiza pelo prazer e pela diversão, desprendido de obrigações; a segunda é que é uma "evasão da vida real", ou seja, não é vida corrente ou real, é um "interlúdio na nossa vida cotidiana"; e a terceira é o seu isolamento e sua limitação, joga-se até o fim, até terminar, e esse fim se estabelece como um tempo fora do tempo real e cotidiano. Nesse sentido, Huzinga afirma que o lúdico "ornamenta a vida, ampliando-a e, nessa medida, torna-se uma necessidade tanto para o indivíduo, como função vital, quanto para a sociedade, devido ao sentido que encerra, à sua significação, ao seu valor expressivo, a suas associações espirituais e sociais, em resumo, como função cultural" (p. 11).

Assim, podemos ver que a brincadeira e o jogo ganham o valor expressivo e são bases das criações culturais. Ou seja, a cultura foi formada desde os tempos remotos nas respectivas civilizações por meio da brincadeira e do jogo, dessa forma de inventar algo que está fora do tempo e do estado de realidade.

A mente criativa brinca, o trabalho criativo é divertimento, é a livre exploração dos materiais e ferramentas que se escolhe para seus devaneios.

Entrar em *flow*

Uma característica da criatividade, que a liga aos processos do brincar, é ter mais ênfase no processo que no resultado. O prazer de criar está mais presente na busca do que na conquista, ou seja, existe algo de autotélico na brincadeira e no processo criativo: o ato de criar é um fim em si mesmo e é intrinsecamente satisfatório. "O divertimento, a criatividade, a arte, a espontaneidade, todas essas experiências contêm em si suas próprias recompensas, e [são] bloqueadas quando o desempenho é motivado pela possibilidade de recompensa ou punição, de lucro ou perda. Por isso o ambiente criativo pressupõe um estado de liberdade e desprendimento típico das brincadeiras. É o que diferencia a brincadeira do jogo" (Nachmanovitch, 1993, p. 52). O jogo impõe regras e finalidades; busca-se um objetivo. Enquanto que na brincadeira o que importa é vivê-la, num estado de presença e entrega que nos remete ao estado de *flow*.

Uma criança brincando, imersa em sua brincadeira, talvez seja a mais perfeita tradução do estado de *flow*. Nessa atividade ela pode passar um longo tempo, que deverá passar de forma despercebida para ela. Liberar o processo criativo dentro de nós, acessar esse estado que nos permite não estar no controle, mas no fluxo do tempo sem tempo (no *flow*), é quando liberamos a nossa criança interior para que brinque com aquelas determinadas ferramentas para assim fazer vir à tona algo autêntico, algo que será a nossa resposta genuína e irracional às questões e desafios que se nos colocam. "A musa mais poderosa é a nossa criança interior" (Nachmanovitch, 1993, p. 53).

Ter consciência dos limites

Ao se colocar diante de uma tarefa que vai exigir habilidade criativa, um indivíduo se depara com aparente infinitude de possibilidades, o que torna as escolhas num primeiro momento difíceis. Antes de se debruçar sobre a tarefa, no entanto, é interessante ter clareza de que o ideal é trabalhar com uma paleta de opções mais restrita. Dependendo do próprio tipo de tarefa, pode já existir um limite de opções inerente a ela, aos elementos que a compõem. Portanto, é preciso ter consciência desse limite, ou melhor, entender qual é a paleta que envolve a realização do que se pretende.

Nesse sentido, é importante ter claro quais são as opções e, caso isso não seja evidente num primeiro momento, procurar definir alguns parâmetros para emoldurar a ação criativa.

Não temer os erros

O erro é parte do processo criativo. A ideia do erro está relacionada com expectativas. Ou seja, acertar é atender a expectativas, trilhar caminhos e chegar a resultados que a princípio são esperados. O erro abre novas possibilidades de outras realidades inesperadas. E a aceitação do erro como uma chance de fazer surgir uma lógica nova leva o indivíduo a se colocar em uma situação de maior liberdade. Muitas vezes a inovação surge com a quebra de um processo de expectativas, com a surpresa de um imprevisto.

Sentir-se livre

Como a criatividade é uma habilidade que pressupõe o contato com as particularidades de cada indivíduo, é fundamental que este esteja inserido num contexto que iniba a censura e o excesso de regramento.

Liberdade é algo muito desejado, mas ao mesmo tempo difícil de ser definido, ou de ser compreendido. A ideia de liberdade está muitas vezes associada à ausência de controle externo e à possibilidade de manifestar de forma autêntica aquilo que o sujeito tem dentro de si: um pensamento, uma opinião ou uma vontade. A liberdade é um sentimento que pode ser diretamente ligado ao autoconhecimento e ao contato dessa individualidade com o seu contexto e pode também ser entendida como a coincidência entre o querer e o poder.

Estimulando a criatividade na escola

Apresento aqui, de forma esquemática e resumida, algumas ideias do que se pode fazer para desenvolver a criatividade em crianças e jovens na escola ou qualquer outro ambiente educativo.

1. Oferecer com regularidade aos alunos um tempo para aquietar-se, conectar-se com o presente, preferencialmente de silêncio e distanciamento. Meditar.
2. Cultivar o silêncio presente e a escuta do entorno e de si mesmo.
3. Sempre que possível, estimular a opinião individual sobre situações criadas ou dadas. Abrir espaços de escuta dessa opinião de forma corriqueira. Exercitar essa expressão individual com todos, seja de forma oral ou escrita. Não julgar.
4. Promover nos alunos a consciência de pertencimento a um contexto amplo, que os conecte com o entorno cósmico

partindo do local: família, escola, bairro, cidade, país, planeta, sistema solar etc.

5. Promover brincadeiras em todas as idades. Estimular o inventar brincadeiras.
6. Criar situações de experimentação lúdica, mesmo em tarefas e disciplinas aparentemente não dotadas de trabalho criativo. Abrir espaço para a brincadeira criativa, seja qual for a linguagem ou campo de conhecimento a ser trabalhado. Os alunos devem se colocar na tarefa como se estivessem brincando.
7. Promover com regularidade devaneios em atividades que não tenham regra, restrição ou predeterminação, não como meros passatempos, mas como exercícios de liberdade. Por exemplo, deixar-se divagar sobre um papel branco, com desenhos ou palavras. É preciso, então, valorizar o produto dessas atividades que podem (e devem) revelar a identidade e a originalidade de cada um.

Considerações finais

O autoconhecimento e a autopercepção são chaves importantes para se desenvolver a criatividade. É buscando as respostas na originalidade e na autenticidade de sua existência, a partir do exercício do autoconhecimento, que o sujeito tem a chance de apresentar soluções genuínas, pois a criatividade não se trata de necessariamente criar o novo, mas de ser, antes de tudo, autêntico.

O cerne do processo criativo é encontrar autenticidade, não necessariamente a novidade; esta vem como consequência natural. E todo ser humano possui a habilidade criativa de forma inata, que é passível de ser desenvolvida em ambientes educacionais, sobretudo na escola. Afinal, criatividade é experimentar a liberdade de ser autêntico em ações e realizações concretas.

Referências

Alencar, E. S. de, & Fleith, D. S. (Orgs.). (2009). *Criatividade: múltiplas perspectivas* (3a ed.). UnB.

Arieti, S. (1976). *Creativity: the magic synthesis*. Diane.

Armstrong, T. (2003). *7 tipos de inteligência: identifique e desenvolva suas múltiplas inteligências*. Record.

Brandenburg, O. J., & Weber, L. N. D. (2005). Autoconhecimento e liberdade no behaviorismo radical. *Psico-USF, 10*(1), 87-92.

Chang, C. (2011). *Creativity and Taoism: a study of Chinese philosophy, art and poetry*. Singing Dragon. (Trabalho original publicado em 1963)

Csikszentmihalyi, M. (2020). *Flow: a psicologia do alto desempenho e da felicidade*. Objetiva.

De Masi, D. (1999). *A emoção e a regra: os grupos criativos na Europa de 1850 a 1950* (Org.). Livraria José Olimpo Editora.

De Masi, D. (2019). *Uma simples revolução: trabalho, ócio e criatividade*. Sextante.

Dewey, J. (2010). *Arte como experiência*. Martins Fontes.

Freire, P. (2021). *Pedagogia da autonomia: saberes necessários à prática educativa*. Paz e Terra.

Eagleman, D., & Brandt, A. (2020). *Como o cérebro cria: o poder da criatividade humana para transformar o mundo*. Intrínseca.

Gardner, H. (1995). *Inteligências múltiplas: a teoria na prática*. Artmed.

Huizinga, J. (2019). *Homo ludens: o jogo como elemento da cultura* (9a ed.). Perspectiva. (Trabalho original publicado em 1938)

Justo, J. S. (2001). Criatividade no mundo contemporâneo. In M. S. Vasconcelos (Org.), *Criatividade: psicologia, educação e conhecimento do novo*. Moderna.

Martinez, M. (2010). *Tive uma ideia!: o que é criatividade e como desenvolvê-la*. Paulinas.

Nachmanovitch, S. (1993). *Ser criativo: o poder da improvisação na vida e na arte*. Sumos.

Neves-Pereira, M. S., & Fleith, D. S. (Orgs.). (2020). *Teorias da criatividade*. Alínea.

Ostrower, F. (2014). *Criatividade e processos de criação* (30a ed.). Vozes. (Trabalho original publicado em 1977)

Piaget, J. (1990). *Epistemologia genética*. Martin Fontes. (Trabalho original publicado em 1970)

Robinson, K. (2019). *Somos todos criativos*. Benvirá.

9. Em busca de uma nova racionalidade

Daniel Ferraz Chiozzini

Bartira Mannini

Natália Cardoso Compadre

Recentemente, um dos autores deste capítulo foi convidado a escrever um breve relato que rememorasse a obra de Paulo Freire, por ocasião do centenário de seu nascimento. Um dos pontos centrais desse texto foi a identificação de conexões entre o maior intelectual da educação brasileira e os Ginásios Vocacionais do estado de São Paulo:

> *Não há como não ser impactado por seu método de alfabetização de adultos, imbricado com o universo da cultura popular e com a prática política. Ele foi o ponto de partida na construção de novos sentidos ao processo de aprendizagem, desvelando que ensinar leitura e escrita é essencialmente ensinar a ler o mundo e escrever uma nova realidade, transcendendo o processo de alfabetização em si. Mas como pensar esses princípios aplicados à educação escolar, em uma lógica sistêmica? Em busca dessa resposta, resolvi revisitar a experiência desenvolvida pelo Serviço de Ensino Vocacional (SEV),*

> *projeto educacional idealizado pela educadora Maria Nilde Mascellani, que tinha como objetivo renovar e modernizar a rede pública paulista, existente entre os anos de 1961 a 1970. É possível dizer que a proposta dessas escolas – também devido ao contato com movimentos de educação popular, dos quais Paulo Freire foi a figura mais notória – foi tão inovadora em termos de ensino ginasial (hoje ensino fundamental II) como o método Paulo Freire em termos de alfabetização de adultos. As escolas tinham um currículo baseado em uma premissa analítica semelhante: um dos pontos mais importantes estava no estudo da comunidade onde seriam instaladas as unidades do Projeto para elaboração conjunta do currículo escolar. A partir desse ponto, as diversas áreas desenvolviam um trabalho interdisciplinar não apenas para trabalhar diferentes conteúdos, mas também para articulá-los ao entendimento e à transformação da realidade social em que o aluno estava inserido. (Chiozzini, 2021, p. 207)*

A busca de conexões entre diferentes experiências ocorridas na educação brasileira vai ao encontro do que Edgar Morin (1990/2005) define como o papel da "racionalidade" no pensamento complexo, entendida como "o jogo, . . . o diálogo incessante entre nossa mente, que cria estruturas lógicas, que as aplica ao mundo e que dialoga com este mundo real" (p. 68).

O autor adverte, porém, para o perigo de uma "inteligência cega", com um conhecimento estritamente balizado por verificações científicas, que acaba por gerar um processo descontrolado de desenvolvimento tecnológico. É preciso, portanto, no pensamento complexo, a busca de uma nova relação entre razão e emoção, para não incorrer naquilo que o autor define como racionalização, que "consiste em querer prender a realidade num sistema coerente. E tudo o que, na realidade, contradiz este sistema coerente é afastado" (p. 68).

Nesse exercício de racionalidade e entendimento dos sentidos do trabalho desenvolvido nos Ginásios Vocacionais, uma grande contribuição foi a proposta por Souza Lima e Rovai (2015) com a obra *Escola como desejo e movimento: novos paradigmas e novos olhares para a educação*. Buscando contribuir para esse exercício, o presente texto busca explorar a via dos estudos do currículo e da "organização do trabalho escolar", ou seja, estudos que procuram adentrar o "chão da escola" e, a partir daí, debater o sentido das práticas desenvolvidas.

Define-se currículo, na perspectiva de Gimeno Sacristán (1998), como um mecanismo de seleção cultural do que é ensinado nas instituições escolares a partir de determinada perspectiva de "desenvolvimento individual e da coletividade humana" (p. 155). Por "trabalho escolar", entende-se a dimensão ativa do currículo, que contempla a "diversidade das instituições educativas, a graduação do ensino, a ordenação do tempo, a constituição das classes e séries e a sistemática de avaliação" (Souza, 2008, p. 12).

Embora grande parte de nossos leitores já conheça os Ginásios Vocacionais (GV) do estado de São Paulo, cabem algumas informações introdutórias. Foram escolas públicas do estado que funcionaram entre 1961 e 1970 e, ao longo da existência do projeto, foram firmadas seis unidades educacionais nas cidades de Americana, Barretos, Batatais, Rio Claro, São Paulo e São Caetano do Sul. Constituíram-se em um projeto experimental que buscava renovar a educação pública estadual, o que foi possível em virtude do contexto de mudanças e debates educacionais que antecederam a primeira Lei de Diretrizes e Bases da Educação Nacional de 1961[1] (Dallabrida, 2017).

Os GV chegaram a alcançar, ao longo de sua existência, mais de dez mil alunos de ambos os sexos, entre 11 e 13 anos, de 1ª a 4ª série do Ensino Ginasial. Foram violentamente encerrados pela ditadura militar, logo após dois ex-funcionários da unidade de Americana denunciarem às autoridades que os GV efetuavam uma experiência educacional subversiva e comunista. Este evento culminou na invasão simultânea de todas as escolas pelos militares, em dezembro de 1969, e o posterior encerramento em 1970 (Mascellani, 1999).

Dentro de um universo que agrega escolas que genericamente podem ser nomeadas como experimentais, o currículo dos GV buscava incentivar a participação dos alunos na comunidade em que estavam inseridos por meio de práticas pedagógicas integradas, como os estudos do meio, a formação continuada dos professores e o contato constante com os pais (Garnica & Nakamura, 2018). Dessa forma, os GV se aproximaram, de forma pioneira, de conceitos e métodos até hoje discutidos e buscados como alternativas na área da educação.

---

1 Embora os termos "escolas vocacionais" e "colégios vocacionais" tenham sido usados em outros contextos da história da educação brasileira, o presente artigo contempla especificamente a experiência de orientação pedagógica e educacional desenvolvida no âmbito do Serviço do Ensino Vocacional do estado de São Paulo (SEV-SP), órgão gestor de uma rede de escolas públicas estaduais que tinham como objetivo servir de referência para renovação do ensino público paulista, criado pela Lei Estadual nº 6.052/1961. O SEV englobou as seis unidades mencionadas e era composto de uma coordenação geral e coordenações de cada uma das áreas que compunham o currículo. Os documentos que embasam a análise desenvolvida são provenientes da Coordenação da área de Orientação Pedagógica e Educacional.

Os professores eram contratados após um curso preparatório de 6 meses e remunerados por uma jornada de trabalho de 40 horas, das quais ficavam menos que a metade em sala de aula, dedicando-se a atividades de preparação de aulas, planejamento e aplicação do que era denominado "técnicas pedagógicas", como o estudo de meio e os conselhos pedagógicos. Tais atividades eram consideradas formativas, condição para uma renovação pedagógica. Nas palavras de Silva (2000), "Não se pode pensar a perspectiva de uma nova escola sem colocar como meta primordial a formação continuada" (p. 103).

Um ponto importante, que possibilitou a concretização dessa proposta pedagógica, foi a autonomia administrativa dos GV, uma vez que estavam subordinados a um órgão gestor denominado Serviço de Ensino Vocacional (SEV), que respondia diretamente ao gabinete do Secretário da Educação (Chiozzini, 2014). Era composto pelos supervisores de cada disciplina e pela equipe pedagógica, e sua coordenadora geral era a educadora Maria Nilde Mascellani.

OP e OE em interface com a psicologia

O presente trabalho deriva de pesquisa realizada anteriormente (Chiozzini, Mannini & Cardoso, 2019), que analisou as práticas pedagógicas constituintes dessa experiência educacional, focalizando no trabalho de Orientação Educacional (OE) e de Orientação Pedagógica (OP), a partir de dois registros documentais importantes: o livro *Orientação educacional* (Pimentel & Sigrist, 1971) e o documento *Relato da experiência educacional* (Pimentel, 1967). Apesar do título genérico, esse segundo documento é um relatório interno específico da área de OE dos Ginásios e foi a base para a posterior publicação do livro citado pela Editora Pioneira, que tem muitos trechos copiados *ipsis litteris* do relatório.

A partir da análise de ambos os documentos, pudemos sintetizar algumas conclusões sobre as áreas de OE e OP. A primeira delas é que não foi possível constatar uma separação clara entre as funções desempenhadas pela OP e da OE, sendo suas tarefas em sua maioria realizadas em conjunto e muitas vezes incluindo também a equipe de professores. Apesar de os documentos consultados terem como assunto principal a OE, as menções à OP foram frequentes.

Outra importante constatação foi quanto à ampla atuação das áreas de OP e OE. Suas práticas incluíam desde o estudo da comunidade onde seria implantada uma nova unidade dos GV, o planejamento dos objetivos educacionais considerando o estudo da comunidade e a participação nos conselhos pedagógicos, até a participação em atividades do cotidiano, como preenchimento das Fichas de Observação de Alunos (FOA), grupos de estudos com pais de alunos, formação de equipes de trabalho entre os alunos, grupos de educação, planejamento do Estudo do Meio. A atuação dos orientadores em todas essas atividades ocorria em conjunto com a equipe de professores e gestores de cada unidade, reafirmando a característica de ação integrada no trabalho dos GV.

Outro aspecto a ser destacado é que, nas sessões de orientação em grupo, realizadas em todas as séries do ginásio, a OE tinha uma ação direta com os alunos, constituindo um espaço de discussão de temas ligados ao desenvolvimento da unidade pedagógica, que sintetizava o planejamento de todas as áreas em torno do *core curriculum*, bem como de assuntos que se mostravam necessários para a segurança e a adaptação do aluno. Desse modo, o planejamento do GV visava preencher as necessidades de uma educação ampla, então definida como uma preparação não apenas no plano intelectual, mas também no plano social (Pimentel & Sigrist, 1971).

A composição das equipes de trabalho, bem como a educação sexual, foram duas atividades centrais no processo educacional dos GV e que tiveram grandes contribuições da psicologia para se concretizarem. Assim, este trabalho dará ênfase a essas duas atividades desenvolvidas pela OE e pela OP.

A composição das equipes de trabalho

Como já observado anteriormente, os GV se propunham a ser um projeto educacional que se preocupava com o desenvolvimento dos jovens para a sociedade, caminhando ao encontro de outros projetos semelhantes que surgiam à época. A preocupação com a qualidade da formação dos alunos pela possibilidade de trabalhar em grupos é um desses fazeres a ser destacado.

Uma das principais características do projeto didático-pedagógico dos GV eram os grupos de trabalho formados por alunos. Isso porque um dos objetivos educacionais era formar os jovens para a vida em sociedade, sendo importante, portanto, desenvolver habilidades de grupos.[2] O percurso escolar era considerado um treino para a participação em uma sociedade democrática, aproximando-se de noções atualmente difundidas como liderança, inteligência emocional e autopercepção sobre suas habilidades funcionais.

Nessa lógica, os grupos eram o cerne do trabalho pedagógico. A equipe de professores e a coordenação trabalhavam com os alunos a importância de saber escolher com quem formar grupos,

2 Os documentos consultados mencionam que os Ginásios Vocacionais dividiam as turmas de 7ª e 8ª séries em turmas práticas, teórico-práticas e teóricas de acordo com as habilidades melhor desenvolvidas em cada aluno.

focalizando não apenas a afinidade ou afetividade com os membros, mas também as competências necessárias para realização de um trabalho específico, ou seja, um grupo com dinâmica funcional. Com o objetivo de conhecer os grupos e os papéis desempenhados neles por cada aluno e garantir um mínimo controle para o bom funcionamento do trabalho pedagógico, a OE e a OP, em conjunto com os professores, aplicavam o que chamaram de técnica sociométrica ou sociometria, como podemos verificar no trecho a seguir:

> *Entretanto, para se ter um controle das inter-relações existentes no grupo . . . torna-se necessário o uso de uma técnica, uma vez que os grupos naturais dificilmente permitem qualquer tipo de controle. Essa técnica deverá mostrar como se formam os grupos na classe, se existem ou não subgrupos fechados, como se relacionam os sexos, como se escolhem os elementos e em função de que são feitas as escolhas. (Pimentel & Sigrist, 1971, p. 30)*

Essa técnica era realizada nos GV da seguinte forma: pedia-se que os alunos escolhessem dentre os colegas de sua sala três com os quais gostariam de formar um grupo de trabalho e, caso quisessem, também aqueles com os quais não gostariam de trabalhar (rejeições). A coordenação garantia o atendimento de, ao menos, uma das escolhas. Essa consulta aos alunos era realizada por meio de fichas preparadas exclusivamente para esse fim. Além disso, havia outras regras a serem obedecidas: a técnica só seria aplicada após algumas semanas de convivência entre os estudantes, possibilitando assim que se conhecessem antes das escolhas; a técnica deveria ser aplicada apenas em situações naturais de trabalho, com tempo suficiente para que os alunos pudessem pensar em suas escolhas; a realização partiria de uma questão objetiva como "com quem você gostaria de trabalhar?" (Pimentel, 1967).

Após a coleta das respostas, a equipe fazia um levantamento de todas as escolhas e preenchia um quadro que demonstrava o número de escolhas recebidas e de rejeições, caso tivesse havido. Para os não escolhidos nem rejeitados, anotava-se "isolado" em seu cartão. Com os dados, a equipe dos GV podia verificar os mais escolhidos (e por isso considerados líderes), os não escolhidos (portanto, isolados) e os rejeitados. A partir disso, os grupos eram organizados de forma que nenhum deles contasse com um aluno que fora rejeitado pelos integrantes (por exemplo: se Maria rejeitou João, João não ficará no grupo de Maria). Os líderes eram sempre atendidos em sua primeira escolha, assim como as escolhas mútuas (por exemplo: Maria escolheu João que também a escolheu e, portanto, eram colocados no mesmo grupo).

Era construído um quadro com círculos concêntricos ao meio. Nele os meninos eram representados por triângulos, as meninas por circunferências e dentro das figuras era escrito o primeiro nome de cada aluno. As figuras eram ligadas umas às outras de acordo com as escolhas, aproximando-se do centro quanto mais tivessem sido escolhidas (ver Figura 1).

As equipes de trabalho eram formadas a partir da análise do gráfico seguindo alguns critérios: isolados e rejeitados deveriam ficar em grupos com alunos bastante escolhidos; as equipes de trabalho que tivessem entre cinco e seis alunos deveriam ter, entre eles, um líder; as equipes deveriam ter entre quatro e seis integrantes.

Além da possibilidade de visualização e "exploração dos fatos sociométricos", os GV também identificavam a ocorrência de líderes naturais, analisando aqueles alunos com maior número de escolhas. Apesar de, a princípio, a equipe ter usado os dados da consulta inicial para distribuir líderes entre os grupos formados, percebeu-se que "conceitos falsos de liderança se estabeleceram por causa disso", considerando por fim que a melhor forma seria deixar a escolha dessa função a cargo dos membros de cada equipe (Pimentel & Sigrist, 1971, p. 32).

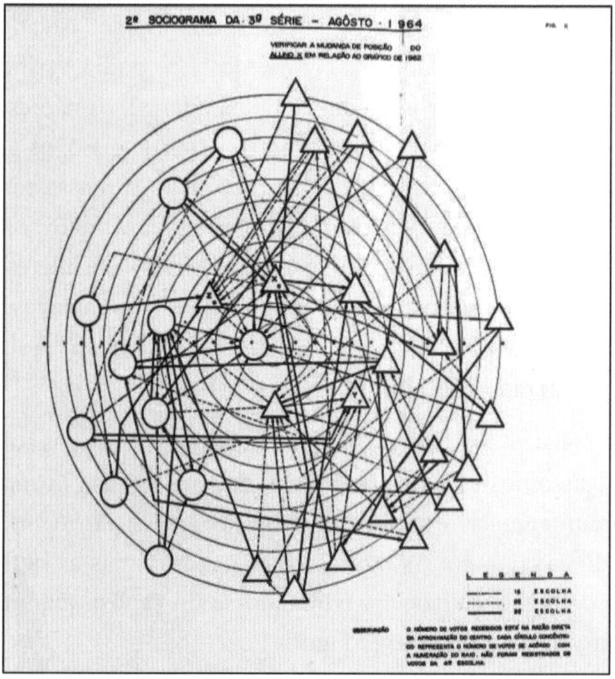

Figura 1. Mapa sociométrico apresentado pelas autoras Pimentel e Sigrist (1971) para exemplificar de que forma eram analisados os dados obtidos pela técnica sociométrica para formação de grupos de trabalho de alunos nos Ginásios Vocacionais.

Essa técnica era utilizada principalmente nas primeiras séries de ensino vocacional, pois acreditava-se que os alunos da 4ª série já seriam capazes de decidir a formação da equipe a partir de "discussão franca e aberta sobre as necessidades de um grupo" (Pimentel & Sigrist, 1971, p. 34), não sendo necessária a interferência da equipe para garantir que o grupo fosse propiciador dos objetivos educacionais.

É interessante notar que a técnica sociométrica era um instrumento complexo, trabalhoso e muito importante para o funcionamento do plano pedagógico dos GV, pois era por meio dela que os grupos de trabalho de alunos eram formados para funcionar durante todo o semestre.[3] Mesmo assim, ao descrever tal processo detalhadamente, não há qualquer menção aos autores que propuseram sua utilização. Em virtude da semelhança de nome e processo, podemos inferir com certa segurança que essa fonte fora J. L. Moreno.

Médico, dramaturgo e psicodramatista, Moreno idealizou o teste sociométrico como forma de conhecer a dinâmica grupal e os indivíduos inseridos nela. Segundo Russo (2010), Moreno publicou *Quem sobreviverá?*, primeiro livro em que cita a sociometria, em 1934 (versão em inglês) e, posteriormente, em 1954 (versão em francês). Considerando que ambas as publicações aconteceram anos antes da existência dos GV, é possível que à época a equipe tenha tido contato com a obra ou com algum pesquisador que utilizava o teste.

Apesar de Moreno ter desenvolvido a sociometria ao longo da década de 1930, a primeira tradução de suas obras sobre o assunto para a língua portuguesa ocorreu apenas na década de 1990, o que torna curioso pensar como a equipe dos GV acessaram a obra. Esse fator pode ser um indicativo do quanto se investia em pesquisas de referências para a construção do trabalho pedagógico.

Segundo Pimentel (1967), a utilização da técnica sociométrica nos GV tinha o objetivo de conhecer como se formam os grupos

3 Em algumas ocasiões, havia reformulação dos grupos para os adequar a novos trabalhos propostos.

nas classes, "se existem ou não subgrupos ou grupinhos fechados, como se relacionam os sexos, como se escolhem os elementos e em função de que são feitas as escolhas" (p. 13), o que demonstra a intenção de conhecer a socialização entre os alunos e as vicissitudes de suas relações. Esse objetivo também concorda com aquilo que Moreno dedicou ao teste que idealizou. Como descreve o autor, "o teste sociométrico é instrumento que examina estruturas sociais através da medição das correntes de atração e repulsa que existem entre os indivíduos em um grupo" (Moreno, 1994b, p. 194).

Não apenas o nome e o objetivo da técnica usada pelos GV se assemelham ao teste proposto por Moreno, mas também o método é muito parecido. Bastin (1966) explica que a aplicação do teste sociométrico de Moreno é muito simples. Consiste somente em pedir a todos os membros de um grupo que indiquem com quais outros membros gostariam de se encontrar em uma certa atividade e com quais preferem não se encontrar. A realização do teste demanda apenas que os participantes respondam com sinceridade às perguntas e é justamente por isso que o autor o aponta como viável para uso em instituições educacionais, já que não depende de muito tempo nem qualquer material.

> *Outra qualidade do teste sociométrico é a sua grandiosa plasticidade. Tanto o psicólogo escolar nas classes que estão sob sua responsabilidade como o psicólogo militar nas unidades e o psicólogo industrial nas equipes encontraram facilmente situações propícias para o uso do teste sociométrico. (Bastin, 1966, p. 6)*

A distribuição das respostas em um gráfico também é uma metodologia encontrada na obra de Moreno sobre a sociometria. Para o autor, apenas coletar as respostas dos membros dos grupos não possibilita a apreensão de fatos sobre ele. É apenas após apresentar os dados por meio de um método que permita sua exploração que se pode encontrar os *fatos sociométricos.*

> *As respostas obtidas no decorrer do procedimento sociométrico de cada indivíduo, por mais espontâneas e essenciais que possam parecer, são apenas materiais e não, ainda, fatos sociométricos em si. . . . Os sociometristas criaram processo de representação gráfica, o* sociograma, *que é mais do que mero método de apresentação. É, primeiramente, método de exploração. Torna possível a exploração de fatos sociométricos. (Moreno, 1994b, p. 196, grifo nosso)*

Além disso, Saravali (2003) diferencia dois tipos de testes sociométricos, ambos associados a Moreno, apontando para sua principal diferença: o teste objetivo pede apenas que os integrantes escolham dentre os demais membros, já o teste perceptivo pede que essa escolha seja justificada. A técnica utilizada pelos GV se assemelha, nessa perspectiva, ao teste sociométrico objetivo, já que propunha que os alunos realizassem apenas as escolhas, não solicitando que as justificassem.

> *há dois tipos de teste sociométrico: o teste objetivo e o perceptivo ou perceptual. No primeiro, os membros do grupo devem apenas fazer suas escolhas obedecendo aos critérios: positivo (aceitação), negativo (rechaço), neutro (ambivalente) e no segundo devem justificá-las, ou seja, apresentar suas razões/motivos. Podem ocorrer também outras variações do teste desde que se proponham a avaliar, sob o mesmo critério, as relações que se estabelecem entre os membros do grupo. (Saravali, 2003, p. 26)*

O contato dos GV com a sociometria de Moreno ainda é um assunto a ser mais investigado, pois sabemos, como mencionado, que no Brasil suas obras sobre o assunto se tornaram acessíveis apenas na década de 1990. Apesar disso, Moreno se refere a *sociometristas* em sua obra, indicando que havia outros pesquisadores utilizando-se do teste sociométrico para diversos fins.

No Brasil, desde a década de 1940, já havia psicodramatistas, como o baiano Alberto Guerreiro Ramos, que aplicava técnicas psicodramáticas com a população desempregada. É possível que outros conhecedores de Moreno tenham sido mediadores desse contato entre a equipe e suas obras, mas tal fato pode apenas ser inferido, pois não há qualquer referência ou citação direta a ele nos trabalhos produzidos pelos GV. Podemos afirmar, por enquanto, que os GV utilizaram essa referência pela semelhança que encontramos entre a forma definida por Moreno sobre como utilizar tais técnicas e a forma como os Ginásios as utilizaram.

É curioso o fato de que a nomenclatura utilizada pelos GV para se referir ao teste sociométrico, *técnica sociométrica*, tenha diferido daquilo que propõe Moreno. Apesar de parecer uma diferença insignificante, a clara definição dos termos sociométricos é pregada pelo autor como indispensável, tanto que considerou importante oferecer aos leitores um glossário de termos sociométricos ao fim do volume três do livro *Quem sobreviverá?*. Para o autor, "Este glossário é parte essencial do sistema sociométrico. Nenhum conceito possui significado isoladamente. Os termos e conceitos são inter-dependentes no âmbito de todo sistema" (Moreno, 1994b, p. 213).

No glossário em questão, Moreno diferencia teste sociométrico de um grupo, teste sociométrico de um indivíduo, questionário sociométrico, sociograma e *status* sociométrico, explicando que cada uma dessas nomenclaturas diz respeito a análises e etapas diferentes da aplicação da sociometria. Além disso, nomeia conceitos como líder sociométrico, escolha recíproca, átomo social, entre outros, que aparecem de forma indireta nos documentos dos GV quando explicam a execução e a justificativa da utilização do teste (ou *técnica*, como nomeiam).

> Teste sociométrico *(de um grupo) – mede o conflito entre a verdadeira estrutura de um grupo, mantida por seus membros à época do teste, e a estrutura revelada por suas escolhas.*
>
> Teste sociométrico *(de um indivíduo) – mede o conflito entre a posição real que determinado indivíduo mantém no grupo e a posição revelada por suas escolhas.*
>
> Questionário sociométrico – *pede a determinado indivíduo que escolha seus companheiros em qualquer grupo do qual é, ou poderá ser, membro.*
>
> Sociograma – *descreve, através de conjunto de símbolos, as relações mútuas ou interpessoais que existem entre membros de um grupo. Se A escolhe B, isto é apenas metade de uma relação mútua. Para que o relacionamento seja sociometricamente significativo, é necessário que haja a outra metade. . . .*
>
> Status sociométrico, definição operacional – *quantas vezes um indivíduo foi escolhido por outros, como parceiro predileto, para todas as atividades em que se achavam engajados à época do teste. É obtido pela soma do número de escolhas recebidas em cada critério. (Moreno, 1994b, pp. 213-215, grifos nossos)*

A partir daí, levanta-se a hipótese de que os GV chamaram o teste sociométrico de técnica por ser de conhecimento da equipe a sua aplicação, mas não a sua definição conceitual, talvez por utilizarem como referência o relato de outras instituições que aplicavam o teste. Essa possibilidade surge do fato de que os GV descrevem toda a aplicação do teste de maneira muito fidedigna às instruções de Moreno, apenas nomeando de forma diferente da do autor, como chamar o teste de técnica, o sociograma de gráficos e não nomear alguns processos (como o *status* sociométrico). Dá-se, assim, a impressão de que a utilização do teste sociométrico tenha se dado como um recurso institucional conhecido anteriormente de forma prática pela equipe, e não uma utilização teórica seguida à risca. Seria necessário, entretanto, dar continuidade à investigação sobre a implantação do teste sociométrico como recurso pedagógico para afirmar com segurança essa possibilidade.

Educação sexual

A educação sexual, como nos lembra Figueiró (1998), está inserida no processo de educação global do indivíduo, tendo surgido, nas décadas de 1920 e 1930, os primeiros trabalhos a respeito do tema e manifestações da necessidade de programas de educação sexual.

Em 1930, a primeira inclusão da educação sexual num currículo se deu no Rio de Janeiro, no Colégio Batista. A experiência perdurou até 1954. Segundo Rosemberg (citado por Figueiró, 1998), a Igreja Católica foi o principal motivo para que a educação sexual não penetrasse no sistema escolar brasileiro até a década de 1960, tanto por sua repressão à atividade sexual quanto por sua posição de destaque na educação até esse período. A partir de então, foi registrado o maior número de programas acerca desse tema no Brasil. Figueiró destaca ainda que a rede pública foi palco dessas experiências, incluindo nelas a dos GV.

A autora destaca, no entanto, alguns acontecimentos políticos da década de 1970 que mudaram o rumo do processo de implantação de programas que vinha se consolidando: em 1968, a rejeição do projeto da deputada Júlia Steinbruch, que propunha a inclusão obrigatória da educação sexual nos currículos de 1° e 2° graus; em maio de 1970, a oficialização da censura prévia de livros e jornais pelo Congresso Brasileiro; em 1976, a apresentação por Edilia Coelho Garcia, integrante do Conselho Federal da Educação, da posição oficial brasileira no Primeiro Seminário Latino-Americano de Educação Sexual, defendendo a educação sexual como atribuição primordial da família, desse modo, não trabalhada em aulas escolares (Figueiró, 1998).

Apesar de não haver nenhuma lei ou proibição formal contra a implantação dos programas, o tabu que cercava o tema era suficiente para a denúncia da prática como imoral e subversiva. Foi apenas no final de 1997 que o Ministério da Educação (MEC) oficializou os Parâmetros Curriculares Nacionais (PCN). O texto considerava a orientação sexual um tema social e urgente, de necessária contemplação no currículo do ensino fundamental, em consonância com a Lei de Diretrizes e Bases da Educação Nacional (LDB), Lei nº 9.394/1996.

Nos GV, a educação sexual era organizada para que todas as áreas abordassem seu conteúdo, sendo de incumbência da OE, em conjunto com a OP e a equipe de professores. Havia duas organizações distintas dos assuntos tratados pela educação sexual. A primeira, por série, em que temas diversos eram tratados em cada uma das classes por meio das sessões em grupo; a segunda, por área de conhecimento, em que cada disciplina aprofundaria um aspecto do tema determinado pela Unidade Pedagógica (Pimentel & Sigrist, 1971).

Os documentos descrevem diversos exemplos concretos da prática de educação sexual. Na 1ª série, os temas tratados eram relacionamento entre meninos e meninas, namoro, o que é ser homem e ser mulher, modificações fisiológicas na adolescência, entre outros. Na 2ª série, os questionamentos trazidos pelos alunos eram referentes ao ato sexual, ao *homossexualismo*,[4] à inseminação artificial e semelhantes. Na 3ª série, perguntava-se sobre desvios sexuais, doenças venéreas, pornografia etc. Na 4ª série, pensava-se nas diferenças de gênero na sociedade, na luta das mulheres por libertação, questões genéticas etc. Em relação aos temas retratados por área de conhecimento, os exemplos mencionados foram os seguintes: em Estudos Sociais, na 1ª série, o papel da mulher na transformação da sociedade; em Artes Plásticas, na 2ª série, nus femininos; na 3ª série, em Ciências, características sexuais secundárias; e na 4ª série, em Português, exame de textos para analisar o problema da solidão do homem e sua necessidade de comunicação (Pimentel & Sigrist, 1971).

Vemos que o viés moralista também surge quando, na sessão de grupo da 3ª série, os temas da homossexualidade e da prostituição são tratados lado a lado, como se representassem o mesmo problema social: "Nas sessões de orientação em grupo desenvolveu-se o seguinte programa: (a) Relações heterossexuais; (b) Sentido de sexualidade; (c) A pessoa humana tomada como objeto no homossexualismo e na prostituição; (d) O amor humano e a realização pessoal" (Pimentel & Sigrist, 1971, p. 117).

4 O termo homossexualismo está em desuso pela conotação do sufixo "ismo" relativa a doença, distúrbios, ideologias ou doutrinas. Porém, trata-se de um fenômeno recente. Somente em 17 de maio de 1990 a Organização Mundial da Saúde (OMS) alterou a nomenclatura e retirou a homossexualidade da Classificação Estatística Internacional de Doenças e Problemas relacionados à Saúde (CID). O termo correto para se referir à homoafetividade, atualmente, é homossexualidade.

Há também um caso emblemático descrito por Pimentel e Sigrist (1971) envolvendo um aluno apontado como "portador de aspectos afeminados", designado como "caso X" (p. 71). Os aspectos afeminados vistos no adolescente do sexo masculino eram condenados, vistos como um "problema sério de X" (p. 76), e, desse modo, foram averiguados seus dados familiares e tomadas medidas pelos orientadores e educadores para "reverter o caso". O aluno foi colocado em um grupo no qual todos os componentes eram do sexo masculino, ainda que suas amizades fossem majoritariamente femininas.

Desse modo, a OE montou uma situação que "favorecesse a eclosão do que mais tarde se pôde caracterizar de crise emocional, há muito reprimida pelo aluno X" (p. 78). Isso se deu com a sua colocação em uma equipe na qual o líder e outros dois alunos eram do sexo masculino e tidos como possuidores de "mais acentuados traços de virilidade e segurança, tendo em vista, é claro, os padrões culturais locais" (p. 78).

Quando X exigiu explicações da orientadora educacional a respeito dos motivos pelos quais só ficava em equipes com componentes masculinos, ela alegou que foi um fato acidental, ou seja, não houve transparência com o aluno a respeito do que foi apontado como um problema que estavam tentando resolver. A mãe de X chegou a procurar a escola, alegando que seu filho se encontrava "abatido, com crises terríveis de choro e angústia, dizendo sempre que queria por termo à vida" (p. 80). Ela foi orientada pela escola a não levar seu filho ao médico, "nem pedir que Y, amigo de X, o ajudasse" (p. 80).

Apesar do discurso emancipatório de levar o aluno a descobrir o significado das exigências corporais e da sexualidade na pessoa humana, proporcionando-lhe condições para uma reflexão objetiva e tomadas de decisões conscientes e responsáveis, alguns exemplos apresentados da prática se mostraram moralistas e binários, como na proposta de discussão da "pessoa humana tomada como objeto no homossexualismo e na prostituição", na qual a homossexualidade é associada a uma objetificação corporal (Pimentel & Sigrist, 1971, p. 117).

Ainda que se discutissem temas nos quais podemos reconhecer uma percepção vanguardista para a época, como a posição social do homem e da mulher e a masturbação, alguns preceitos tradicionais irrefletidos foram mostrados, de modo a perpetuar situações de preconceito. Assim, devemos situar historicamente a experiência educacional no período em que estava sendo desenvolvida. Àquele momento, discussões acerca da homossexualidade ainda não eram tão presentes nas escolas, as manifestações da contracultura eram recentes e mesmo uma proposta educacional que previa o desenvolvimento de um cidadão crítico e consciente não se viu livre de preconceitos que marcam a vida em sociedade. Vemos, em contrapartida, uma preocupação em incluir uma série de temas pertinentes, como o lugar da mulher na sociedade brasileira, aparecendo em todas as séries as questões de gênero vividas pelas mulheres até então.

Cabe ressaltar que o fato de contemplarem a educação sexual no conjunto das atividades de OP e OE, com práticas que envolviam o conjunto do corpo docente, reforça o aspecto inovador do currículo dos Ginásios. Os documentos analisados mostram que havia um posicionamento institucional muito claro que avançava no sentido de nortear o trabalho docente. Segundo Figueiró (2009), a dificuldade de uma abordagem clara e definida acerca do que deve ser trabalhado pela escola em educação sexual é algo que permanece até os dias atuais: "algumas das dificuldades apontadas pelos professores para trabalhar o tema sexualidade . . . estão relacionadas à própria concepção que eles estabelecem entre sua experiência pessoal e a Orientação Sexual que devem trabalhar na escola" (p. 182).

Considerações finais

Após análise e comparação dos principais documentos utilizados, encontramos dois resultados interessantes para compreender o que foi a proposta pedagógica dos GV e suas interlocuções com a psicologia: primeiro, em relação às especificidades e diferenças entre os trabalhos de OE e OP; segundo, em relação à dificuldade em apontar os referenciais que embasaram o projeto político-pedagógico e as atividades cotidianas ali desenvolvidas.

Confirmamos também que as fontes primárias investigadas não trazem as referências teóricas que fundamentaram o trabalho desenvolvido, sendo feitas apenas citações dispersas dos autores de referência. Nesse sentido, a bibliografia de referência foi mais direta, apontando textos e autores, porém também sem muito aprofundamento e, por vezes, valendo-se do relato memorialístico.

Em relação à técnica sociométrica, apesar de nenhum documento citar as referências utilizadas, a leitura e comparação de materiais permite afirmar que o teste foi utilizado da forma como teorizado por Moreno (1994a e 1994b). A única referência direta ao autor aparece em um documento localizado por Chiozzini (2014), datado de 1964 e intitulado *Bibliografia para estudos de fundamento e planejamento de curriculum escolar*, em que uma das obras do autor, em inglês, aparece em meio a uma relação de vários outros autores.

No caso dos documentos consultados, há apenas uma sutil diferença: os documentos dos GV se referem a uma *técnica* sociométrica, enquanto Moreno se refere a um *teste*. Tal disparidade pode ter ocorrido em virtude de tradução equivocada, o que levanta a hipótese de que a equipe dos GV tinha acesso aos primeiros materiais de Moreno em língua inglesa ou francesa. Entretanto, não é evidência suficiente para descartar a hipótese de que esse contato tenha sido por meio de sociodramatistas brasileiros. Nos dois casos, percebe-se o investimento intelectual feito no desenvolvimento da experiência educacional dos GV, pois o trabalho de Moreno ainda não era grandemente difundido no Brasil. Ainda hoje a utilização do teste sociométrico no contexto escolar é vista como inovadora.

Essa prática fundamental para o sucesso da proposta educacional dos GV foi e tem sido usada por orientadores educacionais para trabalhar a grupalização de alunos. Selma Garrido Pimenta (1988) analisou os diferentes trabalhos desenvolvidos pela OE em escolas públicas de São Paulo, Rio de Janeiro, Pernambuco e Minas Gerais e compilou suas principais conclusões na obra *O pedagogo na escola pública*. Nela, a autora discorre sobre o trabalho da OE desenvolvido pelos GV de São Paulo e afirma que as práticas realizadas foram referência para a formação desses profissionais mesmo após findados os GV.

> *A experiência do S.O.E. dos ginásios vocacionais publicada em livro em muito contribuiu para a formação dos orientadores educacionais brasileiros na década de 70, pois passou a ser usado como manual nos cursos de formação de orientadores. A contribuição significativa desta experiência está também no trabalho que desenvolveu com grupos, amplamente baseado na aplicação da sociometria. (Pimenta, 1988, p. 93)*

O fato de as práticas dos GV terem influenciado a formação de orientadores educacionais reforça a importância dessa experiência educacional para a educação brasileira até os dias atuais. A importância que se dava aos grupos era reflexo da concepção de comunidade e de equipe que havia no projeto político-pedagógico que ali se desenvolvia. A comunidade era entendida como um centro estimulador de mudanças possíveis de serem geradas em cada indivíduo. Se o objetivo educativo era formar cidadãos para o mundo, se deveria então aprender a decidir, escolher e agir em grupo.

Hoje, vemos que o trabalho da OE tem sido categorizado como crítico ou em seu *período orientador* (Grispun, 2003; Tresinari, 2009), assumindo objetivos de uma formação emancipatória que prepara os indivíduos para a vida em sociedade. Mesmo sendo essa concepção na prática da OE datada da década de 1990, identificamos nela uma proximidade com as práticas desenvolvidas pelos GV.

Em relação às citações e aos referenciais teóricos pouco presentes no relatório interno (1967) e quase inexistentes no livro de 1971, é possível que isso tenha sido motivado pela intenção de não vincular a "modelos estrangeiros" a experiência que estava sendo desenvolvida nos GV e pelo entendimento de que o trabalho estava sujeito a constantes alterações, uma vez que se constituía como um projeto experimental continuamente avaliado e reformulado. Isso fica evidente no texto que introduz o livro de 1971: "Buscou-se, no desenvolvimento desta experiência, não se vincular a modelos estrangeiros de educação, se comprometendo com o desenvolvimento brasileiro: espírito científico, crítico, de construção universal e concepção de liberdade humana" (Pimentel & Sigrist, 1971, p. 15).

Um projeto pedagógico sendo desenvolvido nessas condições pode ter tido como base tantas teorias e teóricos quanto possível, podendo ter se tornado dispensável para a equipe a explicitação de quais e quem foram. Além disso, considerando que o documento de 1967 foi um relatório interno construído para utilização da equipe, pode ser que a presença de referências tenha sido um detalhe dispensável, dada a informalidade do documento. Já o livro *Orientação educacional* acabou por ser uma divulgação parcial do trabalho, uma vez que foi lançado após o encerramento da experiência, em um período de recrudescimento da censura e da repressão no país. Além das fragilidades do documento que inspirou o livro, havia um crescente cerceamento da liberdade de expressão.

Mesmo décadas depois de findada a experiência, entende-se que as discussões e as políticas que contemplam a educação integral e o Ensino Médio Inovador, em curso na contemporaneidade, carecem de um referencial histórico, sobretudo quando envolvem experiências que foram encerradas pela Ditadura Civil-Militar de 1964 e que passaram por um deliberado processo de apagamento.

A reversão desse processo passa, em primeira instância, pelo exercício de rememoração realizado pelos sujeitos que dela participaram, como as iniciativas da Associação de Ex-alunos e Amigos dos Ginásios Vocacionais (www.gvive.org) e documentários como *Vocacional – Uma Aventura Humana* (2011), do diretor Toni Venturi. No entanto, há de se desenvolver um esforço analítico voltado para investigar não somente a experiência como um todo, como já realizado na bibliografia citada, mas em estudos mais verticais, que adentrem as diferentes unidades que compuseram esse sistema de ensino e possibilitem a compreensão das técnicas e metodologias inovadoras, como a sociométrica para a composição de equipes de trabalho e a prática de educação sexual, como se procurou fazer.

Referências

Ataliba, P., & Mourão, L. (2015). Avaliação de impacto do Programa Saúde nas Escolas. *Psicologia Escolar e Educacional, 22*(1).

Bastin, G. (1996). *Los Testes Sociométricos*. Editorial Kapelusz.

Chiozzini, D. F (2003). *Os ginásios vocacionais: a (des)construção da história de uma experiência educacional transformadora (1961-69)* (Dissertação de mestrado). Faculdade de Educação, Universidade de Campinas.

Chiozzini, D. F. (2014). *Memória e história da inovação educacional no brasil: o caso dos Ginásios Vocacionais (1961-1970)*. Appris.

Chiozzini, D. F. (2021). Paulo Freire: memórias e conexões. In Coletivo Paulo Freire (Org.), *Cem anos de Paulo Freire, Cem Vozes de Corações e Mentes*. Coletivo Paulo Freire.

Chiozzini, D. F., Mannini, B., & Cardoso, N. C. (2019). *História da Renovação Educacional no Brasil: interfaces entre Educação e Psicologia nos Ginásios Vocacionais do estado de São Paulo (1961-1970)*. Pesquisa de Iniciação Científica (Educação) – Programa de Estudos Pós-Graduados em Educação: História, Política, Sociedade, Pontifícia Universidade Católica de São Paulo.

Chiozzini, D. F., Mannini, B., & Cardoso, N. C. (No prelo). *História da Renovação Educacional no Brasil: interfaces entre Educação e Psicologia nos Ginásios Vocacionais do estado de São Paulo (1961-1970)*. Acta Scientiarum Education.

Dallabrida, N. (2017). As classes secundárias experimentais: uma tradição escolar (quase) esquecida. *Revista Brasileira de História da Educação, 17*(3[46]), 196-218.

Figueiró, M. N. D. (1998). Revendo a história da educação sexual no Brasil: ponto de partida para construção de um novo rumo.

Revista Eletrônica do Programa de Pós-Graduação em Educação e do Departamento de Educação da Faculdade de Ciências e Tecnologia/Unesp, IV.

Figueiró, M. N. D. (2009). *Educação sexual: múltiplos temas, compromisso comum.* UEL.

Garnica, A. V. M., & Nakamura, M. E. F. P. (2018). Mapear instituições educacionais e suas práticas: os ginásios vocacionais paulistas. *História Oral, 21*(1), 27-48.

Gimeno Sacristán, J. (1998). O que são os conteúdos de ensino? In J. Gimeno Sacristán & A. Pérez Gomes, *Compreender e transformar o ensino* (4a ed.). Artes Médicas.

Grispun, M. P. S. Z. (2003). A Orientação Educacional – uma perspectiva contextualizada. In M. P. S. Z. Grispun (Org.), *A prática dos orientadores educacionais* (5a ed., pp. 11-34). Cortez.

Mascellani, M. N. (1999). *Uma pedagogia para o trabalhador: o ensino vocacional com base para uma proposta pedagógica de capacitação profissional de desempregados São Paulo* (Tese de doutorado). Faculdade de Educação, Universidade de São Paulo.

Moreno, J. L. (1983). *Fundamentos do psicodrama.* Summus.

Moreno, J. L. (1994a). *Quem sobreviverá? As bases da sociometria* (Vol. I). Dimensão.

Moreno, J. L. (1994b). *Quem sobreviverá? As bases da sociometria* (Vol. III). Dimensão.

Moreno, J. L. (2008). *Quem sobreviverá? Fundamentos da sociometria, psicoterapia de grupo e sociodrama. Edição do Estudante.* Daimon.

Morin, E. (2005). *Introdução ao pensamento complexo.* Sulina. (Trabalho original publicado em 1990)

Neves, J. (2011). *O ensino público vocacional em São Paulo: renovação educacional como desafio político* (Tese de doutorado). Faculdade de Educação, Universidade de São Paulo.

Paula, W. A. de. (1970). A técnica de sessões de grupo na orientação educacional para alunos das primeiras e segundas séries do primeiro ciclo. *Ciência e Cultura, 22*(3), 277-281.

Piaget, J. (1999). *Seis estudos de psicologia* (25a ed.). Forense Universitária.

Pimenta, S. G. (1988). *O pedagogo na escola pública.* Edições Loyola.

Pimentel, M. G. B. (1967). *Relato da experiência educacional.* Serviço de Documentação e Publicações.

Pimentel, M. G. B., & Sigrist, A. C. (1971). *Orientação educacional.* Livraria Pioneira.

Piza, A. C. S. T. (1980). *A descaracterização da Orientação Educacional no Brasil* (Dissertação de mestrado). Psicologia da Educação, Pontifícia Universidade Católica de São Paulo.

Rovai, E. (1996). *As cinzas e a brasa: os ginásios vocacionais - um estudo sobre o processo de ensino-aprendizagem no Ginásio Vocacional "Oswaldo Aranha" - 1962/69* (Tese de doutorado). Psicologia da Educação, Pontifícia Universidade Católica de São Paulo.

Russo, L. (2010). Quem sobreviverá?: Fundamentos da sociometria, da psicoterapia de grupo e o sociodrama. *Revista Brasileira de Psicodrama, 18*(2), 173-188.

Saravali, E. G. (2003). *Dificuldades de aprendizagem e interação social* (Tese de doutorado). Faculdade de Educação, Universidade Estadual de Campinas.

Silva, M. da. (1999). *Revisitando o Ginásio Vocacional. Um "lócus" de formação continuada* (Tese de doutorado). Pontifícia Universidade Católica de São Paulo.

Silva, M. da (2000). Desenvolvimento profissional na escola: a história do Vocacional. *Revista Psicologia da Educação, 10/11*, 101-114.

Silva, M. da. (2010). O coordenador pedagógico e o cotidiano do Ginásio Vocacional. In L. R. de Almeida & V. M. N. S. Placco (Orgs.), *O coordenador pedagógico e o cotidiano da escola* (7a ed., pp. 121-134). Edições Loyola.

Silva, M. da. (2013). A escola como lócus privilegiado de formação: revisitando o Ginásio Vocacional. In L. R. de Almeida & V. M. N. S. Placco (Orgs.), *O coordenador pedagógico e a formação centrada na escola* (pp. 45-48). Edições Loyola.

Sociedade Brasileira para o Progresso da Ciência (1968). Anais do Simpósio sobre o Ensino Vocacional. *Ciência e Cultura, 20*(2), 491-502, 1968.

Souza, R. F. (2008). *História da organização do trabalho escolar e do currículo no século XXI: ensino primário e secundário no Brasil*. Cortez.

Souza Lima, A. A., & Rovai, E. (2015). *Escola como desejo e movimento: novos paradigmas, novos olhares sobre a educação*. Cortez.

Tresinari, E. M. (2009). *Orientação educacional: perspectivas atuais* (Monografia). Universidade Cândido Mendes.

Venturi, T. (Dir. e Prod.), Dourdin, M., & Kieling, S. (Prods.). (2011). *Vocacional - uma aventura humana* [filme]. Mamute Filmes e SescTv Olhar Imaginário.

Palavras finais

Chegamos ao que queríamos. Realizamos o que acreditávamos ser indispensável: ampliar o debate sobre o tema escola e subjetivação, trazendo diferentes perspectivas a fim de embasar e fortalecer a formação e a reflexão de professores e educadores na direção da escola com um novo perfil de organização pedagógica, criativa e autogenerativa.

Trata-se aqui de um projeto em favor da construção de uma *escola desejante*, em contraposição ao que Rubem Alves sempre proclamou: a *escola chata*, aquela em que alguém fala a um grupo que não tem interesse em ouvir.[1]

Isso foi possível graças à dedicação de autores identificados com este ideal e com isso completamos uma trilogia sobre a *escola espaço de subjetivação*. Encantados com a produção, surgiu do próprio grupo de autores a descoberta de que ainda há muito a ser produzido nesta área. Assim foi proposta a ideia de um novo livro: o quarto. E isso já está em andamento.

---

1 Cf. https://www.youtube.com/watch?v=fsJRYNLTAIs.

Da abertura até o último capítulo, a mensagem deste livro aponta na direção de um novo tempo: a vida é movimento. E movimento em ritmo cada vez mais acelerado. O mundo atinge neste momento, que nos coloca diante da reviravolta com a pandemia, um ponto de forte inflexão para revisão de modos e padrões de organização social que precisam ser revistos. A obra aponta, portanto, para um novo modo de subjetivação, bem como traz embasamentos, estratégias e análises de casos, para compreender como educar para este novo tempo.

E a escola, como espaço de educação e grande instituição de formação do sujeito, é fortemente afetada por essa circunstância. Ela se vê diante da perplexidade de padrões que precisam ser repensados para uma nova auto-organização, enquanto um conjunto conectado ao todo – integrando tempo e espaço: o que foi, o que é, para onde queremos ir.

Um todo que caminha para outra auto-organização, cada vez mais complexa e mais vulnerável às incertezas. Pensar a educação das crianças para este tempo é prepará-las para a abertura ao diferente, ao movimento, aos ritmos e desdobramento, nos quais os sujeitos precisam estar aptos a atuar como articuladores de um caminho de transformações em direção a uma civilização humanizada.

A mudança pede pensar o ser que aprende como um ser único, um todo integrado, unidade de um todo maior. Isso nos remete à ideia da educação integrada, apontada para a integração do *ser cognoscente* e do *ser desejante*.

Aqui não se defende priorizar uma dimensão ou outra – modo como a escola ainda se organiza ao dar prioridade a um currículo composto de disciplinas específicas, como se independentes fossem, sem interconectividade entre si, e como se neutras fossem, despidas da coloração de valores, crenças atribuídas pela cultura, bem como de sensações, sentimentos e emoções que compõem a dimensão da subjetividade de cada um. Assim agindo, fácil fica para ela e os professores, enquanto organização, responsabilizar o ser que aprende e a família pela falta de interesse e de compromisso do aluno com o seu aprendizado. Este padrão precisa ser revogado.

Defendemos a integração de todas as dimensões que compõem a realidade e o ser aprendiz em sua relação com o mundo. Este é o verdadeiro sentido e princípio básico de uma educação integrada.

A escola, agora mais do nunca, deve ter como premissa construtora o conhecimento e a compreensão da realidade do mundo em que se insere e, assim, proporcionar ao aluno a possibilidade de chegar ao conhecimento de si, de suas qualidades e limitações sem conotações pejorativas, mas como autoaceitação do que é. E esse autoconhecimento se dá na interação com o outro, os outros, na convivência com a realidade.

Isso indica repensar as relações que ocorrem no ambiente escolar, sobretudo entre professores e alunos, buscando um modo de relação plasmadora de uma boa organização psíquica. Para tal, aqui aparecem as ideias do professor orientador, o professor-ponte, o professor jardineiro – o professor artesão que vê em cada criança um artesão do futuro. Isso clama para a escola presencial, onde pode acontecer essa convivência plasmadora, e a tecnologia entra como objeto de conhecimento e de reflexão do/no mundo, mas também como instrumento auxiliar de sua tarefa de ensinar e educar.

Reafirmamos aqui aquilo que dissemos no livro *Escola, espaço de subjetivação*: "Isto não é uma utopia. Isto é uma exigência" (e acrescentamos: uma urgência).

Referência

Souza Lima, A. A., & Rovai, E. (2022). *Escola, espaço de subjetivação: de Freud a Morin*. Blucher.

Sobre os autores

Ana Carolina C. Soares de Camargo – Pedagoga, mestre em Educação pela Universidade de São Paulo (USP) na área de Psicanálise e Educação, atuando como professora particular autônoma desde 1982. Autora de *Educar: uma questão metodológica? Proposições psicanalíticas sobre o ensinar e o aprender* (Vozes, 2006) e da dissertação de mestrado *A função pendular educadora* (2011), disponível no Banco de Teses da USP.

Ana Lydia Santiago – Psicanalista, analista membro da Escola Brasileira de Psicanálise (EBP) e da Associação Mundial de Psicanálise (AMP). Possui diploma de Estudos Avançados em Psicanálise pela Université de Paris 8, sobre o tema da debilidade mental, e doutorado em Psicologia Clínica pela Universidade de São Paulo (USP), sobre o tema da inibição intelectual. Professora titular da Universidade Federal de Minas Gerais (UFMG) e docente do Programa de Pós-Graduação em Educação: Conhecimento e Inclusão Social na mesma universidade. Constituiu o Núcleo Interdisciplinar de Pesquisa em Psicanálise e Educação (Nipse), que desenvolve pesquisa/intervenção clínica e pedagógica sobre fracasso escolar e outros sintomas da infância e adolescência na escola.

Bartira Mannini – Graduada em Psicologia pela Pontifícia Universidade Católica de São Paulo (PUC-SP) e mestranda no Programa de Estudos Pós-Graduados em Educação: História, Política, Sociedade da Pontifícia Universidade Católica de São Paulo (PUC-SP). Assistente de coordenação na Escola Bilíngue Pueri Domus. Tem experiência na área de psicologia, atuando principalmente nos seguintes temas: educação, história da educação, Ginásios Vocacionais de São Paulo, história da psicologia educacional e educação inclusiva e saúde mental.

Daniel Ferraz Chiozzini – Mestre e doutor em Educação pela Universidade Estadual de Campinas (Unicamp). Pós-doutorado no Programa de Estudos Pós-Graduados em Educação: História, Política, Sociedade da Pontifícia Universidade Católica de São Paulo (PUC-SP), onde atua como professor doutor. Investiga principalmente os seguintes temas: história e memória da educação brasileira, educação e ditadura civil-militar, ensino secundário, escolas experimentais e Ginásios Vocacionais. Integra a linha de pesquisa Educação Brasileira: produção, circulação e apropriação cultural e é um dos líderes do Grupo de Pesquisa História das Instituições e dos Intelectuais da Educação no Brasil.

Danilo Tomic – Músico e educador. Maestro, pianista e mestre em shakuhachi. Escritor e ator. Formado em Composição pela Universidade de São Paulo (USP), com estudos em Musicologia, Regência e Composição na Alemanha (Berlim). Licenciado em Arte-Educação (Música) pela Faculdade Paulista de Artes (FPA). Pós-graduado em Educação Transformadora pela Pontifícia Universidade Católica do Rio Grande do Sul (PUCRS). Possui experiência de mais de 25 anos como professor de música nos vários níveis escolares. Vem atuando como coordenador de projetos sociais educativos: "Projeto Passarim" (2011-2018), de práticas musicais coletivas (orquestra, coral e grupo de percussão), e "Educativo Monet Itinerante" (desde 2021), de arte-educação. Desde 2014, atua junto à multiartista Cris Miguel e à Cia Casa Passarinho, de teatro de bonecos, com apresentações premiadas no Brasil e no mundo.

Laurinda Ramalho de Almeida – Pedagoga com especialização em Orientação Educacional pela Universidade de São Paulo (USP), com mestrado e doutorado em Psicologia da Educação pela Pontifícia Universidade Católica de São Paulo (PUC-SP). Docente do Programa de Pós-Graduação em Educação: Psicologia da Educação e do Programa em Educação: Formação de Formadores, ambos da PUC-SP. Co-organizadora da Coleção Coordenador Pedagógico e de coletâneas sobre Henri Wallon, psicólogo e educador (Edições Loyola).

Luciana Renata Moreira Fonseca – Mestre e doutora em educação pelo Programa de Pós-Graduação em Educação: Conhecimento e Inclusão Social da Universidade Federal de Minas Gerais (UFMG), na linha de pesquisa Psicologia, Psicanálise e Educação, trabalhando com o tema do fracasso escolar a partir de uma leitura psicanalítica. Especialista em Educação da Rede Municipal de Ensino de Itabira (MG), onde trabalha com a educação especial na perspectiva da educação inclusiva. Participou do Núcleo Interdisciplinar de Pesquisa em Psicanálise e Educação (Nipse), que desenvolve pesquisa/intervenção clínica e pedagógica sobre fracasso escolar e outros sintomas da infância e adolescência na escola.

Maria Laurinda Ribeiro de Souza – Psicanalista, escritora e membro do Departamento de Psicanálise do Instituto Sedes Sapientiae. Professora do Curso de Psicanálise e coordenadora do Núcleo Semente – Saúde, Trabalho e Direitos Humanos Relacionados ao Trabalho no mesmo instituto. Autora de artigos e livros ligados à psicanálise, entre eles: *Mais além do sonhar* (Marco Zero, 2003),

Violência (Casa do Psicólogo, 2005), *Vertentes da psicanálise* (Pearson, 2017) e *Quem é você? e outras estórias* (Chiado Kids, 2019).

Mitsuko Aparecida Makino Antunes – Psicóloga, mestra em Filosofia da Educação e doutora em Psicologia Social pela Pontifícia Universidade Católica de São Paulo (PUC-SP). Professora titular do Departamento de Fundamentos, Políticas e Gestão da Educação da PUC-SP, atuando no Programa de Estudos Pós-Graduados em Educação: Psicologia da Educação. Pesquisadora na área de história da psicologia, identidade e inclusão educacional e editora da revista *Psicologia da Educação*.

Natália Cardoso Compadre – Graduada em Psicologia pela Pontifícia Universidade Católica de São Paulo (PUC-SP), pós-graduada em Dependência Química pela Universidade Federal de São Paulo (Unifesp) e mestranda no Programa de Estudos Pós-Graduados em Educação: História, Política, Sociedade da PUC-SP. Tem experiência na área da psicologia, atuando principalmente na clínica.

Renata Udler Cromberg – Psicanalista e membro do Departamento de Psicanálise do Instituto Sedes Sapientiae. Doutora e pós-doutora pelo Instituto de Psicologia da Universidade de São Paulo (IPUSP). Professora convidada do Curso de Teoria Psicanalítica da Pontifícia Universidade Católica de São Paulo (PUC-SP). Membro do Grupo Brasileiro de Pesquisas Sándor Ferenczi (GBPSF). Autora dos livros *Paranoia* (Artesã, 2022) e *Cena incestuosa: abuso e violência sexual* (Artesã, 2021) e organizadora de *Sabina Spielrein, uma pioneira da psicanálise* – volumes 1 e 2 (Blucher, 2021).

Rubens M. Volich – Psicanalista e doutor pela Universidade de Paris 7. Membro do Departamento e Professor da Especialização em Psicossomática Psicanalítica do Instituto Sedes Sapientiae. Autor de *Tempos de encontro: escrita, escuta, psicanálise* (Blucher, 2021), *Psicossomática: de Hipócrates à psicanálise* (Blucher, 2022) e outras publicações.

Silvio Hotimsky – Educador e psicanalista. Professor do Colégio Equipe, orientador educacional do Colégio Santa Cruz e membro do Departamento de Psicanálise do Instituto Sedes Sapientiae.

Terezinha Azerêdo Rios – Graduada em Filosofia pela Universidade Federal de Minas Gerais (UFMG), mestre em Filosofia da Educação pela Pontifícia Universidade Católica de São Paulo (PUC-SP) e doutora em Educação pela Universidade de São Paulo (USP). Membro do Grupo de Estudos e Pesquisas sobre Formação de Educadores (GEPEFE) e da Sociedade de Filosofia da Educação dos Países de Língua Portuguesa (SOFELP). Assessora e consultora em projetos de formação de professores e educação continuada de profissionais de diversas áreas, centrando sua reflexão especialmente nos temas da filosofia da educação, da didática, da ética e da competência profissional. Autora dos livros *Ética e competência* (Cortez, 1993), *Compreender e ensinar: por uma docência da melhor qualidade* (Cortez, 2003), *Filosofia da educação: fundamentos* (Herder), em parceria com Moacyr Laterza, *Filosofia na escola: o prazer da reflexão* (Moderna, 2008), em parceria com Marcos Antônio Lorieri, e *Vivemos mais! Vivemos bem?* (Papirus, 2014), em parceria com Mario Sergio Cortella.

Série Psicanálise Contemporânea

Adoecimentos psíquicos e estratégias de cura: matrizes e modelos em psicanálise, de Luís Claudio Figueiredo e Nelson Ernesto Coelho Junior

O brincar na clínica psicanalítica de crianças com autismo, de Talita Arruda Tavares

Budapeste, Viena e Wiesbaden: o percurso do pensamento clínico-teórico de Sándor Ferenczi, de Gustavo Dean-Gomes

Chuva n'alma: A função vitalizadora do analista, de Fátima Flórido Cesar, Marina F. R. Ribeiro e Luís Claudio Figueiredo

A cientificidade da psicanálise: novos velhos horizontes, com organização de Vitor Carvalho e Marcelo Ferretti

Clínica da excitação: psicossomática e traumatismo, de Diana Tabacof

Corpo, sonho, palavra: ensaios psicanalíticos II, de Flávio Ferraz

Da excitação à pulsão, com organização de Cândida Sé Holovko e Eliana Rache

De Narciso a Sísifo: os sintomas compulsivos hoje, de Julio Verztman, Regina Herzog, Teresa Pinheiro

Depressão & doença nervosa moderna, 2. ed., de Maria Silvia Borghese

Do pensamento clínico ao paradigma contemporâneo: diálogos, de André Green e Fernando Urribarri

Do povo do nevoeiro: psicanálise dos casos difíceis, de Fátima Flórido Cesar

Em carne viva: abuso sexual de crianças e adolescentes, de Susana Toporosi

Escola, espaço de subjetivação: de Freud a Morin, de Esméria Rovai e Alcimar Lima

Escola e subjetivação: diferentes perspectivas, de Esméria Rovai e Alcimar Lima

Expressão e linguagem: aspectos da teoria freudiana, de Janaina Namba

Fernando Pessoa e Freud: diálogos inquietantes, de Nelson da Silva Junior

Figuras do extremo, de Marta Rezende Cardoso, Mônica Kother Macedo, Silvia AbuJamra Zornig

O grão de areia no centro da pérola: sobre neuroses atuais, de Paulo Ritter e Flávio Ferraz

Heranças invisíveis do abandono afetivo: um estudo psicanalítico sobre as dimensões da experiência traumática, de Daniel Schor

Histórias recobridoras: quando o vivido não se transforma em experiência, de Tatiana Inglez-Mazzarella

Identificação: imanência de um conceito, de Ignácio A. Paim Filho, Raquel Moreno Garcia

A indisponibilidade sexual da mulher como queixa conjugal: a psicanálise de casal, o sexual e o intersubjetivo, de Sonia Thorstensen

Interculturalidade e vínculos familiares, de Lisette Weissmann

Janelas da psicanálise: transmissão, clínica, paternidade, mitos, arte, de Fernando Rocha

O lugar do gênero na psicanálise: metapsicologia, identidade, novas formas de subjetivação, de Felippe Lattanzio

Os lugares da psicanálise na clínica e na cultura, de Wilson Franco

Luto e trauma: testemunhar a perda, sonhar a morte, de Luciano Bregalanti

Matrizes da elaboração psíquica no pensamento psicanalítico: entre Freud e Ferenczi, de Thiago da Silva Abrantes

Metapsicologia dos limites, de Camila Junqueira

Os muitos nomes de Silvana: contribuições clínico-políticas da psicanálise sobre mulheres negras, de Ana Paula Musatti-Braga

Nem sapo, nem princesa: terror e fascínio pelo feminino, de Cassandra Pereira França

Neurose e não neurose, 2. ed., de Marion Minerbo

Pensar o sujeito, agir no mundo: diálogos com a obra de Jurandir Freire Costa, com organização de Francisco Ortega, Gabriela Bastos Soares, Jairo Gama e Bethania Assy

A perlaboração da contratransferência: a alucinação do psicanalista como recurso das construções em análise, de Lizana Dallazen

Psicanálise de casal e família: uma introdução, com organização de Rosely Pennacchi e Sonia Thorstensen

Psicanálise e ciência: um debate necessário, de Paulo Beer

Uma psicanálise errante: andanças cinemáticas e reflexões psicanalíticas, de Miriam Chnaiderman

Psicopatologia psicanalítica e subjetividade contemporânea, de Mario Pablo Fuks

Psicossomática e teoria do corpo, de Christophe Dejours

Razão onírica, razão lúdica: perspectivas do brincar em Freud, Klein e Winnicott, de Marília Velano

Relações de objeto, de Decio Gurfinkel

Ressonâncias da clínica e da cultura: ensaios psicanalíticos, de Silvia Leonor Alonso

Sabina Spielrein: uma pioneira da psicanálise – Obras Completas, volume 1, 2. ed., com organização, textos e notas de Renata Udler Cromberg

Sabina Spielrein: uma pioneira da psicanálise – Obras Completas, volume 2, com organização, textos e notas de Renata Udler Cromberg

O ser sexual e seus outros: gênero, autorização e nomeação em Lacan, de Pedro Ambra

Tempo e ato na perversão: ensaios psicanalíticos I, 3. ed., de Flávio Ferraz

O tempo e os medos: a parábola das estátuas pensantes, de Maria Silvia de Mesquita Bolguese

Tempos de encontro: escrita, escuta, psicanálise, de Rubens M. Volich

Transferência e contratransferência, 2. ed., de Marion Minerbo